Dominic Sandbrook

Weltgeschichte(n)

Zeit der Finsternis: Der Zweite Weltkrieg

Dominic Sandbrook

WELTGESCHICHTEN

ZEIT DER FINSTERNIS

DER ZWEITE WELTKRIEG

Aus dem Englischen
von Knut Krüger

cbj

MIX
Papier | Fördert gute Waldnutzung
FSC® C014496

Penguin Random House Verlagsgruppe
FSC® N001967

Für Arthur

5. Auflage 2024

Die englische Originalausgabe erschien 2021
unter dem Titel »Adventures in Time: The Second World War«
bei Particular Books, einem Imprint von Penguin Press, London

Neumarkter Straße 28, 81673 München
produktsicherheit@penguinrandomhouse.de
(Vorstehende Angaben sind zugleich
Pflichtinformationen nach GPSR)

Übersetzung: Knut Krüger
Lektorat: Andreas Rode
Umschlaggestaltung und -illustration: Nele Schütz Design/Sonja Gebhardt
mk • Herstellung: AJ
Satz: KompetenzCenter, Mönchengladbach
Druck: GGP Media GmbH, Pößneck
ISBN 978-3-570-17908-6
Printed in Germany

www.cbj-verlag.de

Inhalt

Prolog

6. Juni 1944

Während ein peitschender Wind das dunkle Wasser des Ärmelkanals aufwühlte, bereitete sich ein stämmiger junger Mann auf den wichtigsten Einsatz seines Lebens vor.

Sein Name war Leonard Schroeder, doch jeder nannte ihn Max. Er war fünfundzwanzig Jahre alt und zu Hause warteten seine Frau und sein kleiner Sohn auf ihn.

Aber zuerst musste er seinen Job erledigen.

Als Junge in den USA war Max gemobbt worden, was er nie vergessen hatte. Er wusste, was es hieß, wenn auf einem herumgetrampelt wurde. Wie es war, sich verletzt und verängstigt zu fühlen. Jetzt konnte er der Welt ein für alle Mal zeigen, dass die Tyrannen letztendlich nicht gewinnen würden.

Während das Schiff durch die Nacht stampfte, war Max auf dem Weg zu seinem Brigadegeneral, um letzte Anweisungen zu erhalten. Alles war bereit. Eine enorme Anspannung lag in der Luft.

Der D-Day war gekommen, die umfangreichste Landeoperation aller Zeiten. Tausende und Abertausende Amerikaner, Briten und Kanadier vereinigten sich, um sich der mächtigen deutschen Kriegsmaschinerie entgegenzustellen.

In wenigen Stunden würden sie an den Stränden der Normandie landen und ihr Leben riskieren, um dem grausamsten Regime der Weltgeschichte die Stirn zu bieten.

Irgendjemand musste zuerst an Land gehen und das Schicksal hatte dafür den aus dem Bundesstaat Maryland stammenden Captain Max Schroeder ausersehen.

Jetzt, da sie sich die Hände schüttelten und einander viel Glück wünschten, legte ihm der Colonel den Arm um die Schultern und sagte bewegt: »Also los, machen wir Ihnen die Hölle heiß!«

Max war so aufgeregt, dass er kaum ein Wort über die Lippen brachte. Der historische Moment hatte ihm die Sprache verschlagen. Schließlich entgegnete er nur: »Dann sehen wir uns am Strand, Colonel.«

Auf dem Deck war es brechend voll. Überall waren schweigende Männer, die im Dunkeln auf ihren Einsatz warteten. Der Regen prasselte herab. Max hörte nichts anderes als das Dröhnen der Schiffsmotoren.

Plötzlich erwachte ein Lautsprecher knisternd zum Leben. Es war die Stimme des Oberkommandierenden, der ihnen eine letzte Botschaft mit auf den Weg gab.

»Soldaten, Seeleute und Piloten der alliierten Streitkräfte!«, begann die Stimme. »Unsere große Mission hat begonnen! Die Augen der Welt sind auf uns gerichtet. Die Hoffnungen und Gebete aller friedliebenden Menschen begleiten euch!«

Nachdem der Lautsprecher verstummt war, kehrte Max in Gedanken versunken in sein Quartier zurück. Eine Sache musste er noch erledigen, dann war er bereit.

Er nahm einen Stift und schrieb seiner Frau einen Brief. Margaret und er kannten einander seit der Highschool. Es war eine Teenagerliebe gewesen, doch jetzt würde er sie vielleicht niemals wiedersehen.

Er schrieb ihr, wo er war und was er tat und dass er sie liebte. Dann machte er sich auf den Weg.

■

Es war 2.30 Uhr am Morgen. Die französische Küste hüllte sich in Dunkelheit.

Schroeder stand neben seinen Männern an Deck und wartete auf den Befehl, das Landungsfahrzeug zu Wasser zu lassen. Unter seinem Helm hatte er als Glücksbringer ein Foto seiner Frau befestigt.

Der Befehl kam. Gebeugt unter der Last ihres Marschgepäcks drängten die Männer auf das kleinere Landungsfahrzeug, das in schwerer See heftig hin und her schwankte.

»Viel Glück, vierte Division!«, schepperte es aus dem Lautsprecher.

Ein Ruck, dann waren sie unterwegs. Max' Hände schlossen sich um sein Sturmgewehr. Seine Männer standen dicht an dicht, ihre Gesichter bleich vor Kälte und Anspannung.

Stunden vergingen, während sie durch die Dunkelheit schaukelten. Um 4.30 Uhr zeichnete sich die Küste der Normandie als graue Linie vor ihnen ab.

Um kurz vor sechs schimmerte im Osten das erste Licht der Morgensonne auf.

Sie hörten Gewehrsalven und Explosionen, während die Schlachtschiffe der Alliierten die deutsche Verteidigungslinie unter Beschuss nahmen. Sie waren jetzt sehr nah dran.

Dann kam die Landung. Um genau 6.28 Uhr hörte Max das Knirschen von Kies unter dem Schiffsrumpf.

Die Rampe krachte nach unten, seine Füße setzten sich in Bewegung, und plötzlich watete er durchs trübe und kalte Wasser, das ihm bis zu den Hüften reichte. In seinen Ohren gellte das Gewehrfeuer. Hinter ihm kämpften sich seine Männer durch die Wellen. Vor sich sah er einen niedrigen Damm aus Beton.

Sein Herz pochte, er taumelte weiter, bis er schließlich Sand unter seinen Stiefeln spürte – den Sand der Normandie. Es war ein grauer, kühler Morgen und Max Schroeder hatte gerade Geschichte geschrieben.

Aber darüber konnte er jetzt nicht nachdenken. Er musste mit seinen Männern möglichst schnell den Strand überqueren, um dem feindlichen Feuer zu entgehen.

Max keuchte, sein Marschgepäck war vom Seewasser durchtränkt, während sie dem Damm entgegenliefen. Er blieb kurz stehen und schaute sich um. Fast alle hatten es inzwischen an den Strand geschafft. Zum Glück.

Aber sie durften nicht warten. Sie mussten weiter vorrücken, am Damm vorbei, hinein in die Dünen. Die Deutschen hatten das Gelände vermint, doch Max hatte den Befehl, sich nicht aufhalten zu lassen.

Als sie ins Landesinnere vordrangen, verließ ihn sein Glück. Er wurde unter Beschuss genommen, zwei Kugeln trafen seinen linken Arm.

Obwohl das Blut seinen Ärmel durchdrang, spürte er keinen Schmerz. Er stand unter Schock, außerdem hatte er einen Job zu erledigen. Er rief seinen Männern zu, weiter vorzurücken, bis zum ersten Dorf.

Doch als sie dort ankamen, wurde ihm klar, wie schwer er verletzt war. Plötzlich wurde ihm schwindelig. Sein Blick verschwamm, seine Beine knickten ein …

Dann wurde ihm schwarz vor Augen.

▪

Max erwachte. Er lag in einem Zelt, umgeben von Ärzten. Einer von ihnen beugte sich vor. »Wir müssen Ihren Arm amputieren«, sagte eine Stimme.

Dann verblasste das Bild ebenso wie Max' Bewusstsein.

Licht. Blinzelnd öffnete er die Augen.

Er war wach. Er war am Leben. Er versuchte sich zu bewegen und bemerkte, dass sein linker Arm immer noch da war.

Benommen sah er sich um. Er war nicht mehr in Frankreich. Er war in England, in einem Militärkrankenhaus.

Als Erstes ging ihm durch den Kopf, dass er an die Front und zu seinen Männern zurückkehren müsste, doch die Ärzte sagten ihm, dies sei unmöglich. Ihm stünden mehrere Operationen bevor, doch wenn er Glück habe, könne sein Arm gerettet werden. Für ihn sei der Krieg beendet.

Desillusioniert ließ er sich in das Kissen sinken. So lange hatte er sich auf seinen Einsatz vorbereitet und nun sollte alles vorbei sein.

Wenige Tage später brachte eine Krankenschwester ihm ein paar Zeitungen, doch er schüttelte nur den Kopf und wollte nichts lesen.

»Schauen Sie doch!«, forderte sie ihn lächelnd auf. »Sie sind zum Helden geworden!«

Max Schroeder, der erste Mann, der an der Küste der Normandie an Land ging und die Befreiung Frankreichs vom Naziregime einleitete, hat sich nie als Held betrachtet. Als ein Zeitungsjournalist ihn ein halbes Jahrhundert später so bezeichnete, wollte er davon nichts wissen.

»Fünf meiner Männer haben damals in der Normandie ihr Leben gelassen«, sagte er mit Entschiedenheit. »Sie allein sind Helden.«

Doch auch lange nach dem Ende des Zweiten Weltkriegs ist die Geschichte von Max immer noch lebendig. Die Geschichte des jungen Manns, der den Ozean überquerte, um einem fremden Land den Frieden zu bringen. Die Geschichte des Mannes, der sich der Tyrannei entgegenstellte und »Nein!« sagte.

Max hatte sich geirrt. Er war tatsächlich zum Helden geworden, auch wenn er zu bescheiden war, sich dies einzugestehen.

Doch in anderer Hinsicht hatte er völlig recht. Er war einer von zahllosen jungen Männern und Frauen, die ihre Angst überwanden und angesichts des Schreckens ihr Bestes taten.

Der blutigste Konflikt der Weltgeschichte, der Zweite Weltkrieg, hat den Verlauf des zwanzigsten Jahrhunderts verändert. Jagdbomber flogen über britische Felder, Panzer bekämpften sich auf der russischen Steppe, Schlachtschiffe waren im Pazifik im Einsatz. Und im Herzen seiner zerstörten Hauptstadt riss ein hasserfüllter Mann sein ganzes dunkles Reich mit in den Abgrund.

Vor allem war der Zweite Weltkrieg jedoch die Geschichte von unzähligen ganz normalen Menschen, die gegen ihren Willen in diesen Konflikt hineingezogen wurden.

Der Schuljunge, der gegen die feindlichen Bomber kämpfte. Das Schulmädchen, das sich mutig und entschlossen den ausländischen Invasoren entgegenstellte. Die Seeleute, die ihren Landsleuten zu Hilfe kamen. Die Informatiker, die nicht zu entschlüsselnde Codes knackten.

Die Soldaten, die sich durch Wüsten und Urwälder kämpften. Die Matrosen, die in ständiger Angst vor Torpedos lebten. Die Frauen, die nächtelang in Fabriken arbeiteten. Die Musiker, die spielten, während die Bomben einschlugen.

Sie alle waren Heldinnen und Helden – und dieses Buch erzählt ihre Geschichte.

Als alles vorbei war, hatten sie ganz unterschiedliche Erinnerungen. Doch in einem waren sie sich einig.

Alles hatte mit einem jungen Mann begonnen, der sein Geld mit dem Abmalen von Postkartenmotiven verdiente.

TEIL 1

IN DIE FINSTERNIS

1

Der Mann, der Postkarten abmalte

Im Sommer des Jahres 1910 war die Stadt Wien in Ferienlaune.

Sonnenlicht glitzerte auf Dächern und Türmen der österreichischen Hauptstadt. Im berühmten Vergnügungspark, dem Prater, erhob sich ein gewaltiges Riesenrad in den Himmel, in dessen roten Gondeln zufriedene Tagesausflügler saßen.

Dreißig Gehminuten vom Prater entfernt, in einer ruhigen, nur selten besuchten Straße, saß ein junger Mann in einem spärlich beleuchteten Raum und malte die Motive von Ansichtskarten ab.

Er war so unscheinbar, dass die meisten von uns seinen Anblick sofort wieder vergessen hätten: ein wenig kleiner als der Durchschnitt, mit einem blassen, ernsten Gesicht und kurzen, dunklen Haaren. Er trug verschlissene Kleidung und ausgetretene Schuhe.

Das einzig Auffällige an ihm waren seine Augen: klar und unerschütterlich, von fast hypnotischem Blau. Wen er ansah, der konnte sich seinem Blick nicht entziehen.

Nun, da die Geräusche der Stadt durch das halb geöffnete Fenster drangen, war der Mann in seine Arbeit versunken, während sein Pinsel über das Papier wanderte.

Nur wenige Leute kannten seinen Namen. Er wohnte im Männerheim in der Meldemannstraße, einer Unterkunft für all diejenigen, die sich eine Wohnung in der Stadt nicht leisten konnten. Dort, im Lesesaal, malte er seine Bilder.

Er war einundzwanzig Jahre alt. In seinem Leben war kaum einmal etwas Interessantes passiert, was sich vermutlich auch niemals ändern würde.

Das Licht der Welt hatte er am Karsamstag des Jahres 1889 in Braunau am Inn erblickt, einem verschlafenen Dorf an der Grenze zwischen dem österreichischen und dem deutschen Kaiserreich.

Sein Vater war ein strenger und jähzorniger Mann gewesen, der ihn aus geringstem Anlass geschlagen und körperlich gezüchtigt hatte.

Seine Mutter hingegen war ruhig und sanft. Ihr Foto hing zeit seines Lebens neben dem Bett ihres Sohnes.

Als Kind war er genauso wie alle anderen Jungen auch. Er spielte Räuber und Gendarm mit seinen Freunden und sang im Kirchenchor. Er las Geschichten über Cowboys und Indianer und träumte von Abenteuern in lichtdurchfluteten Wäldern.

Doch im Laufe der Jahre verdüsterte sich der Himmel. Sein jüngerer Bruder starb an den Masern. Sein Vater wurde immer launischer und fast jeden Abend gab es erbitterten Streit.

Als der Junge elf Jahre alt war, schickten ihn seine Eltern in Linz, der nächstgrößeren Stadt, zur Schule. Er brauchte jeden Tag eine Stunde für den Schulweg und kannte niemanden in Linz. Es fiel ihm schwer, Freunde zu finden, worunter auch seine schulischen Leistungen litten.

Allmählich verlor er jeden Ehrgeiz und träumte lieber von den großen Helden der deutschen und österreichischen Geschichte.

Eines Tages fragte ihn sein Vater, was er im Leben erreichen wolle. Der Junge antwortete, er wolle Künstler werden.

»Ein Künstler? Nur über meine Leiche!«, rief sein Vater.

Als der Junge dreizehn war, starb sein Vater unerwartet. Jetzt war er zumindest »der Mann im Haus« und konnte tun und lassen, was ihm gefiel.

Im Jahr 1905, im Alter von 16 Jahren, überredete er seine Mutter, von der Schule abgehen zu dürfen. Tagsüber malte er, die Abende verbrachte er im Theater. Er kleidete sich ganz in Schwarz und hatte einen Spazierstock mit Elfenbeinknauf.

So vergingen zwei Jahre. Aus dem Jungen wurde ein junger Mann, der der Welt beweisen wollte, was in ihm steckte. Im Herbst zog er in die österreichische Hauptstadt.

Wien war eine bunte, schillernde Stadt mit Einwohnern verschiedenster Herkunft: Österreichische Offiziere stellten ihre prächtigen weißen Uniformen zur Schau, tschechische Politiker debattierten in den Kaffeehäusern, Juden in schwarzen Kaftanen eilten zur nächsten Synagoge.

Angesichts dieser Vielgestaltigkeit fühlte der junge Mann sich verloren. Lange hatte er davon geträumt, an der Kunstakademie zu studieren, aber dann fiel er bei der Aufnahmeprüfung durch. Seine Probezeichnungen wurden als »ungenügend« bewertet.

Gegen Ende des Jahres 1907 starb seine Mutter. Nun war der junge Mann vollkommen auf sich allein gestellt.

Zurück in Wien, schlenderte er durch die Parks, voller Zorn darüber, dass die Welt ihm nicht das geben wollte, was er von ihr verlangte.

Die meisten Abende verbrachte er nach wie vor im Theater. Ein ums andere Mal sah und hörte er die Opern Richard Wagners und war fasziniert von der germanischen Götter- und Sagenwelt, von Zwergen, Drachen und Walküren.

In seinen Augen war er selbst ein großer germanischer Held. Eines Tages würde er über die blutgetränkten Körper seiner Feinde triumphieren.

Die Realität verweigerte ihm jedoch die Verwirklichung seiner Träume. Er bewarb sich ein zweites Mal an der Kunstakademie und wurde zum zweiten Mal abgelehnt. Er hatte Schwierigkeiten, seinen Lebensunterhalt zu bestreiten, und hielt sich soeben über Wasser, indem er im Männerwohnheim weiterhin Postkartenmotive abmalte und die Bilder zum Verkauf anbot.

Aus Wochen wurden Monate, aus Monaten Jahre.

Im Frühjahr 1913 beschloss der junge Mann, sein Glück auf der anderen Seite der Grenze, in München, zu versuchen. Aus Österreich hatte er sich ohnehin nie viel gemacht. Er hasste den österreichischen Vielvölkerstaat, vor allem die Juden, und betrachtete sich lieber als Deutschen.

Zunächst malte er Bilder für Touristen, doch nach einem Jahr veränderte sich alles.

Am 1. August 1914 erklärte Deutschland Russland den Krieg. Der Erste Weltkrieg hatte begonnen. Am nächsten Tag versammelten sich die patriotisch gesinnten Massen im Herzen von München. Darunter ein blasser junger Mann mit dunklem Haar, dessen blaue Augen vor Enthusiasmus leuchteten.

Sein Name war Adolf Hitler und voller Freude sah er dem Krieg entgegen.

■

Für die meisten jungen Männer war der Erste Weltkrieg eine Reise in die Hölle. Der nicht enden wollende Albtraum einer Kriegsmaschinerie, die rund 17 Millionen Menschen das Leben kostete.

Für den Mann, der Postkartenmotive abmalte, war er ein persönlicher Wendepunkt. Später erklärte Adolf Hitler, er sei am Tag der Kriegserklärung »auf die Knie gesunken« und habe »dem Himmel gedankt«. Nach Jahren des Umhertreibens hatte sein Leben eine Richtung gefunden.

Nach wenigen Wochen erreichte er die Westfront, wo Deutsche, Franzosen und Engländer sich in tiefen Schützengräben gegenüberlagen, die sich wie Wunden durch den europäischen Kontinent zogen.

Dort wurde er als Meldegänger eingesetzt, der den Soldaten an der Front Meldungen und Befehle übermittelte, während unter ihm der Boden bebte und über ihm die Granaten pfiffen. Fast jeden Tag starben Menschen um ihn herum.

Von nun an war er davon überzeugt, dass das Leben ein einziger schrecklicher Kampf war. Wer seine Feinde tötete, blieb am Leben. Doch wer Mitleid mit ihnen empfand, wurde ebenfalls getötet.

Für seine Kameraden blieb der zum Gefreiten beförderte Hitler ein Außenseiter, der niemals lächelte. Sie nannten ihn »den Künstler«.

Sein Mut zumindest sollte sich auszahlen. Nachdem er trotz schweren Geschützfeuers eine Nachricht überbracht hatte, erhielt er das Eiserne Kreuz. Im Oktober 1916 wurde er durch einen Granatsplitter am linken Oberschenkel verwundet.

Im Herbst 1918 stand die deutsche Armee am Rande einer Niederlage. Zu Hause hungerten die Menschen und waren demoralisiert. Die Lage wurde von Tag zu Tag aussichtsloser.

Im Oktober geriet Hitler als Meldegänger in einen britischen Senfgasangriff. Es gelang ihm, seine letzte Nachricht zu überbringen, doch am nächsten Morgen seien seine Augen »in glühende Kohlen verwandelt« und um ihn her alles finster gewesen, wie er später schrieb.

Zwei Wochen später erfuhr er im Lazarett, dass Deutschland zusammengebrochen war. In den Straßen drängten sich die Massen, der Kaiser hatte abgedankt, der Krieg war vorbei.

In dieser Nacht verbarg Hitler sein Gesicht im Kopfkissen und vergoss – zum ersten Mal seit dem Tod seiner Mutter – bittere Tränen.

Es war alles umsonst gewesen. Während er und seine Freunde

sich aufgeopfert hatten, waren ihnen Feiglinge und Verräter in den Rücken gefallen und hatten sie um den Sieg betrogen – so dachte er voller Empörung.

Doch es sollte noch schlimmer kommen. Als er aus dem Lazarett entlassen wurde, versank Deutschland im Chaos. Staatliche Strukturen lösten sich auf und mit ihnen alle Gewissheiten des Alltags.

Im außerhalb vor Paris gelegenen Schloss von Versailles arbeiteten die Staatsführer von Großbritannien, Frankreich und den USA einen Friedenvertrag aus, der Deutschland zwang, die alleinige Verantwortung für den Ersten Weltkrieg zu übernehmen.

Laut dem Versailler Vertrag musste das Deutsche Reich zahlreiche Gebiete an seine Nachbarn abtreten. Die Größe seiner Armee inklusive der Marine und Luftwaffe wurde deutlich begrenzt. Außerdem musste Deutschland enorme Summen – sogenannte Reparationen – an die Alliierten zahlen, um für die im Krieg erlittenen Schäden aufzukommen.

Für Hitler und seine Gleichgesinnten war dieser Vertrag eine Demütigung. Am meisten alarmierten ihn jedoch die Vorgänge in seiner neuen Heimat München.

Als er dorthin zurückkehrte, war die Stadt nicht wiederzuerkennen. In der unter den Folgen des Krieges leidenden Stadt herrschte eine aufgewühlte, hasserfüllte Atmosphäre.

Im Frühjahr 1919 riefen sozialistische Revolutionäre die Räterepublik aus, wollten die deutsche Geschichte hinwegfegen und eine neue Welt gleicher Menschen schaffen. Doch das Experiment dauerte nicht lange an.

Nach vier Wochen wurde es von den national-konservativ gesinnten Reichswehrtruppen und den antidemokratischen Freikorps brutal beendet. Durch die Straßen von München rann das Blut.

Im Herbst 1919 wurde Hitler vom Aufklärungskommando der Reichswehr mit einer besonderen Mission betraut. Während das alte Deutschland in Trümmern lag, wurden in dieser Zeit viele neue Parteien gegründet, die um die Gunst der Bevölkerung buhlten. Hitler wurde zu einer Versammlung der Deutschen Arbeiterpartei geschickt, um herauszufinden, was diese für Ziele hatte.

Am Abend des 12. September war er im Zentrum von München unterwegs und suchte nahe dem mittelalterlichen Isartor das Sterneckerbräu, eine bekannte Gastwirtschaft, auf.

In einem Raum im ersten Stock waren etwa zwanzig Leute versammelt. Er nahm einen Platz am Ende des Raumes ein. Ein Mann betrat die Bühne und begann über das zu sprechen, was seiner Ansicht nach falsch lief in Deutschland.

Nachdem der Vortrag vorbei war, stellte jemand eine Frage. Dann geschah etwas Außerordentliches.

Plötzlich war Hitler auf den Beinen. Und ehe er selbst wusste, wie ihm geschah, brachen die Worte in einem wilden Strom aus Wut und Verbitterung aus ihm heraus.

Später erinnerte sich kaum jemand an den genauen Inhalt seiner Worte. Dafür wussten alle noch sehr genau, *wie* er gesprochen hatte. Es war die zornige Abrechnung eines Manns gewesen, dessen Leben bisher nur aus Niederlagen bestanden hatte und der die Welt nun für sein Scheitern verantwortlich machte.

Während er sprach, wurde es um ihn her immer stiller. Alle hörten ihm aufmerksam zu, zunächst überrascht, dann fasziniert. Als Hitler sich wieder setzte, war der Raum mit Energie geladen.

Der Postkartenmaler hatte seine Bestimmung gefunden. Sein Leben würde sich komplett ändern.

■

Wenige Wochen später trat Hitler der Deutschen Arbeiterpartei bei. Doch obwohl er auf verschiedenen Versammlungen im gesamten Stadtgebiet sprach, hätte sich wohl niemand vorstellen können, dass er sich einst zum Herrscher über ganz Europa aufschwingen würde.

Was bekamen die Leute von ihm zu hören, wenn sie Parteiveranstaltungen in den großen Münchner Wirtshäusern besuchten?

Seine Auftritte gestalteten sich immer sehr ähnlich. Hitler begann langsam und mit ruhiger Stimme. Doch im Laufe seines Vortrags wurde er zusehends lauter und temperamentvoller, seine Augen blitzten, eine Locke fiel ihm in die Stirn, die am Ende vom Schweiß glänzte.

Oft steigerte er sich in einen regelrechten Wutausbruch hinein und schrie seine Botschaft schließlich in die Menge, die vor Begeisterung tobte.

Was sahen die Menschen in ihm? Sie sahen einen Gefreiten, einen einfachen Soldaten, der ihnen zurief, was sie hören wollten.

Seine Botschaft war simpel. Deutschland sei betrogen worden, die politischen Führer seien ihrem eigenen Volk in den Rücken gefallen und hätten sich den schändlichen Friedensvertrag von Versailles aufzwingen lassen.

Und wer trug an alledem die Hauptverantwortung? Die eigentlichen Schurken in diesem Spiel waren für Hitler die Juden, die angeblich die feigen Politiker kontrollierten. Sie hätten den Deutschen das Geld gestohlen und von Anfang an den Untergang des Deutschen Reichs angestrebt.

Viele Menschen wussten, dass dies eine Lüge war, noch dazu eine sehr alte. Deutsche Juden kontrollierten weder die Politik noch hatten sie den Leuten Geld gestohlen. Im Krieg hatten jüdische Soldaten mit großer Tapferkeit gekämpft. Der Offizier, der Hitler für das Eiserne Kreuz vorgeschlagen hatte, war selbst Jude.

Doch viele, die Hitlers Reden lauschten, glaubten ihm. Nach so vielen Demütigungen tat es gut, jemandem die Schuld in die Schuhe schieben zu können.

Für viele Männer und Frauen in den Wirtshäusern zeichnete sich zudem eine neue Bedrohung am Horizont ab. Denn ein weiteres großes Reich wurde zu dieser Zeit von einer Revolution erschüttert – Russland. Dort war die kommunistische Partei an die Macht gelangt, hatte die Zarenfamilie ermordet und versprochen, eine neue Ordnung totaler Gleichheit zu schaffen.

Millionen von Russen waren bereits ermordet worden. Der

Gedanke, dass auch Deutschland kommunistisch werden könnte, machte vielen Menschen Angst.

Für Adolf Hitler waren das ideale Voraussetzungen. Die Angst der Menschen half ihm, seine Botschaft des Hasses zu verbreiten.

Im Laufe der Monate wurde sein Publikum immer zahlreicher. Die Deutsche Arbeiterpartei (DAP) wurde im Februar 1920 in Nationalsozialistische Arbeiterpartei Deutschlands (NSDAP) umbenannt. 1921 wurde Adolf Hitler Vorsitzender der Partei.

Um Veteranen aus dem Ersten Weltkrieg anzulocken, ähnelte das Erscheinungsbild der Partei einer Armee, mit Rangabzeichen und Uniformen. Die Parteifahne wurde von Hitler selbst entworfen. Sie zeigte ein schwarzes Hakenkreuz in einem weißen Kreis auf rotem Grund. Im asiatischen Raum ist so ein Kreuz mit abgewinkelten Armen seit Tausenden von Jahren als Swastika bekannt.

In Deutschland ging der Albtraum weiter. Im Jahr 1923 war die Staatskasse leer und das Geld nichts mehr wert. Ein Laib Brot kostete zu dieser Zeit 163 Mark, im Juni bereits 1630 Mark, Im Oktober 9 Millionen und im November sage und schreibe 233 Billionen Mark.

Die Ersparnisse der Menschen waren von heute auf morgen verloren. Die Mark war schließlich so wenig wert, dass die Leute mit einer Schubkarre voller Geldscheine zum Einkaufen gingen. Die ganze Gesellschaft stand kurz vor dem Zusammenbruch. Geschäfte und Firmen wurden geschlossen, selbst die Straßenbahnen in den Städten stellten ihren Betrieb ein.

Hitler glaubte, dass seine Zeit nun gekommen sei. Am Abend

des 8. November 1923 versammelte er seine Anhänger im Münchner Bürgerbräukeller, stellte sich auf einen Stuhl und schoss mit seiner Pistole in die Decke. Dies sei der Moment, rief er, in dem die Nationalsozialisten die Macht an sich reißen und Deutschland vor dem Untergang bewahren müssten. Der sogenannte Hitlerputsch hatte begonnen.

Am nächsten Morgen zogen die Putschisten durch die Münchner Innenstadt in Richtung Feldherrnhalle. Doch der Umsturz schlug fehl. Hitler konnte fliehen, wurde jedoch am 11. November festgenommen und zu fünf Jahren Haft in der Festung Landsberg verurteilt. Nach neun Monaten wurde er »wegen guter Führung« vorzeitig entlassen.

Entmutigt fühlte er sich keineswegs, sondern schrieb während der Haft sein Buch »Mein Kampf«, in dem er seine Vision von der Zukunft Deutschlands zu Papier brachte.

Das Leben, schrieb er, sei ein Kampf ums Überleben. Die Menschheit teile sich in konkurrierende Rassen. Die Deutschen seien die »Herrenrasse«, dazu ausersehen, die Schmach des Ersten Weltkriegs zu tilgen und ihren angestammten Platz als Herrscher über Europa einzunehmen.

Seinem Weltbild zufolge war er der Erbe jener Ordensritter, die im Mittelalter von Deutschland aus in den Osten Europas gezogen waren und dort ihren eigenen Staat begründet hatten. Nun sah sich Hitler als derjenige, der seine Armeen tief nach Russland hineinführen würde, um ein neues Reich im Osten zu gründen. Seine Zukunftsvisionen kannten weder Mitgefühl noch

Menschlichkeit. Sie kannten nur das Recht des Stärkeren. Der Schwächere hingegen müsse getötet und versklavt werden. Und für die Juden, die er als »Todfeind« des deutschen Volks bezeichnete, würde es keine Gnade geben.

Die Juden, schrieb er, seien an allem Unglück der Deutschen schuld. Sie seien habgierig, heimtückisch und grausam und müssten aus Deutschland entfernt werden, ehe sie das Land zerstörten.

Der nächste Krieg müsse also im Zeichen einer totalen Vernichtung der Juden stehen.

■

In »normalen« Zeiten wäre Hitlers Botschaft vermutlich auf taube Ohren gestoßen. Die Leute hätten sie als das erkannt, was sie war: als furchterregende Fantasie einer gescheiterten Existenz, als wahnsinnigen Fiebertraum eines einsamen, wütenden Mannes.

Doch es waren keine normalen Zeiten. Deutschland war ein verbittertes und gebrochenes Land. Nahezu jede Familie hatte großes Leid und persönliche Verluste erfahren. Sobald Hitler aus der Haft entlassen wurde, hatte das Schicksal den Nazis eine mächtige Hand gereicht.

Im Oktober 1929 wurden die Banken der Welt von einer plötzlichen Panik ergriffen. Der New Yorker Börsencrash war der Beginn einer Weltwirtschaftskrise, in deren Verlauf viele Unternehmen in Konkurs gingen, der Welthandel zum Erliegen kam und Millionen von Menschen ihre Arbeit verloren.

In jeder deutschen Stadt bangten die Menschen um ihre Existenz. Die kümmerlichen Ersparnisse waren schnell aufgebraucht. Die Speisekammern leerten sich.

Schon bald wurde überall um Essen und Arbeit gebettelt. An Straßenecken standen verlorene Gestalten, die Schilder um den Hals trugen: »Übernehme JEDE Arbeit«.

Die Stimmung war angespannt und aggressiv. Auf den Straßen der Hauptstadt Berlin lieferten sich die Kommunisten Straßenschlachten mit Hitlers gefürchteten SA-Truppen, der paramilitärischen Kampforganisation der NSDAP.

Angesichts der Entwicklung in Russland fragten sich viele Deutsche, ob die Nazis nicht doch die richtige Antwort auf die kommunistische Bedrohung seien.

Immer mehr Geschäftsleute unterstützten die NSDAP auch finanziell und im Sommer 1932 bekam Hitlers Partei bei der Reichstagswahl fast 14 Millionen Stimmen.

Die Sonne verblasste. Die Blätter färbten sich braun. Der Schnee kam.

An Weihnachten gab es Millionen von Arbeitslosen. Als die Kirchenglocken das neue Jahr verkündeten, lebten Tausende hungernd und frierend auf den Straßen.

In diesem Moment begingen die deutschen Politiker einen entscheidenden Fehler.

Seit Monaten hatten sie sich über den richtigen Weg gestritten, um Deutschland aus der Misere zu führen. Jetzt boten diese wohlhabenden, gut vernetzten Männer in ihrer Verzweiflung Hitler an, das Land zu regieren.

Sie betrachteten ihn als ihre Marionette. Adolf Hitler, so dachten sie insgeheim, sollte ruhig toben, wie er wollte, solange sie die Fäden in der Hand hielten. Er sollte ihnen vor allem die Kommunisten vom Hals schaffen – danach würde sie auch ihn wieder loswerden.

So war ihr Kalkül, doch sie ahnten nicht, wie dieser Mann, den sie für ihre Zwecke einspannen wollten, wirklich war.

Am 30. Januar 1933 um 11.30 Uhr wurde der Mann, der einst Postkartenmotive abgemalt hatte, als neuer Reichskanzler des Deutschen Reichs vereidigt.

In dieser Nacht wurde die Dunkelheit von Fackeln erhellt. SA-Truppen marschierten zu Tausenden durch Berlin. Ihre Helme glänzten im Schein der Flammen, ihre schweren Stiefel dröhnten wie Trommelschläge. »Heil Hitler!«, skandierten sie.

Dieser Moment des Triumphs deutete bereits an, wie die Zukunft aussehen würde.

Unter den Zuschauern der Parade war die 15-jährige Melita Maschmann. Sie glaubte leidenschaftlich an Hitlers Versprechungen und war sicher, dass er Deutschland zu alter Größe führen würde.

In dieser Nacht hatten ihre Eltern sie auf die Straße mitgenommen. Als die SA-Truppen mit ihren Hakenkreuzflaggen an ihr vorbeimarschierten, empfand Melita ein »brennendes Verlangen«, sich der neuen Bewegung anzuschließen und ihr Leben in den Dienst ihres Landes zu stellen.

Dann löste sich plötzlich einer der SA-Leute aus seiner Reihe und schlug einem Mann in der Menge brutal ins Gesicht, nur wenige Meter von Melita entfernt.

Ihre Eltern zogen sie rasch mit sich fort, doch Melita wurde das Bild des am Boden liegenden, blutenden Manns nicht mehr los. Es verfolgte sie tagelang, wie sie später in ihren Erinnerungen schrieb.

Der Mann war eines der ersten Opfer von Hitlers Diktatur, doch er sollte nicht ihr letztes sein.

2

Der große Abenteurer

Mehr als vierzig Jahre zuvor waren zwei Jungen eines Internats außerhalb von London in ein Gespräch vertieft.

Der Abendgottesdienst war vorbei und sie hatten ein wenig freie Zeit. In den Internatsräumen sprachen sie darüber, was sie nach dem Ende ihrer Schulzeit tun würden.

Der eine Junge, Sohn eines Geschäftsmanns, sagte, er würde vielleicht Diplomat oder Banker werden. Sein Freund, der ein rundliches, neugieriges Gesicht hatte und ziemlich klein geraten war, hatte jedoch ganz andere Pläne.

»Vielleicht gehe ich zur Armee«, erklärte er. »Sobald ich hier raus bin, warten große Abenteuer auf mich …«

Sein Freund starrte ihn an. Was meinte er nur damit?

Eines Tages, erklärte der pausbäckige Junge, würde sich England gegen einen »gewaltigen Angriff« zur Wehr setzen müssen. »Ich werde für die Verteidigung Londons zuständig sein, und ich werde London und England vor einer Katastrophe bewahren«, sagte er mit ernster Stimme. »Es wird mir zufallen, die Hauptstadt und das Britische Empire zu retten.«

Dieses Gespräch fand im Jahr 1891 statt. Der pausbäckige Junge war Winston Churchill, und einst sollte die ganze Welt seinen Namen kennen.

Obwohl es beide nur ungern zugegeben hätten, Hitler und Churchill hatten ein gemeinsames Hobby – sie malten gern. Beide hatten in Schützengräben gekämpft, und beide hatten früh davon geträumt, ihr Vaterland vor dem Untergang zu bewahren. Und so wie Hitlers Wut und Hass den Enttäuschungen seiner Jugendzeit entsprang, wurde auch Churchill von seiner unglücklichen Kindheit geprägt.

Churchills reiche aristokratische Eltern hatten ihm nie viel Wärme entgegengebracht. Mit sieben Jahren kam der Junge mit dem verschmitzten und fröhlichen Naturell auf sein erstes Internat, wo er regelmäßig geschlagen wurde.

Sooft er seine Eltern auch bat, ihn zu besuchen – sie kamen nur sehr selten. Sein Vater sagte ihm, er sei faul und nutzlos, ein Versager auf ganzer Linie.

Seine Mutter ignorierte ihn weitgehend. In seinen Briefen schrieb er offen darüber, wie unglücklich er sei, doch sie schrieb nur selten zurück – sofern sie seine Briefe überhaupt gelesen haben mag.

In dieser Situation hätte der junge Winston genauso zerstörerische Gedanken entwickeln können wie Adolf Hitler. Stattdessen betrachtete er jeden Tag als Möglichkeit, seinen Eltern zu beweisen, dass sie sich in ihm irrten.

Er gewann einen Preis für das Vortragen eines Gedichts und

wurde für seine Fähigkeiten im Fechten ausgezeichnet. Er war intelligent, er hatte Mut, und er stellte gern Unfug an. Er hielt sich sogar eine Bulldogge, obwohl er wusste, dass das gegen die Regeln war.

Eines Tages sagte der Internatsleiter, ein strenger, Furcht einflößender Mann, zu ihm: »Churchill, ich habe allen Grund, mit dir unzufrieden zu sein.« Worauf der Junge postwendend antwortete: »Und ich, Sir, habe allen Grund unzufrieden mit Ihnen zu sein!«

So war Winston Churchill: Er war mutig, er war lustig – und er war verwegen.

Wie von ihm vorhergesagt, sollte sein Leben ein großes Abenteuer werden. Nach der Schule schloss er sich der Kavallerie an, kämpfte in Indien und im Sudan. Als Kriegsberichterstatter in Südafrika wurde er inhaftiert, worauf ihm eine spektakuläre Flucht aus dem Gefangenenlager gelang.

Er wurde ein konservativer Politiker, wandelte sich zum Liberalen, kehrte dann aber wieder zu den Konservativen zurück. Churchill bestimmte die Geschicke der Polizei, der Marine, der Armee und des gesamten Königreichs. Er schrieb Zeitungsartikel und Geschichtsbücher, kehrte sogar für kurze Zeit zur Armee zurück und kämpfte in den Schützengräben des Ersten Weltkriegs.

In gewisser Weise schien er nie richtig erwachsen zu werden, sondern blieb der verschmitzte Junge, der nach Aufmerksamkeit verlangte.

Er trug seltsame Hüte, baute gern Mauern und beschäftigte

sich mit Kinderspielzeug. Wegen seiner Vorliebe für Champagner, Zigarren und seidene Pyjamas ging ihm oft das Geld aus.

Manche Menschen empfanden ihn als überheblich, schroff, unzuverlässig und leichtsinnig. Sie machten sich über ihn lustig, wenn er seine eigene Großartigkeit in Szene setzte.

Im Januar 1933 war Churchill fast sechzig Jahre alt. Er schien aus der Zeit gefallen zu sein und hatte keinen Einfluss mehr. Viele betrachteten ihn als Mann von gestern, und niemand wäre auf den Gedanken gekommen, dass er das britische Königreich retten würde.

Dann kam die Nachricht, dass Hitler in Deutschland an die Macht gelangt war. Für Churchill begann damit das größte Abenteuer seines Lebens.

▪

Als Churchill sah, was in Berlin vor sich ging, wurde er von einer überwältigenden Furcht ergriffen. Ihm war von Anfang an klar, dass sich das Naziregime auf Hass und Angst stützte.

Er warnte ein ums andere Mal, dass die Nazis den Versailler Vertrag rückgängig machen und sich rächen wollten. Hitler, sagte er, sei kein gewöhnlicher Politiker, sondern ein »Tiger«, der alles verschlang, was sich ihm in den Weg stellte.

»Ganz Deutschland ist dabei, sich in ein einziges Waffenlager zu verwandeln«, stellte er 1935 vor dem britischen Unterhaus fest. »Die gesamte Bevölkerung wird von Kindheit an auf den Krieg vorbereitet. Eine mächtige Armee ist im Entstehen.«

Es sei von lebenswichtiger Bedeutung, betonte er, dass Großbritannien seine Verteidigungsfähigkeit wiedererlange. Denn wann man Hitler erlaube, militärisch weiterhin aufzurüsten und zu einem Zeitpunkt seiner Wahl zuzuschlagen, stehe die Welt vor einer »unermesslichen Katastrophe«.

Churchill behielt recht. Doch leider wollten ihm damals nur wenige Menschen glauben.

Wegen der weltweiten Bankenkrise hatten Länder wie Großbritannien, Frankreich und die USA genug mit sich selbst zu tun. Wie auch in Deutschland waren Millionen von Menschen arbeitslos und gingen abends hungrig ins Bett.

Die Armen verlangten nach Hilfe, doch den Staaten stand einfach zu wenig Geld zur Verfügung.

Und wer bessergestellt war, der hatte in der Regel anderes und Vergnüglicheres im Sinn, als sich mit dem sonderbaren kleinen Mann in Berlin mit seiner Hakenkreuz-Armbinde zu beschäftigen.

Denn es war auch die Zeit des Radios und des Kinos, die Zeit von Jazz und Cocktailpartys, Gangsterfilmen und Detektivromanen. Wenn kümmerte es da schon, wenn in Deutschland ein paar neue Jagdflugzeuge gebaut wurden?

Manche hatten auch Mitleid mit den Deutschen. Und stimmte es nicht, dass sie nach dem Krieg sehr hart und unnachgiebig behandelt worden waren?

Vor allem aber fürchteten die Menschen einen weiteren großen Krieg. Der Weltkrieg, der fast in jedem Winkel Europas trauernde Mütter zurückgelassen hatte, war erst seit fünfzehn Jahren vorbei. Allein in Großbritannien waren in Zehntausenden Städten und Dörfern Denkmäler aus Stein errichtet worden, auf denen die Namen der verlorenen Söhne zu lesen waren.

Viele Leute waren der Ansicht, dass ein zweiter Weltkrieg die Menschheit in ein noch größeres Unglück stürzen würde. Der Schriftsteller A. A. Milne, bekannt für »Winnie Puuh«, erklärte den Radiozuhörern gegenüber, dass »der nächste Krieg den Untergang unserer Zivilisation« bedeuten würde.

Für viele junge Leute war die Vorstellung eines weiteren Krieges vollkommen irreal. Während einer Diskussion an der Universität Oxford äußerten die Studenten, es sei für sie unvorstellbar, für König und Vaterland zu kämpfen.

Für Churchill waren dies alarmierende Zeichen. Immer wieder warnte er, der Westen schwebe in »tödlicher Gefahr« und müsse sich bewaffnen, bevor er von Hitler, dem »Verbrecher«, angegriffen würde.

Doch seine Worte stießen auf taube Ohren. Die Leute lauschten lieber seinem konservativen Rivalen Neville Chamberlain, der 1937 zum Premierminister gewählt wurde.

Mit seiner drahtigen Gestalt, stets einen Regenschirm mit sich führend, machte Chamberlain eher den Eindruck eines Geschäftsmanns als den eines zu allem entschlossenen Politikers. Er versicherte, die »vier schrecklichen Jahre« des zurückliegenden Weltkriegs nicht vergessen zu haben. Die sieben Millionen jungen Männer, die ihr Leben gelassen hatten, die dreizehn Millionen

Kriegsversehrten, »das Leid all der Mütter und Väter, Söhne und Töchter«.

Chamberlain bezeichnete sich selbst als jemanden, der »bis auf den Grund seiner Seele ein Mann des Friedens« sei. »Bewaffnete Konflikte zwischen Nationen« seien für ihn »ein Albtraum«, dem er sich mit jeder Faser seines Körpers entgegenstelle.

Chamberlain war eine redliche Persönlichkeit und seine Sehnsucht nach Frieden allzu verständlich. Doch Hitler hatte ganz andere Pläne.

■

In Berlin verfolgte der neue deutsche Kanzler die Vorgänge in England mit kalter Zufriedenheit.

Nach seinem Wahlsieg im Januar 1933 verlor er keine Zeit, um das ganze Land unter seine Kontrolle zu bringen. Binnen weniger Wochen schaffte er die Pressefreiheit ab, verbot jede andere politische Partei und ließ Tausende seiner Gegner verhaften.

Doch seine Pläne waren noch viel umfassender, als die Menschen wahrhaben wollten. Er träumte von einem »tausendjährigen Reich«, in der jeder Aspekt des Lebens – Politik, Wirtschaft, Sport, Kultur – von der nationalsozialistischen Einheitspartei kontrolliert wurde.

In den Schulen lernten die Kinder, dass sie als Germanen der überlegenen Rasse angehörten. Schulbücher zeigten die Juden als dämonische Monster und riefen die Schüler auf, ihren Führer beim Kampf gegen diesen Todfeind zu unterstützen.

Eroberungskriege gehörten zum Kern von Hitlers Strategie. Er wollte nicht nur Krieg gegen seine Nachbarn – vor allem gegen Frankreich – führen, um die deutschen Gebietsverluste im Ersten Weltkrieg rückgängig zu machen. Danach sollte der Krieg gegen Russland folgen, um die Kommunisten zu eliminieren und ein Reich im Osten zu gründen. Und schließlich wollte er auch England besiegen, um sich für die Schmach von Versailles zu rächen.

Im Geheimen trieb Hitler schon damals eine enorme Aufrüstung voran. Während die Welt ihre Augen verschloss, produzierten deutsche Fabriken Kampfbomber, Panzer und Schlachtschiffe.

Doch Hitler war schlau genug, um zu wissen, dass Briten und Franzosen alarmiert wären, würde er zu schnell voranschreiten. Einmal mehr spielte ihm der Zufall in die Hände. Im Herbst 1935 marschierte ein weiterer kriegslüsterner und skrupelloser Politiker, der italienische Diktator Benito Mussolini, im afrikanischen Abessinien ein, im heutigen Äthiopien.

England und Frankreich hätten ihm in den Arm fallen können, rührten jedoch keinen Finger. Mussolini kam mit seiner Invasion durch und fühlte sich zu weiteren Eroberungen ermutigt.

Von diesem Moment an wusste Hitler, dass er nichts zu befürchten hatte. Am 2. März 1936 ließ er die entmilitarisierte Zone im Rheinland – entlang der deutschen Westgrenze – besetzen. Ein klarer Verstoß gegen den Versailler Vertrag.

Die Franzosen hätten ins Rheinland einrücken und kraft ihrer militärischen Überlegenheit die deutschen Soldaten leicht zurückdrängen können. Doch nichts dergleichen geschah.

Stattdessen zeigten deutsche Filmaufnahmen, wie die deutschen Truppen im Rheinland begeistert empfangen wurden. Jubelnde Kinder streckten ihre Arme zum Hitlergruß. Frauen weinten vor Freude und warfen den Soldaten Blumen zu.

Für Millionen von Deutschen war Hitler ein Held. »Wie sehr haben wir auf diesen Augenblick gewartet«, schrieb eine Frau in ihr Tagebuch. Sie war »hingerissen von den einmarschierenden Soldaten, von Hitlers Größe, der Kraft seiner Sprache und der Stärke seiner Männer«.

In der Öffentlichkeit erklärte Hitler, dass er nur seiner Bestimmung folge. Doch wie Mussolini dürstete er von nun an umso mehr nach Eroberungen.

Als im Juli 1936 der Spanische Bürgerkrieg begann, betrachteten beide Diktatoren dies als willkommene Gelegenheit, um ihre Waffen zu testen. Mussolini entsandte Tausende von Truppen, Panzern, Schiffen und Flugzeugen, um gegen die spanischen Kommunisten und ihre Verbündeten zu kämpfen. Hitler schickte die gefürchtete Legion Condor, die heute für ihre erbarmungslosen Bombardierungen spanischer Städte berüchtigt ist.

Wenige Monate später schlossen sich Deutschland und Italien zu einer Allianz der sogenannten Achsenmächte zusammen. Doch Hitler hatte schon die nächste Eroberung im Sinn, und diesmal dachte er an sein Geburtsland.

Im Frühjahr 1938 war der Moment gekommen. Am 11. März

schickte Hitler eine Nachricht nach Wien. Falls Österreich sich weigere, mit Deutschland vereinigt zu werden, würden seine Truppe am nächsten Morgen in Österreich einmarschieren.

Die Österreicher wandten sich Hilfe suchend nach London und baten um sofortigen britischen Schutz. Doch aus Angst vor einer Ausdehnung des Konflikts antwortete Chamberlain mit Nein.

Den Österreichern blieb keine Wahl. Am nächsten Morgen überquerten deutsche Truppen die Grenze, von großen Teilen der Bevölkerung mit spontanem Jubel und Hakenkreuzfahnen empfangen.

Wenige Stunden später folgte Hitler persönlich, sein Wagen flankiert von bewaffneten Wächtern. Zunächst hielt er an seinem Geburtsort Braunau am Inn. Während die Kirchenglocken läuteten, legte er Blumen am Grab seiner Eltern nieder.

In Wien, wo er einst Postkarten im Männerheim nachgemalt hatte, hielt er auf dem Heldenplatz eine Rede vor einer Viertelmillion begeisterter Menschen. »Ein Volk, ein Reich, ein Führer!«, riefen sie.

Doch auch hier waren Hitlers Agenten des Todes bereits an der Arbeit, nahmen in den ersten vierundzwanzig Stunden mehr als 20.000 Österreicher fest und verschleppten sie in Gefangenenlager.

Nazischergen verwüsteten jüdische Privatwohnungen und stahlen die Wertgegenstände. Die Eigentümer – Junge und Alte, Männer, Frauen und Kinder – wurden auf die Straße getrieben und unter dem höhnischen Gejohle der Umstehenden gezwungen, auf den Knien die Gehwege zu schrubben.

Den meisten Deutschen erschien ihr Führer wie eine Lichtgestalt, fast wie ein Gott. Und auch er selbst wird sich für unfehlbar gehalten haben.

Wenige Wochen später teilte er seinen Generälen mit, dass er ein neues Ziel ausgewählt habe. Es sei an der Zeit, sagte er, die Tschechoslowakei zu zerschlagen.

▪

Die Tschechoslowakei war ein junges Land. Im Herzen Europas gelegen, war sie nach dem Zerfall Österreich-Ungarns am Ende des Ersten Weltkriegs ein unabhängiger Staat geworden. Im Sudetenland, einer Region im Westen der Tschechoslowakei, lebten drei Millionen deutschsprachige Menschen, von denen sich viele allzu gern dem Deutschen Reich angeschlossen hätten. Hitler nutzte dies als Vorwand, um der Tschechoslowakei den Krieg zu erklären und das Land von der Karte zu tilgen.

Anfang September 1938 forcierte Konrad Henlein, der Vorsitzende der Sudetendeutschen Partei, in Absprache mit Hitler die Sudentenkrise. An der Grenze standen deutsche Panzer bereits zum Einmarsch bereit. Ein Krieg schien unausweichlich.

Doch dann mischte sich zu Hitlers Verärgerung der britische Premierminister ein, um die Katastrophe im letzten Moment zu verhindern.

Am 15. September, bewaffnet mit dem üblichen Regenschirm,

trat Neville Chamberlain seine erste internationale Flugreise in Richtung München an. Wenige Stunden später landete er in der Stadt, in der die NSDAP gegründet worden war.

Von dort aus wurde er – vorbei an zahllosen deutschen Truppentransporten – zum Obersalzberg bei Berchtesgaden gefahren, Hitlers Residenz in den Bayerischen Alpen. Als er aus dem Wagen stieg, streckte ihm Hitler vor imponierender Bergkulisse die Hand entgegen.

Später bezeichnete ihn Chamberlain als »den gewöhnlichsten Hund, den ich je gesehen habe«. Doch als Hitler ihm versicherte, er sei nur an der Eingliederung der Sudetendeutschen ins Reich interessiert und hege keine Kriegsabsichten, glaubte ihm der britische Premierminister.

Zurück in London versicherte er seinen Politikerkollegen, Hitler werde sich an sein Versprechen halten. Dass Hitler ein doppeltes Spiel trieb, schien ihm nie in den Sinn zu kommen.

Im Sudetenland nahmen die Spannungen zu und Hitlers Generäle bereiteten sich auf den Einmarsch vor.

Hitler erklärte öffentlich, dass er nur das Sudetenland und keine anderen Gebiete wolle. Die Tschechen sagten Nein. Niemals würden sie einen Teil ihres Staatsgebiets abtreten, um einen aggressiven Diktator zufriedenzustellen.

Blieben sie bei dieser Haltung, war ein Zweiter Weltkrieg unausweichlich, denn die Franzosen hatten versprochen, den Tschechen Beistand zu leisten, und die Engländer hatten versprochen, fest an der Seite Frankreichs zu stehen.

England, Frankreich und Deutschland, diese europäischen Großmächte, standen erneut am Rande eines Krieges. Vielen kam dies wie ein entsetzlicher Albtraum vor.

Tage vergingen. Die Uhr tickte. Die deutschen Generäle warteten.

In Berlin wandte sich Hitler an seine leidenschaftlichsten Unterstützer. Den Arm zum Hitlergruß erhoben und mit leuchtenden Augen riefen sie: »Führer, befiehl! Wir folgen!«

In den Pariser Cafés war von nichts anderem als der drohenden Kriegsgefahr die Rede. In England standen die Menschen schon für Gasmasken Schlange, in Manchester wurden in den Stadtparks Gräben ausgehoben.

Die Londoner Bahnhöfe quollen über von Kindern, die sicherheitshalber aufs Land gebracht wurden. Wichtige Gebäude wurden mit Sandsäcken geschützt, auf der Westminster Bridge Flugabwehrgeschütze aufgestellt. Riesige Sperrballons stiegen in den Himmel, um Angriffe feindlicher Flugzeuge zu verhindern.

Am Abend des 27. September 1938 hielt Chamberlain eine Radioansprache an das britische Volk. Er klang so erschöpft, als wäre er schon besiegt.

»Wie furchtbar, unwirklich und unglaublich«, sagte er traurig, »dass wir Gräben ausheben und Gasmasken aufsetzen, nur weil es Auseinandersetzungen in einem weit entfernten Land gibt, von dem wir nichts wissen.«

Am nächsten Tag wandte er sich mit matter Stimme an das britische Unterhaus. Nachdem er fast eine Stunde gesprochen hatte, nahm er eine wachsende Unruhe im Saal wahr. Jemand reichte ihm einen Notizzettel.

Hitler schien im letzten Moment einzulenken. Er lud Chamberlain sowie den französischen Staatspräsidenten zu sich nach München ein, wo auch Mussolini anwesend sein würde. Dort sollte die tschechische Krise ohne Blutvergießen gelöst werden. Einen Krieg würde es nicht geben.

Im Unterhaus brach Jubel aus. Die Abgeordneten standen Schlange, um Chamberlain zu gratulieren. Winston Churchill jedoch blieb sitzen, sein Gesicht ernst und verschlossen.

Am nächsten Morgen flog Chamberlain nach München, verabschiedet von einer winkenden und applaudierenden Menschenmenge.

In den folgenden vierundzwanzig Stunden schien die Welt den Atem anzuhalten. Dann kam die große Nachricht. Großbritannien und Frankreich erklärten sich damit einverstanden, dass Deutschland das Sudetenland übernahm. Die Tschechen waren verzweifelt, doch sie konnten sich nicht dagegen wehren.

Hitler hatte seinen Willen bekommen, ohne einen einzigen Schuss abgeben zu müssen.

■

Am nächsten Abend flog Chamberlain nach England zurück. Im strömenden Regen schwenkte er ein zerknittertes Stück Papier, auf dem Hitlers und seine eigene Unterschrift standen. Dies, sagte er, sei das Versprechen, dass ihre Nationen nie wieder Krieg gegeneinander führen würden. »Ein Frieden für unsere Zeit«, wie der Premierminister hinzufügte.

In England und Frankreich machte sich enorme Erleichterung breit. Der englische König George VI. lud Chamberlain in den Buckingham Palace ein, um vom dortigen Balkon die Huldigungen des Volkes entgegenzunehmen. Die Gasmasken wurden wieder weggelegt. Die Kampflugzeuge kehrten zu ihren Luftstützpunkten und die Kinder nach Hause zurück.

Nur in der schutzlosen Tschechoslowakei waren die Menschen am Boden zerstört. Binnen weniger Stunden marschierten deutsche Truppen ins Sudetenland ein, stürmten jüdische Geschäfte und Privatwohnungen und verschleppten Tausende in Konzentrationslager.

In Berlin beugte sich Hitler verächtlich über die Europakarte. Er mochte zwar das Münchner Abkommen unterzeichnet haben, doch das Papier war wertlos. Nach dem Geschehenen war er davon überzeugt, dass die Briten – alt, schwach und verbraucht, wie sie seiner Ansicht nach waren – sich ihm niemals in den Weg stellen würden.

Hitler fühlte sich stark. Schon bald würde er sich den Rest der Tschechoslowakei einverleiben und danach Richtung Osten wenden. Und er würde nicht ruhen, bis er ganz Europa unter seine Kontrolle gebracht hatte.

Ein Mann jedoch, der große Abenteurer, durchschaute Hitlers Lügen und wusste, dass es an ihm war, ihn aufzuhalten.

Als Winston Churchill vom Münchner Abkommen erfuhr, saß

er gerade mit Freunden beim Lunch im Savoy Hotel. Er hatte Tränen in den Augen, fühlte sich erstarrt, ein »Mann aus Stein«.

Auf seinem Weg Richtung Ausgang kam er an einem Saal vorbei, in dem eine Geburtstagsparty gefeiert wurde. Er blieb kurz stehen und lauschte. Hörte das Gelächter, als ein Clown die Bühne betrat.

»Die armen Leute«, dachte er traurig. »Wenn sie wüssten, was ihnen bevorsteht.«

3

Die aufgehende Sonne

Während über Europa dunkle Wolken aufzogen, nahm kaum jemand wahr, dass Tausende Kilometer weiter östlich, in Asien, bereits ein Sturm tobte.

Es war der Nachmittag des 18. September 1931, und in Mukden (Shenyang), der Hauptstadt der Mandschurei im Nordosten Chinas, fuhr ein Zug in den großen, aus roten Backsteinen bestehenden Bahnhof ein.

Auf dem Bahnsteig herrschte drangvolle Enge. Bauern schleppten Bündel mit Lebensmitteln, gackernde Hühner sträubten ihr Gefieder, Verliebte küssten sich zum Abschied, uniformierte Soldaten blickten ernst vor sich hin, Träger krümmten ihre Rücken unter den Gepäcklasten.

Der Zug kam zischend zum Stehen. Die Türen der Waggons öffneten sich klappernd. Aus der Dampfwolke trat ein Mann, der die dunkelgrüne Uniform der Kaiserlich Japanischen Armee trug. Er war Generalmajor und hieß Yoshitsugu Tatekawa.

Japanische Truppen waren seit Jahren in Mukden stationiert, um die strategisch wichtige Südmandschurische Eisenbahn zu kontrollieren. Doch den gesamten Sommer hindurch hatte es schon Gerüchte gegeben, dass die als Kwantung-Armee bekannte japanische Garnisonseinheit ein eigenmächtiges Regime führte. Es hieß, die Kwantung-Offiziere nähmen keine Befehle aus der Heimat mehr entgegen und wären entschlossen, im Norden Chinas ein eigenes Reich zu gründen.

Angesichts der wachsenden Spannungen wurde Generalmajor Tatekawa entsandt, um sie auf Linie zu bringen. Als er im lauten und chaotischen Mukden eintraf, wurde er von einem Begrüßungskomitee in Empfang genommen.

An dessen Spitze befand sich Seishiro Itagaki, ein Oberst mit Bürstenfrisur, der als Hitzkopf galt, aber ein glänzender Organisator war. Itagaki verbeugte sich und sagte, es sei eine große Ehre, so einen hochrangigen Militär begrüßen zu dürfen. Der Generalmajor müsse doch müde von der langen Reise sein. In diesem Fall kenne er ein vorzügliches japanisches Restaurant, in dem sie sich mit ein paar Geishas und ein wenig Reiswein entspannen könnten.

Tatekawa hatte nicht das Geringste dagegen einzuwenden. Im Zug habe er kein Auge zugemacht, entgegnete er, und die Arbeit könne auch bis morgen warten.

Itagakis Plan ging auf. Die beiden Männer gönnten sich ein ausgiebiges Abendessen und nach reichlich Reiswein wünschte Itagaki seinem Gast etwa um 9 Uhr eine gute Nacht.

Eine Stunde später ereignete sich an den Gleisen der Südmandschurischen Eisenbahn eine kleine Explosion. Sie war so harmlos, dass schon wenige Minuten später der nächste Zug ungehindert passieren konnte.

Oberst Itagaki hatte jedoch den Vorwand, den er brauchte, um von einem Terroranschlag reden zu können. Die Chinesen hätten die Eisenbahnlinie angegriffen, und die Kwantung-Armee müsse umgehend einschreiten, um für Ruhe und Ordnung zu sorgen.

In Wahrheit war die Explosion nicht von den Chinesen, sondern von Itagakis Leuten herbeigeführt worden. Dies alles hatte zu ihrem Plan gehört. Noch am selben Abend marschierten japanische Truppen über die Straßen von Mukden. Gewehrfeuer hallte durch die Stadt.

Tatekawa saß immer noch im Restaurant und hörte die Schüsse, doch war er zu erschöpft und betrunken, um sich etwas dabei zu denken.

Als er am nächsten Morgen mit schwerem Kopf erwachte, waren die Straßenkämpfe bereits beendet. Mukden war in japanischer Hand.

In Tokio, der Hauptstadt Japans, löste der »Mukden-Zwischenfall« einen Schock aus. Die Regierung forderte die Kwantung-Armee umgehend auf, sich wieder aus der Mandschurei zurückzuziehen.

Doch dazu war es zu spät. Den Kwantung-Offizieren war es schlicht gleichgültig, wie die japanische Regierung zu dem Vorfall stand. Außerdem hatte Itagakis Plan einfach perfekt funktioniert.

Noch ehe die Aufforderung aus Tokio eintraf, hatten japanische Truppen bereits eine Stadt nach der anderen entlang der Bahnlinie eingenommen. Am Ende des Jahres 1931 stand fast die gesamte Mandschurei, eine Provinz mit 30 Millionen Einwohnern und einer Fläche wie Frankreich und Deutschland zusammen, unter ihrer Kontrolle.

In London, Paris und Washington war man fassungslos. Allen war klar, dass es sich um ein abgekartetes Spiel gehandelt hatte, doch die Mandschurei war weit entfernt, und so blieb das Ausland stumm.

Auch aus Tokio kamen schon bald keine Proteste mehr. Die Operation war ein Triumph und hatte ein riesiges Stück aus dem chinesischen Staatsgebiet herausgerissen.

Einige Jahre zuvor hatte der japanische Autor und Intellektuelle Kita Ikki erklärt, Japan müsse seiner angestammten Führungsrolle in Asien gerecht werden. Die Menschheit, so schrieb er, werde erst Frieden finden, wenn das stärkste Land der Welt alle anderen Staaten dominieren würde.

Seine Worte fielen bei den jungen Offizieren der Kwantung-Armee auf fruchtbaren Boden. Nach der Eroberung der Mandschurei hatten sie keinen Zweifel mehr, wer dieses Land sein würde: Japan, das Land der aufgehenden Sonne.

■

Zu Beginn der 1930er-Jahre war Japan das mit Abstand fortschrittlichste Land in Asien. Es war zugleich traditionell und modern, stolz auf seine Geschichte, doch auch darauf aus, die Möglichkeiten der Zukunft zu nutzen. Sogar die Hauptstadt Tokio war eine Mischung aus Alt und Neu, aus traditionellen Holzhäusern und modernen Bürogebäuden aus Beton.

In den meisten Nachbarländern Japans lebten und starben die Menschen unter den Flaggen fremder Staaten. Dies war immer noch die Zeit der westlichen Mächte, die einen Großteil Asiens und Afrikas in Kolonien verwandelt hatten.

Die französische Trikolore wehte über dem heutigen Vietnam und dem heutigen Kambodscha, die niederländische Fahne über dem heutigen Indonesien. Indien, Burma und Malaysia standen unter britischer, die Philippinen unter amerikanischer Herrschaft.

Japan war nie den Europäern in die Hände gefallen, und seine Einwohner waren stolz, unter der Flagge der aufgehenden Sonne zu leben.

Wie in den westlichen Demokratien wählten die Japaner ihre politischen Vertreter. Doch über allen stand ihr Kaiser Hirohito. Viele Menschen betrachteten ihn als Gott, und Kindern wurde beigebracht, ihm nicht ins Gesicht zu sehen, weil sie andernfalls erblinden würden.

Doch Hirohito sah nicht wie ein Gott aus. Er war ein ungepflegter, kurzsichtiger junger Mann, der in ausgetretenen alten Schuhen durch den Palast schlurfte. Er war ein leidenschaftlicher Biologe, der in seinem kleinen Laboratorium winzige Meereslebewesen untersuchte.

Die reale Macht lag bei den Generälen und Admirälen, denen die Bevölkerung einen enormen Respekt entgegenbrachte. Der Befehl eines Offiziers kam für die meisten Japaner dem Befehl des Kaisers gleich.

Zaudern und Zögern, Rückzug oder gar Aufgabe kamen nicht in Betracht. Wie die Samurai alter Tage tat man, was einem gesagt wurde, ohne dies zu hinterfragen.

Doch Japan war ein zerrissenes, unglückliches Land. Ehrgeizige junge Offiziere fühlten sich von den Nachbarländern eingeengt. Sie beneideten die Europäer im Süden und fürchteten die Russen im Norden.

Und vielen galt Japan mit seinen mehr als 70 Millionen Einwohnern schon damals als hoffnungslos überbevölkert. Die Städte wuchsen immer stärker, und es fehlte an Rohstoffen wie Kohle oder Öl sowie an landwirtschaftlicher Produktionskapazität, um die Bevölkerung zu versorgen.

Ein alter japanischer General ließ sich auf seinem Sterbelager eine Weltkarte reichen. Mit einem roten Stift kreiste er ein riesiges Gebiet ein, das Sibirien, Indien, China und Australien umfasste. »Das alles«, erklärte er, »muss japanisch werden.«

So richtete die Armee ihren Blick über das Meer in Richtung Westen, auf die ungeheure chinesische Landmasse.

Mit fast 500 Millionen Einwohnern war China der mit Abstand bevölkerungsreichste Staat der Welt. Als eine der ältesten Zivilisationen überhaupt konnte er auf eine faszinierende Vergangenheit zurückblicken. Doch er war von einem langen, blutigen Kampf rivalisierender Kriegsfürsten geschwächt und zersplittert.

Zahlreiche japanische Offiziere betrachteten China als nahezu unwiderstehliches Angriffsziel. Würde sich das japanische Kaiserreich die chinesischen Ressourcen unter den Nagel reißen können, wäre es nicht mehr aufzuhalten.

Chinas Schwäche, schrieb eine Gruppe von Offizieren 1934, stelle Japan vor eine »glorreiche Herausforderung«. »Wir müssen unser Schicksal annehmen … und den Mut haben, einen großen Plan für die Entwicklung unseres Landes in den nächsten hundert Jahren zu entwerfen.«

Den Chinesen schienen Japans Großmachtambitionen weniger glorreich zu sein.

In der Mandschurei hatten sich die Japaner bereits als äußerst skrupellos erwiesen. In einer Kleinstadt töteten sie dreitausend unschuldige Menschen, setzten ihre Häuser in Brand und mähten sie mit Maschinengewehren nieder.

So wie die Nazis hatten auch sie kein Schuldbewusstsein. Für sie zählte allein das Recht des Stärkeren. Sie waren stark und die Chinesen schwach. So war nun mal der Lauf der Welt.

Kein Wunder, dass einige japanische Offiziere die Deutschen als natürliche Verbündete betrachteten. Auch sie träumten vom Krieg, von Eroberungen und von der Ausdehnung ihres Reichs. Auch sie hassten und fürchteten den Kommunismus. Und auch sie betrachteten Russland als ihren großen Feind.

1936 unterzeichneten Deutschland und Japan einen Vertrag,

in dem sie sich dem gemeinsamen Kampf gegen den Kommunismus verschrieben. Und wie ihre deutschen Kollegen waren auch viele japanische Offiziere auf neue Eroberungen aus.

Monat für Monat wurden die Kriegsvorbereitungen intensiviert. Mit jeder neuen Woche gaben die Japaner mehr Geld für ihre Rüstung aus, für neue Schiffe und Flugzeuge, Panzer und Maschinengewehre. Jeden Tag erzählten die Zeitungen ihren Lesern, dass man von Feinden umgeben sei und sich neuen Lebensraum erschließen müsse.

Das Feuer loderte bereits. Es brauchte nur einen Funken, um Asien in Brand zu stecken.

■

Wenige Kilometer außerhalb von Peking steht eine prächtige steinerne Brücke. Der italienische Reisende Marco Polo, einer der ersten Europäer, die China besucht haben, nannte sie eine der schönsten Brücken der Welt. Heute trägt sie seinen Namen.

Aufgrund eines langfristigen Abkommens durften die Japaner nahe der Brücke eine kleine Militärbasis betreiben. Doch in der Nacht auf den 7. Juli 1937, als die Japaner von einer Militärübung zurückkamen, entlud sich plötzlich der Unmut der Einheimischen.

Aus Gründen, die niemand richtig verstand, gab ein chinesischer Soldat einen Schuss auf die japanische Einheit ab. Die Japaner feuerten zurück. Es folgten weitere Schüsse von chinesischer Seite.

Irgendwann ebbte der Schusswechsel ab. Wie durch ein Wunder war niemand verletzt worden. Doch dann entdeckten die Japaner, dass einer ihrer Männer fehlte.

Weil sie fürchteten, er sei im Schutze der Dunkelheit entführt worden, forderten sie, die nahe gelegene, von Mauern umgebene Stadt Wanping durchsuchen zu dürfen. Doch die Chinesen versperrten ihnen den Weg.

Die Auseinandersetzung spitzte sich erneut zu, beide Seiten forderten militärische Verstärkung an, und in Tokio entsandte die ohnehin kriegslüsterne Regierung weitere Truppen ins Krisengebiet.

Auch die chinesische Regierung war zum Kampf bereit. Ihr Anführer Chiang Kai-shek schrieb in sein Tagebuch, sie hätten den »Zwergenbanditen« aus Japan schon allzu oft nachgegeben. »Jetzt ist die Zeit des Kämpfens gekommen«, fügte er hinzu.

In den nächsten Wochen hallte das Stampfen marschierender Truppen durch die Straßen von Peking. Der Sommer hatte seinen Höhepunkt erreicht. Es war heiß und feucht. Fragte sich nur, wer zuerst losschlagen würde.

Am 26. Juli wurde diese Frage beantwortet. Als japanische Bomber über die Kaiserstadt Peking hinwegdröhnten, liefen Tausende chinesische Familien auf die Straße und versuchten verzweifelt, sich in Sicherheit zu bringen. An der Küste bombardierten japanische Schlachtschiffe die strategisch wichtige Hafenstadt Tianjin. Nach wenigen Tagen waren beide Städte gefallen.

Danach wandten sich die Japaner gen Süden nach Schanghai,

der fünftgrößten Stadt der Welt, einem gigantischen Schmelztiegel verschiedenster Sprachen und Kulturen.

Die Schlacht um Schanghai kam einem Kampf um das Ende der Welt gleich. Über eine Million Männer kämpften auf beiden Seiten. Hunderte von Panzern, Bombern und Jagdfliegern wurden eingesetzt, während die japanische Flotte die Stadt vom Meer aus angriff.

Wochenlang war die brennende Stadt in beißenden schwarzen Rauch gehüllt. Der Feuerstrahl der Flammenwerfer erhellte das Dunkel, die Straßen waren von Leichen übersät.

Am 26. November fiel die Stadt. Der britische Schriftsteller Christopher Isherwood beschrieb die einst pulsierende Metropole als große Einöde, so »karg und unwirtlich« wie die Oberfläche des Mondes. In den Ruinen stolperte er über zerfetzte Bücher und Bilder, »zersplitterte Glühbirnen und zertrümmerte Waschtische«. Keine Horde wilder Tiere, befand er, hätte solch einen Schaden anrichten können.

Als Nächstes richtete sich die ganze Raserei der japanischen Armee auf das nächste Ziel, Chinas damalige Hauptstadt Nanking (das heutige Nanjing). Zwei Wochen später, am Abend des 12. September, befahl der chinesische Stadtkommandant seinen Truppen, sich aus der Stadt zurückzuziehen.

Während des Rückzugs setzten die chinesischen Soldaten Nanking in Brand. Als die Japaner am nächsten Tag einmarschierten, fanden sie die Stadt als rauchende Ruine vor.

Der zurückgelassenen Bevölkerung stand das Schlimmste noch

bevor. Von dem Moment an, als sie ihren Fuß in die Stadt setzten, wüteten die japanischen Soldaten mit ungeheurer Grausamkeit. Wochenlang plünderten und mordeten sie.

In den Straßen von Nanking fanden Massenerschießungen statt. Menschen wurden gefesselt, mit Benzin übergossen und angezündet. Männer wurden von ihren Familien weggezerrt und enthauptet. Frauen wurden ebenso grausam misshandelt, vergewaltigt und getötet.

Menschen aus dem Westen, die in der Stadt eingeschlossen waren, schien die japanische Besatzung die Hölle auf Erden zu sein. »Das Abschlachten der Zivilbevölkerung ist entsetzlich«, schrieb ein amerikanischer Arzt an seine Familie. »Ich könnte seitenlang Grausamkeiten auflisten, die fast jede Vorstellungskraft übersteigen.«

John Rabe, ein in Nanking lebender deutscher Geschäftsmann, versuchte Chinesen zu retten, indem er sie im hauptsächlich von europäischen Einwanderern bewohnten Teil der Stadt versteckte. In einem Brief bat er die japanische Armeeführung inständig, ihre Truppen besser zu kontrollieren – ohne Erfolg.

Nach sechs Wochen hatten die japanischen Invasoren ihren größten Blutdurst gestillt, doch Hunderttausende Männer, Frauen und Kinder hatten schon ihr Leben lassen müssen.

■

Das Massaker von Nanking löste in der ganzen Welt Entsetzen aus. »Terror in Nanking«, schrieb eine britische Tageszeitung.

»Gräueltaten und Plünderungen in der eroberten Stadt – japanische Soldaten außer Kontrolle.«

Doch die japanischen Anführer hatten ganz andere Sorgen. Allmählich wurde ihnen klar, dass sie ihr Land in einen Krieg gestürzt hatten, der weitaus komplizierter war, als sie anfangs gedacht hatten.

Nach dem Zusammenstoß an der Marco-Polo-Brücke hatten sie damit gerechnet, binnen weniger Monate den Sieg davonzutragen. Doch nun stießen sie weiterhin auf erbitterten Widerstand.

Und China war trotz seiner militärischen Schwäche immer noch fünfundzwanzig Mal so groß wie Japan. Anstatt also in Friedensverhandlungen einzutreten, wie die Japaner erwartet hatten, zogen sich die Chinesen immer tiefer in ihr riesiges, scheinbar endloses Reich zurück.

Die blutigen Kämpfe gingen weiter, Monat für Monat. Beide Seiten boten kolossale Armeen auf, warfen immer mehr Panzer, Bomber und Jagdflugzeuge in die Schlacht.

Der Krieg ging in sein zweites, dann in sein drittes Jahr.

»Kampf und Tod überall und jetzt bin auch ich verwundet«, schrieb ein japanischer Soldat auf eine halb zerstörte Mauer. »China ist endlos und wir sind wie Tropfen in einem Ozean. Dieser Krieg ist sinnlos. Ich werde meine Heimat niemals wiedersehen.«

Im Sommer 1939 ereignete sich eine entscheidende Schlacht, von der hier im Westen jedoch nur die wenigsten Menschen gehört haben.

Die meisten japanischen Generäle betrachteten Russland – beziehungsweise die Sowjetunion, wie die Kommunisten es nannten – als ihren wahren Feind. Sie wollten sich allerdings zuerst die chinesischen Bodenschätze sichern, um für das finale Kräftemessen mit den Russen gewappnet zu sein.

Im Mai 1939 brach ein Kampf der Kavallerie an der weit im Norden gelegenen Grenze zwischen dem japanischen Marionettenstaat Mandschukuo (das von Japan errichtete »Kaiserreich« in der Mandschurei) und dem russischen Marionettenstaat Mongolei aus. Beide Seiten forderten neue Truppen als Verstärkung an, worauf die Kämpfe entlang dem Fluss Chalchin Gol fast zwei Monate lang andauerten.

Darauf bedacht, den Russen eine Lektion zu erteilen, entsandten die Japaner mehr als dreißigtausend Soldaten, ungezählte Panzer und Hunderte von Flugzeugen – in der Überzeugung, dass diese Truppenstärke vollkommen ausreichte. Doch zu ihrer Überraschung mobilisierte die Rote Armee noch größere Streitkräfte – doppelt so viele Soldaten, Hunderte von Panzern und fast tausend Flugzeuge.

Außerhalb von Asien wusste niemand von diesem Kampf. Die weiten Steppen lagen viele Tausend Kilometer von London und Berlin entfernt, und kaum jemand kümmerte es, was in der Mongolei oder in Mandschukuo vor sich ging.

Für die russischen und japanischen Soldaten hingegen war die Schlacht am Chalchin Gol ein mörderischer, blutrünstiger Albtraum. Wochenlang bebte der Boden vom Granatfeuer, dröhnten die Motoren der Kampfflugzeuge durch die rauchgeschwängerte Luft, trieben Leichen im Fluss.

Ende August, als alles vorbei war, hatten Zehntausende ihr Leben gelassen, und Russland hatte triumphiert.

Für Japan war es eine vernichtende Niederlage, und nun traf der Generalstab eine Entscheidung, die für viele Millionen Menschen in Asien und darüber hinaus von einschneidender Bedeutung sein sollte.

Nach der Schlacht am Chalchin Gol war es offenbar geworden, dass Japan bis auf Weiteres nicht in der Lage war, in die Sowjetunion einzumarschieren. In China war die japanische Armee nicht weitergekommen, sondern musste sich auf ihrer Suche nach neuen Rohstoffen ein neues Ziel suchen.

In Tokio ließen die Generäle von Kaiser Hirohito ihre Blicke über die Weltkarte schweifen: von der Sowjetunion über die Mongolei gen Süden Richtung Mandschukuo und das kriegsgeschundene China.

Schließlich fiel ihr Blick auf Niederländisch-Westindien mit seinen Erdölreserven, auf Britisch-Malaya mit seinen Kautschukplantagen und Zinnminen. Sie sahen Vietnam und Kambodscha, die zu Französisch-Indochina gehörten, sowie das vom britischen Empire beherrschte Burma, das Millionen Barrel Erdöl förderte. Und weit im Westen erblickten sie Indien, mit all seinem Reichtum und Potenzial, das wie ein verlockender funkelnder Edelstein wirkte.

Doch die Japaner wussten, dass sie die europäischen Mächte

niemals allein in die Knie zwingen konnten. Wenn sie ein neues asiatisches Großreich gründen wollten, mussten sie ihre Feinde zunächst ablenken. Und nur wenige Tage nach dem Ende der Schlacht von Chalchin Gol bescherte ihnen Hitler, worauf sie so sehnlich gewartet hatten.

Er bescherte ihnen einen Krieg.

TEIL 2

DER STURM BRICHT LOS

4

Entfesselte Wölfe

»Heute ist mein Namenstag und mein Geburtstag«, schrieb Niusia Szewczykówna am 16. Mai 1939. »Ich bin zehn Jahre alt und zu klein für mein Alter.«

Sie bekam viele Geschenke. »Zwei Bücher, einen gepunkteten Ball und ein paar Süßigkeiten. Von Mama und Papa eine Shirley-Temple-Puppe und eine Schachtel mit bunter Kreide von meinem Bruder Wojtek. Meine Freundin Ania hat mir dieses Tagebuch geschenkt, das ich bis zur letzten Seite vollschreiben werde.«

Obwohl Niusia in Polens Hauptstadt Warschau zur Schule ging, verbrachte ihre Familie den Sommer im Landhaus der Großeltern. Es war ein trockener, heißer Sommer. Sie schwamm im Fluss, bekam ein neues Fahrrad und machte Limonade für die Sommersonnenwendfeier.

»Jeden Tag Hitze und noch mehr Hitze von der brennenden Sonne«, schrieb Niusia Anfang August. Doch wurde sie das Gefühl nicht los, dass irgendeine Gefahr herannahte und das Glück ihrer Familie trübte.

Am Ende des Monats sagte ihr Vater ihr die Wahrheit. Polen

werde von einem unersättlichen Tyrannen namens Adolf Hitler bedroht, und es sei gut möglich, dass es zum Krieg komme. Niusia war geschockt.

»Hoffentlich weiß er, dass die friedfertigen Leute ihn nicht mögen«, schrieb sie.

Ein heißer Tag folgte dem nächsten. Das Gras war braun geworden. Niusia fand, dass die Bäume erschöpft aussahen. Die Ferien näherten sich dem Ende. Ihre Mutter kaufte ihr eine neue Schuluniform; ihr Vater kaufte ihr einen Ranzen und ein Federmäppchen für die Klasse von Frau Kolinska.

Am ersten Morgen im September, drei Tage bevor die Schule wieder anfangen sollte, war Niusia im Garten, als sie Flugzeuge über sich hörte. Sie glaubte, es sei eine Art Übung; dann hörte sie plötzlich Maschinengewehrsalven. »Alle liefen aus dem Haus, um zu sehen, was hier passierte«, schrieb sie. »Mein Gott, es ist Krieg!«, rief der Großvater.

Dann liefen sie wieder ins Haus und stellten das Radio an, um die Nachrichten zu hören. Die deutsche Armee hatte die Grenze überschritten, und polnische Soldaten versuchten, sie wieder zurückzudrängen. Sie lauschten gebannt. Dann wurde die Stimme immer leiser und verstummte. Die Batterie hatte ihren Geist aufgegeben.

»Großvater drehte das Radio ab und schaute in unsere angstvollen Gesichter.« Er kniete sich vor das Jesusbild im Wohnzimmer, und Niusia und ihre Eltern sprachen seine Worte mit: »Vater unser, der du bist im Himmel, geheiligt werde dein Name …«

An diesem Nachmittag versammelten sie sich um den Tisch und diskutierten darüber, was jetzt zu tun sei. Niusias Eltern sagten ihr, es sei »sicherer, hier im Dorf zu bleiben«, statt nach Warschau zurückzukehren.

»Was wird mit meiner Schule passieren?«, fragte Niusia. »Wenn ein Land ums Überleben kämpft«, antwortete ihre Mutter mit sanfter Stimme, »ist für die Schule kein Platz«.

Vor dem Schlafengehen schrieb Niusia in ihr Tagebuch: »Lieber Gott, bitte mach, dass unsere tapferen Soldaten die schrecklichen Deutschen besiegen.«

Zwei Tage später kam in den Nachrichten eine »himmlische Neuigkeit«, wie Niusia aufgeregt in ihr Tagebuch schrieb. »Mr Chamberlain sagte, dass England Deutschland den Krieg erklärt hat. Ich bin so froh, dass wir gute Freunde im Ausland haben. Papa sagt, dass Großbritannien ein mächtiges Land mit einer starken Marine und einer starken Luftwaffe ist.«

Ihre Eltern waren so aufgeregt, dass sie zur Feier des Tages eine wertvolle alte Weinflasche öffneten. Nur eine Sache bereitete Niusia jetzt noch Kopfzerbrechen: Wie konnte sie Mr Chamberlains Soldaten danken? Sie sprach kein Wort Englisch und die britischen Soldaten würden bestimmt bald da sein. Also fasste sie folgenden Entschluss: »Ich muss sie einfach umarmen, und sie werden wissen, wie es gemeint ist.«

Doch die Tage vergingen und die Engländer kamen nicht. Ihre Hoffnung verblasste. Auf dem Wochenmarkt gingen die Lebensmittel aus und in der Ferne hörte man Gewehrfeuer.

Am 13. September, als der Krieg schon zwei Wochen andauerte, schienen die Gewehre ganz in der Nähe zu sein. »Tagsüber hört man die Explosionen und nachts sieht man den roten Himmel«, schrieb Niusia.

Wenige Tage später sagte ein Nachbar, er habe einen deutschen Soldaten auf den Feldern entdeckt. Niusia langweilte sich, das brachte sie auf eine Idee. Warum sollte sie nicht mal selbst einen Blick riskieren? Niemand würde sie entdecken, wenn sie den Feind heimlich beobachtete.

Ohne jemandem davon zu erzählen, schlich sie sich aus dem Haus. Es war ein warmer, sonniger Tag und erst einmal sah sie niemanden. Dann, nachdem das Haus ihres Großvaters in der Ferne verschwand, hörte sie ein pfeifendes Geräusch.

»Zuerst wusste ich nicht, was los war«, notierte sie, »bis ich kleine Staubwolken auf der Straße sah. Die kamen von den Kugeln.«

Niusia warf sich auf den Boden, »vor Schreck wie gelähmt«. Ihr Herz hämmerte, sie konnte kaum atmen.

Schließlich hörte das Schießen auf, doch Niusia blieb auf dem Boden liegen und wusste nicht, was sie tun sollte.

»Die Deutschen müssen nah sein«, dachte sie. Also glitt sie über die Erde, »wie eine Schlange im Gras«. Dann erblickte sie eine verwundete Kuh, die schreckliche Schmerzen hatte.

»Ich hatte solche Angst«, schrieb sie. »Dann rappelte ich mich auf und rannte, so schnell ich konnte. Als ich ganz außer Atem und mit schmutzigem Kleid nach Hause kam, wurde meine

Mama fuchsteufelswild. Ehe ich irgendwas erklären konnte, gab sie mir eine Ohrfeige. Ich lief auf mein Zimmer und weinte und weinte.«

Kurz darauf öffnete sich die Tür und ihre Mutter kam herein. Sie entschuldigte sich dafür, die Beherrschung verloren zu haben, aber: »Wie leichtsinnig du gewesen bist!« Dann nahm sie ihre Tochter in den Arm, küsste ihr Gesicht und half ihr, sich zu waschen und die Kleider zu wechseln.

Am nächsten Tag, dem 21. September, blieb alles ruhig. »Unsere Hauptstadt brennt«, schrieb Niusia. »In der Nacht sieht man den Rauch und die Flammen am Himmel … Papa sagt, es wird nur ein paar Tage dauern … Die Nazis werden diesen Krieg gewinnen. Oh, warum nur?«

Vier Tage später waren die Deutschen da.

■

Was war in den Wochen und Monaten zuvor geschehen? So wie die Tschechoslowakei war auch Polen ein Land, das nach dem Ersten Weltkrieg aus den Reichen der Russen, der Deutschen und der Österreicher herausgetrennt worden war.

An der Ostseeküste lag die ehemalige Hansestadt Danzig mit ihren mittelalterlichen Häusern und dem großen Hafen. Jedes Land wäre stolz auf solch eine Stadt gewesen, doch hier lagen die Dinge komplizierter.

Die Polen, die die Stadt Gdańsk nannten, waren in der Minderheit. Die Deutschen nannten sie weiterhin Danzig – eine

Stadt, die aufgrund der Bestimmungen des Versailler Vertrags vom Deutschen Reich abgetrennt worden und als »Freie Stadt Danzig« quasi ein unabhängiger Staat war.

Doch Hitler war schon dabei, die europäische Landkarte zu verändern, und forderte die polnische Regierung zu Beginn des Jahres 1939 auf, Danzig mitsamt dem schmalen Korridor polnischen Gebiets, der die Stadt vom Deutschen Reich trennte, zu übergeben.

Die Polen wiesen dieses Ansinnen selbstverständlich zurück. Nachdem sie Jahrhunderte auf ihren eigenen Staat gewartet hatten, wollten sie sich nicht mir nichts, dir nichts dem deutschen Diktator ausliefern.

Doch Hitler hatte bereits Blut geleckt. In weniger als drei Jahren war er ins Rheinland einmarschiert, hatte Österreich ans Deutsche Reich angeschlossen und das Sudetenland annektiert, und niemand hatte auch nur den Versuch unternommen, ihm in den Arm zu fallen.

Und für den Fall, dass noch irgendjemand daran zweifelte, dass er es ernst meinte, demonstrierte Hitler seine Macht. In den frühen Morgenstunden des 15. März 1939 marschierten seine Truppen – allen Zusicherungen des Münchner Abkommens zum Trotz – in die Gebiete der sogenannten Rest-Tschechei ein.

Hitler folgte am nächsten Tag im offenen Wagen und mit ausgestrecktem Arm seine Truppen grüßend. Auf dem Hradschin, der alten Prager Burg, war die Fahne der Tschechoslowakei bereits durch die Hakenkreuzflagge ersetzt worden.

Mit der Eroberung der Tschechoslowakei hatte Hitlers Glaube an die Vorsehung einen neuen Gipfel erreicht. Seinen engsten Mitarbeitern gegenüber äußerte er die Überzeugung, dass er »als größter deutscher Staatsmann aller Zeiten in die Geschichtsbücher eingehen werde«.

England und Frankreich hatten die letzten Illusionen verloren, dass man Hitler auch nur ansatzweise vertrauen konnte. Selbst Neville Chamberlain, der bis zuletzt geglaubt hatte, Hitler werde sein Wort halten, riss der Geduldsfaden.

Als sich zwei Wochen später die Anzeichen verdichteten, dass die Deutschen kurz davor waren, Danzig einzunehmen, verkündete der britische Premierminister, dass er in diesem Fall nicht tatenlos zusehen werde. Sollte Hitler Polen angreifen, würden Frankreich und England wiederum dem Deutschen Reich den Krieg erklären.

Doch viele Menschen fragten sich, was Chamberlains Versprechen eigentlich wert war. Wie sollten denn Frankreich und England, die beide weit von Polen entfernt waren, die Deutschen an einem Einmarsch hindern?

In Berlin soll Hitler dennoch getobt haben, als er von Chamberlains Garantievertrag mit Polen erfuhr.

Ein paar Wochen später rief er seine Generäle zusammen. Nichts hatte sich verändert. Hitler war immer noch davon überzeugt, dass sowohl die Briten als auch die Franzosen eine militärische Auseinandersetzung scheuen würden. Ihre Anführer bezeichnete er als »Würmer«.

Eines Tages, so drohte er, werde er England in die Knie zwingen. Doch zunächst richtete sich sein Blick auf Polen, das es gewagt hatte, ihm die Stirn zu bieten. Nun gut. Bei der erstbesten Gelegenheit werde er angreifen, sagte er.

Der Sommer kam. Die Temperaturen stiegen. Tag für Tag forderten die deutschen Zeitungen, Danzig ins Reich einzugliedern. Es wirkte wie eine Wiederholung der Sudetenkrise: dieselben Behauptungen, Deutschland sei ungerecht behandelt worden; dieselben Gerüchte, Deutschland ziehe in Grenznähe bereits seine Truppen zusammen; dieselben Anzeichen eines bevorstehenden Sturmes.

In London wuchs die Anspannung. Monatelang hatten Chamberlains Diplomaten mit den Russen verhandelt, in der Hoffnung, sie zu einer Allianz gegen den gemeinsamen Feind bewegen zu können. Für eine Weile schien eine Einigung in greifbarer Nähe zu liegen, doch die Russen verschleppten die Gespräche.

Am Abend des 21. August 1939 platzte die diplomatische Bombe. Die Russen hatten einer Vereinbarung doch noch zugestimmt, aber nicht mit England. Den ganzen Sommer hindurch hatten sie mit beiden Seiten verhandelt und sich nun endlich entschieden.

Ihr Bündnispartner hieß Deutschland.

■

Schon zu der Zeit, als er noch Reden in Münchner Wirtshäusern gehalten hatte, war Hitlers endgültiges Ziel die Errichtung eines neuen großen Reichs im Osten gewesen. Er betrachtete die Kommunisten als Unterstützer einer jüdischen Weltverschwörung, träumte davon, die Sowjetunion zu zerstören und seine Einwohner zu versklaven.

Doch trotz seines Größenwahns wusste selbst Hitler, dass er es nicht mit allen Gegnern gleichzeitig aufnehmen konnte. Und so nahm im Laufe des Sommers in seinem Kopf und in den Köpfen seiner Berater eine schier atemberaubende Idee Gestalt an. Warum nicht mit dem Teufel selbst ein Bündnis schmieden?

Am 23. September flog ein Gesandter Hitlers nach Moskau.

Im Kreml, der mittelalterlichen Zitadelle im Herzen der kommunistischen Hauptstadt, wartete der sowjetische Diktator Josef Stalin auf ihn.

Stämmig und blass, die Augen eines Ganoven im pockennarbigen Gesicht, badete Stalin seine Hände in Blut.

Bevor er an die Macht gelangt war, hatte er Jahre als Berufsrevolutionär verbracht, hatte Streiks und Demonstrationen unter den Eisenbahnarbeitern organisiert, Banküberfälle geplant und Rebellionen angezettelt. War mehrfach verbannt worden und hatte stets fliehen können. Während der Zeit des großen Terrors in den 1930er-Jahren waren unter Stalins Herrschaft über eine Million Russen gefoltert, ins Arbeitslager geworfen und von Erschießungskommandos liquidiert worden – manchmal nur, weil sie einen Witz über den Diktator gemacht hatten.

1939 hatte Stalin bereits viele seiner alten Weggefährten und die meisten der älteren Generäle töten lassen. Obwohl die Rote

Armee die Schlacht am Chalchin Gol gegen die Japaner gewonnen hatte, war sie weit davon entfernt, es mit den mächtigen deutschen Streitkräften aufnehmen zu können. Stalin brauchte Zeit, um aufzurüsten.

Also stimmte er spät in der Nacht einem Deal zu. Offiziell erklärten Deutschland und die Sowjetunion ihre Freundschaft zueinander und versicherten, in den nächsten zehn Jahren nicht gegeneinander in den Krieg zu ziehen.

Insgeheim hatten sich die beiden Länder jedoch darauf verständigt, Europa unter sich aufzuteilen. Stalin würde die kleinen baltischen Staaten, Finnland und einen Teil von Rumänien bekommen, während Hitler den Kampf gegen seine Feinde im Westen aufnehmen konnte. Polen würde in zwei Hälften geteilt und von der Landkarte getilgt werden. Die Nazis und die Kommunisten würden je die Hälfte bekommen.

Champagner wurde gereicht. Stalin hob sein Glas. »Ich weiß, wie sehr die deutsche Nation ihren Führer liebt«, sagte er. »Er ist ein guter Kerl. Ich möchte auf seine Gesundheit trinken.«

Ein paar Stunden später, nach ausgiebigem Händeschütteln, verabschiedete sich die deutsche Delegation in Richtung Flughafen, eine Ausfertigung des wertvollen Dokuments in der Tasche.

In Moskau konnte sich Stalin ein Grinsen nicht verkneifen. »Natürlich ist alles nur ein Spiel, bei dem beide Seiten versuchen, den anderen über den Tisch zu ziehen«, äußerte er. »Ich weiß, was Hitler im Schilde führt. Er denkt, er hat mich reingelegt, doch eigentlich ist es umgekehrt.«

In seiner Bergresidenz wartete Hitler auf Nachrichten. Am Abend zuvor hatte er seine Generäle gebrieft, was den Einmarsch in Polen betraf.

Das Ziel der Operation, sagte er, bestehe nicht nur darin, das polnische Territorium zu erobern, sondern es gehe auch darum, die dortige Bevölkerung auszurotten. »Unsere Stärke beruht auf unserer Schnelligkeit und Brutalität«, erklärte er. »Ich habe meine Totenkopfverbände angewiesen, polnische Männer, Frauen und Kinder unbarmherzig in den Tod zu schicken ... seid hart. Zeigt keine Gnade.«

War Polen erst einmal zerstört, würde er sich Russland zuwenden. Der deutsch-sowjetische Nichtangriffspakt war nur ein Trick. Bald würde er »die Sowjetunion brechen«. Damit, so Hitler, würde »die deutsche Weltherrschaft beginnen«.

Am nächsten Abend aß Hitler mit seinen Gefolgsleuten auf der Terrasse zu Abend. Die Sonne war schon lange hinter der Bergkette verschwunden, doch als die Anwesenden ihre Blicke über das Tal schweifen ließen, tanzte das Nordlicht in der Dunkelheit und tauchte die Alpengipfel in einen unwirklichen rötlichen Schein.

»Der Himmel«, erinnert er sich, »war in Aufruhr. Er war blutrot, grün, schwefelgelb und schwarz wie die Nacht. Es war furchterregend.«

Für eine Moment betrachteten alle schweigend das Schauspiel, ihre Gesichter im Schein dieses überirdischen Lichts. Schließlich erhob Hitler das Wort.

»Sieht aus wie ein Blutbad«, sagte er schulterzuckend. Dann ging er hinein.

■

In den frühen Morgenstunden des 1. September 1939 begann der Überfall auf Polen. Mit eineinhalb Millionen Soldaten, über zweitausend Panzern, fast tausend Bombern und Hunderten von Kampfflugzeugen war es einer der schonungslosesten Angriffe der Geschichte.

Obwohl Briten und Franzosen ihr Versprechen hielten und Deutschland den Krieg erklärten, war dies für die Polen ein schwacher Trost. Hitlers Truppen rückten unaufhaltsam nach Osten vor, ihre Panzer fraßen sich immer tiefer ins Land hinein.

Die Polen kämpften tapfer, waren jedoch hoffnungslos in der Unterzahl. Am 6. September wurden sie hinter die Weichsel zurückgedrängt. Am nächsten Tag machten ihre Befehlshaber Pläne für die Evakuierung Warschaus. Einen weiteren Tag später erreichte die deutsche Vorhut die Außenbezirke der polnischen Hauptstadt.

Und so wie ihr Führer gefordert hatte, zeigten sie keine Gnade. Während die bewaffneten Divisionen durch die polnischen Dörfer rollten, töteten sie wahllos – hier ein Dutzend Leute, dort hundert, erschossen sie an Ort und Stelle.

Natürlich sind Tote in einem Krieg nichts Neues. Doch die ungezügelte Brutalität der Deutschen war etwas anderes. Seit Jahren wurde der deutschen Bevölkerung gesagt, die Polen seien wertloses Pack. Untermenschen. Hitlers Mission bestand darin, sie ohne den Anflug eines schlechten Gewissens auszulöschen.

So wurde das Töten zu einer Gewohnheit, einem täglichen Ritual. Ende September hatten Hitlers Truppen zwölftausend Menschen getötet – gefallene Soldaten nicht mit eingerechnet.

Der Tod kam auch von oben, weil Hitlers Luftwaffe Dörfer und Städte erbarmungslos bombardierte. Kein Dorf war zu klein und keine Menschengruppe zu unbedeutend, um ihren mörderischen Anschlägen zu entgehen.

Fotos vom Leid der Polen verbreiteten sich rund um den Globus. Endlich erkannten die Menschen auf der ganzen Welt Hitlers wahren Charakter, seine Verachtung jeder Humanität und die Barbarei seiner Truppen.

Doch als die Bilder veröffentlicht wurden, war es bereits zu spät. Mitte September hatte sich Warschau schon in eine brennende Hölle verwandelt, die Kirchen waren zerbombt, die Straßen voller Schutt, die Luft von Asche und Rauch erfüllt.

»So muss der Weltuntergang aussehen«, schrieb ein Mann, »dunkel vom Qualm der Feuer, die Häuser nur noch Ruinen.«

Am 17. September marschierte Stalins Rote Armee von Osten her ein – damit war Polens Schicksal besiegelt.

Am 6. Oktober war alles vorbei. In gerade einmal fünf Wochen waren schätzungsweise 200.000 Polen getötet worden. Ihre Armee war geschlagen, ihre Hauptstadt zerstört und ihr Staat von der Landkarte getilgt worden.

So wie von Hitler und Stalin verabredet, wurde der westliche

Teil Polens dem Deutschen Reich einverleibt, während der östliche Teil an die Sowjetunion fiel. Die Diktatoren hatten gewonnen. Millionen von Menschen auf beiden Seiten der neuen Grenze stand eine unendliche Leidenszeit bevor.

Doch auch in der dunkelsten Stunde ihres Landes glaubten viele Polen weiterhin daran, dass sie schließlich siegen würden – getreu der Worte ihrer Nationalhymne, die zu einer Zeit entstand, als Polen das dritte Mal geteilt worden war und jegliche Souveränität verloren hatte:

Noch ist Polen nicht verloren, solange wir am Leben sind …

In den letzten Tagen der Invasion waren viele polnische Soldaten von diesem Geist erfüllt. Sie waren nach Süden in Richtung Rumänien geflüchtet und hofften, ihren Kampf notfalls im Exil fortsetzen zu können.

Unter ihnen war ein junger Fotograf der Luftwaffe namens Oswald Krydner. Er wusste, dass seine Frau Halinka hinter die feindlichen Linien geraten war und er sie vielleicht niemals wiedersehen würde. Dennoch flüchtete auch er Richtung Süden. Ihm blieb keine Wahl.

Am 18. September, einen Tag nach dem Einmarsch der Roten Armee, erreichte Krydner den Prut, den Grenzfluss zwischen Polen und Rumänien. »Ich betrat die Brücke«, erinnerte er sich viele Jahre später. »Niemand hielt mich auf, also ging ich weiter.«

Erst als er die Brücke vollständig überquerte hatte, wusste er, dass er in Sicherheit war. Und erst jetzt drehte er sich um.

»Auf der anderen Seite des Flusses«, schrieb er, »sah ich die wehende polnische Fahne. Halinka war dort drüben. Unser blutbeflecktes Land war dort drüben. Unsere Landsleute, unsere Frauen und Familien wurden vom Feind ermordet. Gott, erbarme dich unser.«

Für eine Weile stand er einfach da, schaute zu seinem geliebten Land hinüber, während ihm Tränen über die Wangen liefen.

Dann setzte er seinen Weg fort.

5

Blitzkrieg

Es war ein warmer sonniger Morgen. Die 16-jährige Nina Masel saß im Wohnzimmer ihres Elternhauses im Osten Londons und spielte Klavier.

Es war Sonntag, der 3. September 1939 um kurz vor halb elf. Gerade eben hatte Chamberlains näselnde Stimme im Radio verkündet, was sie alle so lange befürchtet hatten.

Er hatte Hitler eine letzte Chance gegeben, seine Truppen aus Polen zurückzuziehen, doch darauf hatte dieser nicht reagiert. »Folglich«, erklärte der Premierminister mit trauriger Stimme, »befindet sich dieses Land mit Deutschland im Krieg.«

Ninas Finger liefen über die Tasten. Plötzlich wurde die Tür aufgerissen und ihre Mutter stürzte in den Raum. »Hör mit dem Krach auf!«, rief sie und lief zum Fenster.

Dann hörte Nina es auch: das lang gezogene schreckliche Heulen des Fliegeralarms. Eben noch hatte England im Frieden gelebt, jetzt waren die Nazis da.

Draußen sah sie Leute über die Straße rennen. Dann kam ihr Vater in den Raum und übernahm das Kommando: »Alle holen jetzt ihre Gasmaske. Ganz ruhig, keine Panik. Wir bleiben im Treppenhaus.«

Da sie keinen Schutzraum hatten, hockten sie sich nebeneinander auf die Stufen. Ninas Herz pochte heftig. Sie sah, dass ihre Mutter in Panik war, und versuchte sich zusammenzureißen. Ihre elfjährige Schwester brach in Tränen aus.

»Schaffen wir das? Schaffen wir das?«, fragte sie ein ums andere Mal.

In Westminster stand Winston Churchill auf dem Dach seines Wohngebäudes und blickte in den Himmel. Dann nahm er sich eine Flasche Kognak und ging auf die Straße, wo seine Nachbarn bereits zusammengekommen waren. Er war erfreut, dass alle guten Mutes waren.

Er schaute die leere Straße hinunter und sah »Bilder der Verwüstung (…) von gewaltigen Explosionen, die die Erde erzittern ließen, von einstürzenden Gebäuden, Feuerwehrautos und Krankenwagen, die sich durch den Rauch kämpften, über ihnen das Dröhnen der feindlichen Flugzeuge«. Er wusste genau, wie schrecklich die Bombenangriffe werden würden.

Schließlich gaben die Sirenen Entwarnung. Ein französisches Flugzeug über dem Ärmelkanal hatte den Fehlalarm ausgelöst.

Nina und ihre Familienmitglieder konnten die Gasmasken abnehmen, doch als Churchill sich zum Unterhaus aufmachte, wussten sie, dass es nur ein kurzer Aufschub war. Eines Tages würden die Bomber da sein. Es fragte sich nur, wann.

■

Als Großbritannien in den Krieg eintrat, nahmen viele Briten an, sich schon bald im Auge des Sturms zu befinden. Sie hatten von den deutschen Bombenangriffen auf spanische Städte gelesen, die sich ein paar Jahre zuvor während des Spanischen Bürgerkriegs ereignet hatten, und auch von den japanischen Gräueltaten in Schanghai und Nanking. Viele fürchteten, dass ein solcher Terror schon bald London, Cardiff, Belfast und Edinburgh überziehen würde.

»Wir wussten, was das bedeutet«, äußerte später eine Frau. »Ein Bombenregen, überall Feuer, Gas und Hunderttausende Tote.«

Noch ehe Chamberlain Deutschland den Krieg erklärte, begann die Regierung, Londoner Kinder zu evakuieren und aufs Land zu bringen.

Auf dem Bahnhof Paddington Station drängten sich fast zehntausend Kinder auf den Bahnsteigen, während eine Stimme aus den Lautsprechern schepperte: »Liebe Kinder, nehmt bitte bald eure Plätze ein. Der Zug fährt in wenigen Minuten. Und spielt bitte nicht an den Türen und Fenstern herum. Vielen Dank.«

Manche Kinder waren aufgeregt, die meisten jedoch eher verwirrt und ängstlich.

Die Kinder hatten oft ihre schönsten Kleider an, darüber einen schweren Mantel. Sie trugen einen Karton, in dem sich ihre Gasmaske befand, und einen kleinen Koffer mit Ersatzkleidung, einer Zahnbürste, einem Pyjama, Stofftaschentüchern sowie einem Buch oder einem Teddybären. An ihren Mänteln befand sich ein angenähtes Namensschild.

Viele von ihnen hatten noch nie eine Nacht außerhalb ihres Elternhauses verbracht. Oft brachten es die Eltern nicht übers Herz, ihnen die Wahrheit zu sagen, und erklärten stattdessen, es gehe auf einen Schulausflug oder in die Ferien. Manchmal waren ihre Mütter am Bahnhof auch so überwältigt von ihren Gefühlen, dass sie sich rasch umdrehten, um ihre Tränen zu verbergen.

Als Bernhard und Rose Kops sich auf ihrem Schulhof in London aufreihten, die Gasmasken in der Hand, konnte die kleine Rose nicht aufhören zu weinen. »Ich will bei dir bleiben«, schluchzte sie, als ihre Mutter sich von ihnen verabschiedete. »Ich will mit dir getötet werden.«

Auch im Zug konnte sie ihre Tränen nicht stoppen. »Wo schlafen wir heute Nacht?«, fragte sie immer wieder. Bernhard, der darauf keine Antwort wusste, zuckte hilflos mit den Schultern. Er hatte versprochen, auf seine kleine Schwester aufzupassen, und jetzt spürte er eine »schreckliche Verantwortung«.

Als sie auf dem Land ankamen, waren viele Kinder müde, hungrig und einsam. Oft dauerte es Stunden, sogar Tage, bis sie an ihren Bestimmungsort gelangten.

Betty Sawers, fünf Jahre alt, war aus Glasgow in die schottische Provinz evakuiert worden. Doch als sie gemeinsam mit ihrer Schwester dort eintraf, war ihre Unterkunft noch nicht bereit, also mussten sie in einer Scheune auf dem Stroh schlafen.

Ein anderer kleiner Junge aus Glasgow, der in die Highlands gebracht worden war, hatte ein eindrückliches Erlebnis der anderen Art. In seiner ersten Nacht bei der schottischen Gastfamilie kletterte er aufs Dach und rief: »Hilfe! Hilfe! Sie wollen mich ertränken!«

Es zeigte sich, dass seine Gastgeber ihm ein Willkommensbad hergerichtet hatten, der Junge in seinem Leben aber noch nie gebadet hatte.

Während manche Kinder eine furchtbare Zeit erlebten, wurde es für andere ein schönes Erlebnis – gerade für diejenigen, denen Tiere und Felder bislang fremd gewesen waren.

Die siebenjährige Doreen Holden war in Manchester aufgewachsen und zum ersten Mal auf dem Land. Sie war nach Matlock in Derbyshire gekommen, wo sie mit zwei Jungen aus ihrer Klasse auf einem Gutshof einquartiert worden war.

Danach zog sie bei einem Paar in der Nachbarschaft ein, das sie ausgewählt hatte, weil sie denselben Namen wir ihre Tochter trug. »Sie haben mich gut behandelt«, erinnerte sich Doreen, »kauften mir Puppen und machten Wackelpudding für mich, weil ich keinen Milchreis mochte.«

Ihre Eltern kamen jeden Monat zu Besuch, und sie liebte es, im Wald und auf den Feldern zu sein. Als alles vorbei war, wollte sie nicht nach Hause zurückkehren. Im Nachhinein kam ihr die Evakuierung wie ein langer Urlaub in einem »Märchenland« vor.

■

Die schlechten Nachrichten aus dem Ausland hielten an. Polen war verloren. Und wenige Tage später besetzten sowjetische

Truppen die drei kleinen baltischen Staaten Litauen, Lettland und Estland.

Dann fiel der Blick des russischen Tyrannen auf das schneebedeckte Finnland. Drei Monate lang leisteten die weiß gekleideten Skitruppen der Finnen tapfer Widerstand, ehe sie sich der feindlichen Übermacht geschlagen geben mussten.

Während die Diktatoren mit größter Brutalität vorgingen, verharrten England und Frankreich in ihrer zögerlichen Haltung. Insgeheim wollte Chamberlain einen »abwartenden Krieg« führen, um Flugzeuge bauen und an der eigenen Verteidigungsfähigkeit arbeiten zu können, ohne Deutschland zunächst direkt angreifen zu müssen.

Aus Tagen wurden Wochen, aus Wochen Monate, doch Hitlers Bombenflugzeuge ließen sich immer noch nicht am englischen Himmel blicken. Für viele Briten wurde der Krieg somit zu einer Sache, die sich woanders abspielte und sie nicht persönlich betraf.

Dennoch waren Hausbesitzer angehalten, nachts ihre Häuser zu verdunkeln, um etwaigen Kampfflugzeugen keine Orientierungsmöglichkeit durch ihre Lichter zu geben. Autos krochen ohne Scheinwerfer durch die Dunkelheit und verursachten so manchen Verkehrsunfall.

Zu Beginn des Jahres 1940 ordnete Chamberlains Regierung eine Rationierung der Lebensmittel an. Jeder Einwohner musste ein Rationsbuch führen, das von den Ladenbesitzern, die die Rationen – geringe Mengen an Butter, Zucker, Schinken und Speck – zuteilten, abgestempelt wurde.

Später wurden auch Fleisch, Käse, Marmelade, Tee und sogar Süßigkeiten rationiert. Da nur ein Ei pro Woche erlaubt war, mussten viele mit dem verhassten Eipulver vorliebnehmen.

Auch Kleider, Seife, Kohle und Papier wurden zugeteilt. Die Leute aßen also nicht nur weniger und einfacher, sondern sie kleideten sich auch schlichter, wohnten in kalten Häusern und lasen dünnere Zeitungen.

Vielen Menschen in England schien der Krieg zunächst keine tödliche Bedrohung, sondern eine anstrengende und langweilige Zeit zu sein. Und während sie murrten, blieben ihre politischen Anführer weiterhin untätig.

■

Für Hitler, der unbedingt den ersten Schlag führen wollte, waren das gute Nachrichten. In Berlin studierte er die Weltkarte und dürstete nach frischem Blut. »Den Sieg«, sagte er seinen Generälen, »werden wir nicht mit Abwarten erringen.«

Trotz des Nichtangriffspakts mit Stalin träumte er immer noch von einem Großreich im Osten. Doch zuerst musste er Großbritannien und Frankreich in die Knie zwingen.

Ein Scheitern erschien Hitler unvorstellbar. »Das Schicksal des Reichs liegt allein in meiner Hand«, erklärte er. »Ich werde vor nichts zurückschrecken und jeden vernichten, der sich mir in den Weg stellt.«

Doch die deutsche Kriegsmaschinerie war noch auf anderes angewiesen als auf die großen Worte des Führers. Die Rüstungsindustrie musste ständig mit Eisenerz aus den großen Minen in Schweden versorgt werden – einem Land, das bisher neutral geblieben war.

Auf seinem Weg nach Deutschland wurde das Eisenerz zunächst ins norwegische Narvik nördlich des Polarkreises transportiert, ehe es auf Schiffe verladen wurde, die es in den Süden brachten. Das machte die Versorgung unsicher. Sollten die Briten in Norwegen einmarschieren, konnten sie den Versorgungsweg abschneiden und der deutschen Kriegsmaschinerie einen schweren Schlag versetzen.

Im Frühjahr 1940 wurde Hitler von seinen Generälen zum Erstschlag gedrängt. Wenn sie schnell handelten, konnten sie Norwegen sowie das kleine Dänemark einnehmen, ehe die Alliierten sich einmischten.

In den frühen Morgenstunden des 9. April, noch vor Anbruch der Morgendämmerung, wandten sich Hitlers Truppen gen Norden. Hoffnungslos unterlegen und vollkommen überrascht, brach der dänische Widerstand binnen weniger Stunden zusammen. Am Vormittag hatte sich das Land bereits ergeben.

Das lang gezogene Norwegen mit seiner zerklüfteten Küstenlinie zu besetzen, erwies sich als ungleich schwieriger. Als das Schlachtschiff *Blücher* in den Oslofjord eindrang und auf den Hafen der norwegischen Hauptstadt zuhielt, wurde es von alten norwegischen Kanonen und Torpedos versenkt.

Der deutsche Kapitän des Schiffes wurde von den Norwegern aus dem Wasser gezogen und gefangen genommen. Der norwegische Stadtkommandeur war inzwischen aus Oslo geflohen, hatte zunächst die Straßenbahn genommen, dann vergeblich versucht, per Anhalter weiterzukommen, und war schließlich in den Zug gestiegen.

Als sich der norwegische König Haakon in ein Dorf in den Wäldern zurückgezogen hatte, folgten ihm deutsche Fallschirmjäger, wurden jedoch von Mitgliedern des lokalen Schützenvereins aufgehalten. Die Deutschen forderten den König auf, sich zu ergeben. Doch mit Tränen in den Augen erklärte der 67-jährige Monarch, dies komme nicht infrage, was auch immer geschehe.

Vom Beispiel ihres Königs ermutigt, griffen Zehntausende norwegische Bürger zu den Waffen. Doch sie wussten, dass ihr Widerstand ohne britische Hilfe zum Scheitern verurteilt war. Ein paar Tage später traf auf dem Seeweg britische und französische Verstärkung ein. Es war das erste Mal, dass eine unmittelbare Konfrontation mit den Deutschen bevorstand, und wie es das Glück und der Zufall wollten, war es Winston Churchill, der von Chamberlain zum Marineminister ernannt worden war.

Doch der britische Angriff endete im Chaos. Die Soldaten hatten nicht nur falsche Karten und Funkgeräte, sondern auch ungeeignete Waffen und Munition. Viele wurden seekrank und waren schon von der Vorstellung verunsichert, fern der Heimat im Schnee kämpfen zu müssen.

Als George Parsons, ein junger britischer Soldat, von Bord ging, sah er sich »gewaltigen, schneebedeckten Bergen« gegenüber.

»Wir Londoner Jungs aus dem Süden«, erklärte er, »hatten nie zuvor einen Berg gesehen.«

Alles ging schief. Manche Männer hatten keine schneetauglichen Stiefel, andere schleppten so viel Ausrüstung, dass sie kaum vorwärtskamen. Niemand hatte eine klare Vorstellung davon, was eigentlich zu tun war. Manche kämpften tapfer, andere betranken sich und stritten sich mit norwegischen Fischern herum.

Selbst der britische Angriff auf Narvik, das Hauptziel der Operation, begann wie eine Komödie. Nach einer intensiven Diskussion, wie sie an Land gehen sollten, beschloss Admiral Lord Cork, die Küstenlinie persönlich zu inspizieren. Er kämpfte sich ein Stück durch den Schnee, versank in einer Schneewehe und verlor sein Monokel.

Nach wenigen Wochen war klar, dass die britischen Streitkräfte heillos überfordert waren. Am 26. April, gut zwei Wochen nach der deutschen Invasion, forderte Chamberlain seine Generäle auf, ihre Truppen abzuziehen. Die Royal Navy würde König Haakon sicher nach England bringen, Norwegen sei jedoch verloren.

In Berlin sonnte sich Hitler im Glanz eines weiteren Sieges. In London dagegen hätte die Stimmung nicht düsterer sein können. »Die ganze Welt beobachtet unseren Kampf in Norwegen«, schrieb ein Mann in sein Tagebuch. »Die ganze Sache ist ein Albtraum.«

Manche warfen Churchill Nachlässigkeit vor, weil er seine Männer ohne einen genauen Plan nach Norwegen geschickt hatte. Doch das norwegische Desaster war nur ein Teil eines größeren Aspekts.

Mit Chamberlain als Premierminister schien Großbritannien keine Entschlossenheit, keinen Kampfgeist und keine Vision zu haben. Während Hitlers Truppen ein Land nach dem anderen überrannten, waren die Alliierten kleinmütig in die Defensive gedrängt worden.

»Dieser Krieg ist von alten und unfähigen Köpfen geplant worden«, schrieb Tilly Rice, eine junge Mutter, die nach Cornwall evakuiert worden war. Sie schauderte, wenn sie an all die jungen Männer in Norwegen dachte, seekrank und halb erfroren. »Und das ist alles die Schuld dieses alten unbeholfenen Manns in Westminster.«

In Westminster, dem Sitz des britischen Parlaments, wuchs die Einsicht, dass sich etwas Grundlegendes ändern müsse. Sogar in Chamberlains konservativer Partei waren viele der Meinung, er solle zurücktreten. Und in einer bemerkenswerten Kehrtwende sollte ausgerechnet der Mann sein Nachfolger werden, der für das Desaster in Norwegen verantwortlich war – Winston Churchill.

Es war am 7. Mai 1940, als sich im bis auf den letzten Platz gefüllten britischen Unterhaus eine Diskussion darüber entspann, was alles schiefgelaufen war. Die Abgeordneten konnten nicht wissen, dass dies ein Wendepunkt in der Geschichte ihres Königreichs war.

■

Es war kurz vor 16 Uhr, als sich ein hagerer und steifer Neville Chamberlain von seinem Platz erhob, um die Debatte zu beginnen.

Die Stimmung war angespannt, auf der Galerie saßen die Zuschauer dicht an dicht, während sich im holzgetäfelten Saal über sechshundert Parlamentsmitglieder drängten. Außer einer Handvoll weiblicher Abgeordneter waren es ausschließlich Männer in dunklen Anzügen, die ihrem Premierminister lauschten.

Vor der Debatte war Chamberlain siegessicher gewesen. Einige Abgeordnete hätten womöglich ihre Nerven nicht im Zaum, sagte er zu einem Freund, was aber »nicht viel ändern« werde.

Doch von Anfang an liefen die Dinge schlecht für ihn. Als Chamberlain über den Krieg sprach, klang er so zaghaft und monoton, dass ein Zuhörer einschlief.

Dann erhob sich sein Parteikollege Leopold Amery und sagte: »Es muss sich etwas ändern. Wir kämpfen heute um unser Leben, für die Freiheit und für uns alle. Wir können uns nicht mehr so führen lassen wie bisher.«

Zustimmende Rufe hallten durch den Saal.

Dann sah er Chamberlain direkt an. »Sie haben hier schon zu lange gesessen … Gehen Sie, sage ich. In Gottes Namen, gehen Sie!«

Diese berühmten Worte hatte Jahrhunderte zuvor bereits der englische Staatsmann Oliver Cromwell gesprochen. Nun verbreiteten sie sich wie ein Lauffeuer.

Als es schließlich zur Abstimmung kam, verweigerten über

einhundert konservative Abgeordnete ihrem Premierminister die Gefolgschaft. Der ganze Saal war in Aufruhr. »Go! Go! Go!«, wurde gerufen. Andere stimmten spontan das patriotische Lied »Rule, Britannia« an.

Kurz darauf verließ Neville Chamberlain gebeugten Kopfes und mit schweren Schritten das Parlamentsgebäude. Er hatte alles versucht, aber er war gescheitert. Er war ein Mann des Friedens, kein Anführer in Kriegszeiten. Es war vorbei.

Im Parlament folgten zwei aufregende Wochen. Alle waren sich darin einig, dass die verschiedenen Parteien eine nationale Regierung der Einheit bilden müssten, um den Sieg davonzutragen.

Doch wer sollte sie anführen? Etwa Churchill, der als verschlagen und unzuverlässig galt, aber auch mutig, erfahren und voller Enthusiasmus war?

Am Nachmittag des 9. Mai kamen die Hauptakteure in Chamberlains Amtssitz, Downing Street Number 10, zusammen. Als die Schatten länger wurden, hatten sie eine Entscheidung getroffen. Chamberlain würde am nächsten Tag zurücktreten und Winston Churchill der neue Premierminister werden.

Die Nacht brach herein. London schlief.

Mehrere Hundert Kilometer entfernt, ging in den großen Militärlagern an Deutschlands Westgrenze zu den Niederlanden, Belgien und Luxemburg eine streng geheime und verschlüsselte Nachricht aus Berlin ein.

Nach langem Warten hatte sich Hitler zum Angriff entschieden.

■

Am frühen Morgen des 10. Mai 1940, während es immer noch dunkel war, drangen deutsche Truppen über die Grenzen Belgiens, Luxemburgs und der Niederlande vor.

Als die Menschen erwachten, war die Luft von feindlichen Fallschirmjägern übersät. Als das Radio die furchtbare Nachricht verkündete, bebte die Erde unter kolossalen Explosionen, weil die verteidigenden Soldaten während des Rückzugs ihre Brücken sprengten.

Hitlers Generäle hatten den Überfall bis ins letzte Detail geplant. Sie wussten, dass die Franzosen entlang ihrer Grenze ein aus Bunkern bestehendes Verteidigungssystem, die sogenannte Maginot-Line, errichtet hatten.

Statt zu versuchen, diesen Riegel zu durchbrechen, wollten sie ihn umgehen. Der Angriffsschwerpunkt sollte in den Ardennen liegen, einem bewaldeten Grenzgebiet zwischen Belgien, Frankreich und Luxemburg. Über tausend Panzer sollten dieses Gebiet durchdringen und Frankreich an seiner empfindlichsten Stelle angreifen.

Außerdem hatten die Deutschen festgestellt, dass ein Überraschungsangriff oft am wirkungsvollsten war. Sie wollten ein Loch in die Verteidigungslinie der Alliierten sprengen und so schnell wie möglich mit ihren Panzern durch diese Lücke stoßen, ehe der Feind reagieren konnte.

Sie nannten das »Blitzkrieg« – und der funktionierte perfekt.

Auf der anderen Seite des Ärmelkanals erwachten die Briten zu diesen erstaunlichen Nachrichten. In Geschäften und Büros wurde über nichts anderes mehr geredet.

»Das war von langer Hand so geplant«, sagte ein Mann mit düsterer Stimme. »Hitler hat es angekündigt und jetzt setzt er seine Worte in die Tat um.«

Ein anderer bemerkte, er zittere bei dem Gedanken, dass »England als Nächstes an der Reihe« sein könnte. »Aber Gott sei Dank werden wir kämpfen und uns nicht so dumm anstellen wie damals in Norwegen.«

In Westminster, wo die britischen Politiker immer noch über die Zusammensetzung ihrer neuen Regierung debattierten, war man vor Schreck wie erstarrt. Auf den Straßen verkündeten Zeitungsplakate die neusten Überschriften: »Paris überfallen«, »Bomben auf Brüssel«, »Lille bombardiert«, »Viele Tote in Lyon«.

Um 6 Uhr abends fuhr Churchill zum Buckingham Palace. »Vermutlich wissen Sie nicht, warum ich Sie hergebeten habe«, sagte König George.

Doch selbst an diesem dunkelsten Tag des bisherigen Krieges verlor Churchill seinen Humor nicht.

»Sir«, entgegnete er verschmitzt, »ich habe selbstverständlich nicht die geringste Ahnung.«

Der König lachte. »Nun, ich möchte Sie bitten, eine neue Regierung zu bilden.«

In Wahrheit war sich Churchill der Größe dieser Herausforderung absolut bewusst. Als er in sein Büro zurückkehrte, gratulierte ihm sein Leibwächter und sagte: »Sie haben eine gewaltige Aufgabe vor sich.«

»Gott allein weiß, wie groß sie wirklich ist«, erwiderte Churchill mit feuchten Augen. »Wir können nur unser Bestes tun.«

Es wurde Abend. In den Niederlanden hatten Hitlers Stoßtruppen die Brücken bei Rotterdam eingenommen. In Belgien hatten Fallschirmjäger die zentralen Brücken über den Albert-Kanal angegriffen. Und in den dichten Wäldern der Ardennen näherten sich deutsche Panzer im Verborgenen der französischen Grenze.

Alle waren in Panik. Es herrschte allgemeines Chaos. In den Benelux-Ländern Belgien, Niederlande und Luxemburg waren die Straßen bereits voller Menschen, die vor den deutschen Luftangriffen aus den Städten flohen.

Obwohl die europäische Verteidigung zusammenbrach, arbeitete Churchill bis tief in die Nacht und empfand eine seltsame Erleichterung. Da war er, der große Kampf zwischen Gut und Böse. Seit er ein Junge war, hatte er auf diesen Moment gewartet.

»Ich fühlte mich dem Schicksal verbunden«, sagte er später. »Mein gesamtes bisheriges Leben schien nur eine Vorbereitung für diese Stunde und diese Prüfung gewesen zu sein.«

Vor ihm lag die größte Herausforderung in der Geschichte seines Landes. Dennoch schlief er in dieser Nacht wie ein Säugling.

6

Die kleinen Schiffe

Als Churchill am Samstagmorgen erwachte, verdüsterte sich das Bild von Stunde zu Stunde.

Auf der anderen Seite des Ärmelkanals ging die deutsche Blitzkriegtaktik perfekt auf. Die französischen Befehlshaber schienen keine Ahnung zu haben, wo sich der Feind befand und wann er als Nächstes zuschlagen würde.

Am Sonntag, zur Mittagszeit, hatten die deutschen Panzer die Ardennen überwunden und näherten sich jetzt der Stadt Sedan an der Maas, wo die Franzosen warteten. Dann hörten diese am Himmel ein schreckliches Dröhnen, das mit jeder Sekunde lauter wurde.

Es war die deutsche Luftwaffe, deren Geschwader mit mehr als tausend Flugzeugen herannahten.

Die französischen Soldaten wurden von Panik ergriffen. »Die Kanoniere hörten auf zu schießen und warfen sich zu Boden«, erinnerte sich jemand. »Die Infanteristen kauerten in den Schützengräben, wie betäubt von den Explosionen der Bomben und dem Kreischen der Kampfflugzeuge.«

In den nächsten Tagen brach die Verteidigung in der Schlacht bei Sedan zusammen. In der Kommandozentrale brach ein General in Tränen aus; ein anderer war wie gelähmt und starrte schweigend auf seine Karte.

Einige Franzosen stellten sich mutig dem Kampf. Andere ließen die Waffen fallen und rannten schreiend davon. »Wir sind verloren!«, riefen sie. »Man hat uns im Stich gelassen!«

Am Mittwoch, dem 15. Mai 1940, überquerten deutsche Truppen die Maas. Am selben Vormittag kapitulierten die Niederlande. Überall lösten sich die alliierten Verteidigungslinien auf, während die deutschen Panzer unaufhaltsam weiterrollten.

In London beugte sich Churchill grübelnd über die Karte. Mit der Überquerung der Maas waren die alliierten Armeen in zwei Teile auseinandergebrochen. Was nicht nur eine furchtbare Nachricht für Frankreich war, sondern auch für das Britische Expeditionskorps, das über den Kanal geschickt worden war, um die Franzosen zu unterstützen.

Als die Kämpfe begannen, hatten die Briten zunächst versucht, die belgische Verteidigungslinie zu sichern. Doch jetzt, da sich die deutschen Panzer in ihrem Rücken befanden, waren sie in akuter Gefahr. Sobald die Panzer die Küste erreichten, saßen sie in der Falle.

Zu Hause gab es düstere Schlagzeilen und die Gerüchte über ein militärisches Fiasko waren besorgniserregend. Das Schicksal der britischen Armee hing am seidenen Faden.

Vor wenigen Tagen hatte Churchill im Unterhaus erklärt, er

habe nichts als »Blut, Schweiß und Tränen« zu bieten. In diesem Moment entschied er sich, eine Rede an das Volk zu halten.

Am 19. Mai sprach er zum ersten Mal live im Radio. »Großbritannien«, erklärte er, werde »von der widerlichsten und inhumansten Tyrannei bedroht, die je die Seiten der Geschichtsbücher geschwärzt habe. Bald werden »wir den Kampf um unsere Insel führen – um alles, was Großbritannien ausmacht und bedeutet«.

»Mögen wir in der Vergangenheit auch Differenzen gehabt haben«, fuhr Churchill fort, »so eint uns jetzt alle ein gemeinsames Band – so lange Krieg zu führen, bis der Sieg errungen ist.«

Der nächste Tag brachte jedoch weitere schlechte Nachrichten aus Frankreich.

Im Laufe der Nacht hatten deutsche Panzer die Küste erreicht. Die britische Armee war also zusammen mit den verbliebenen belgischen Streitkräften und drei französischen Einheiten in einem kleinen Gebiet entlang dem Ärmelkanal eingekesselt. Und Tag für Tag zog sich der Ring enger zusammen.

Es gab nur einen Ausweg. »Wir können es nicht zulassen, dass sich unsere Truppen abschlachten lassen oder sich ergeben«, erklärte Churchill. »Unsere Männer müssen sich bis nach Dunkerque durchschlagen. Dort wird sie die Marine evakuieren.«

■

Die britischen Truppen hatten sich dem Feind stellen wollen, doch nun drohte ihnen ein Massaker.

Für William Vincent, einen jungen Funker aus Whitley Bay, war der Rückzug ein Albtraum. Er war mit seinen Kameraden in einer kleinen französischen Stadt stationiert, als plötzlich ein Auto heranbrauste und ein Offizier sie anwies, sich auf schnellstem Wege nach Dunkerque zu begeben.

Was folgte, war ein langer Marsch durch tödliche Gefahr. Die Straßen waren voller Flüchtlinge, die den Bomben und Kugeln der deutschen Luftwaffe ausgeliefert waren. Bald wurden die Wege von Leichen gesäumt – Männer, Frauen und Kinder. Auch einer von Williams Kameraden wurde getötet. Sie begruben ihn mitsamt seiner Habe am Wegesrand und banden zwei Stöcke zu einem einfachen Holzkreuz zusammen.

Niemand schien zu wissen, was eigentlich vor sich ging. Einen Teil ihrer Ausrüstung ließen sie zurück, damit sie schneller vorwärtskamen. Sie schliefen in Schuppen und Außengebäuden und baten die Bauern um ein paar Eier. Sie waren junge Männer, weit von zu Hause entfernt und außer sich vor Angst.

Die Füße voller Blasen und blutender Wunden kämpften sie sich weiter, über sich hörten sie das Dröhnen der Kampfbomber und in der Ferne die Schüsse der näher rückenden deutschen Infanterie.

Schließlich konnten sie das Meer riechen und taumelten in die Dünen von Dunkerque. Dort bot sich ihnen ein fast unwirklicher Anblick.

Die Ölbehälter des Hafens standen in Flammen. Riesige schwarze Rauchwolken trieben über die Strände. Tausende von

Männern bevölkerten den Strand, so weit das Auge reichte, ihre Ausrüstung überall verstreut.

Manche von ihnen hielten immer noch ihr Gewehr in Händen und feuerten auf die feindlichen Flugzeuge. Manche schliefen im Sand. Andere spielten Karten oder starrten ins Nichts.

Alle paar Minuten dröhnte ein Bombenflugzeug über den Strand. Gewaltige Einschläge ließen den Sand aufspritzen. Oft machte sich niemand die Mühe, die Toten zu bergen.

Dort, mit quälendem Durst und zu Tode erschöpft, warteten William Vincent und seine Kameraden auf Rettung, wenngleich die meisten von ihnen bereits die Hoffnung hatten sinken lassen.

Doch während sie in Richtung Küste gestapft waren, hatte sich die englische Marine mit Hochdruck auf die Evakuierung ihrer Männer vorbereitet. Am 26. Mai, nur sechs Tage nachdem mit den Planungen zur Operation begonnen worden war, legten die ersten Schiffe von Dunkerque ab, mit Tausenden Soldaten an Bord.

Allerdings gab es ein schwerwiegendes Problem. Kriegsschiffe konnten nur Personen an einer Mole aus Stein aufnehmen, weil das Wasser zu flach war, als dass sie direkt am Strand hätten anlegen können. Um die Männer von dort zu evakuieren, wurden kleinere Fahrzeuge benötigt: Fähren, Raddampfer, sogar Rettungsboote und Fischkutter.

In England wurde also am nächsten Tag bekannt gegeben, dass britische Soldaten auf der anderen Seite des Ärmelkanals eingeschlossen waren und von kleinen Schiffen nach Hause gebracht werden mussten.

■

Während die britischen Soldaten an den Stränden warteten, hielt die Nation den Atem an. Obwohl die Nachrichten streng kontrolliert wurden, fürchteten viele, dass eine Niederlage unabwendbar war.

In London befanden sich Churchill und seine Gefährten in einem schwerwiegenden Dilemma. Sollten sie eine Einigung mit Hitler suchen, falls Frankreich zusammenbräche? Oder sollten sie weiterkämpfen, koste es, was es wolle?

Churchill glaubte, dass jede Einigung für die Briten in Sklaverei enden würde, und wollte bis zur letzten Patrone kämpfen. Doch nicht jeder teilte diese Ansicht.

Lord Halifax, ein altgedienter Politiker der konservativen Partei, hatte auf eigene Faust mit den Italienern verhandelt und hoffte auf einen durch Mussolini vermittelten Frieden mit Deutschland. Jetzt drängte er seine Kollegen dazu, der Wahrheit ins Gesicht zu sehen. Der Krieg sei verloren und sie sollten mit Hitlers Verbündetem Mussolini den bestmöglichen Deal aushandeln.

Am 28. Mai diskutierte Churchill mit seinem inneren Kreis über diese Angelegenheit. Der Ausgang des Krieges schien ungewiss.

Erneut setzte sich Halifax für ein Friedensabkommen mit Hitler ein. Doch Churchill wollte davon nichts wissen. Die Geschichte habe seiner Meinung nach bewiesen, dass kampfbereite Staaten eine glänzende Zukunft hätten, während diejenigen, die den Krieg scheuten und sich ergaben, früher oder später am Ende seien.

An diesem Punkt ergriff Neville Chamberlain das Wort. Churchill habe recht, sagte er. Sie sollten bis zum Ende kämpfen, denn es gäbe nichts mehr zu verlieren.

Chamberlains Stimme gab den Ausschlag. Viele Politiker betrachteten ihn immer noch als Autorität. Hätte er in dieser entscheidenden Situation nicht seinen Einfluss geltend gemacht, wäre die Geschichte anders verlaufen.

Wäre England zögerlicher gewesen, hätte bald die Hakenkreuzflagge über ganz Europa geweht. Hitler hätte seine Armeen in Richtung Russland in Marsch gesetzt, weil ihm die Westflanke keine Sorge mehr hätte machen müssen. Und es ist gut möglich, dass die Nazis Europa auch heute noch beherrschen würden.

Doch die Briten zögerten nicht. Churchill und Chamberlain hatten das Schiff gemeinsam auf Kurs gebracht.

An diesem Nachmittag rief Churchill alle erfahrenen Politiker seiner Regierung zusammen. Er habe sorgfältig darüber nachgedacht, sagte er, ob mit »diesem Mann« eine Einigung zu erreichen sei. Die Antwort laute nein. Sie würden weiterkämpfen, was immer dies auch erfordere.

»Falls die lange Geschichte dieser Insel enden soll«, fuhr Churchill leidenschaftlich fort, »dann erst, wenn wir alle in unserem eigenen Blut liegen.«

Im Raum brach Applaus aus. Einer nach dem anderen ergriff seine Hand. »Er war zutiefst beeindruckend«, notierte einer der Anwesenden in seinem Tagebuch. »Er und nur er war der Mann der Stunde.«

Die Würfel waren gefallen. Mit Churchill als ihrem Anführer würden die Briten bis zum Ende kämpfen. Doch zuerst mussten sie ihre Soldaten zurückholen.

■

Um 5 Uhr nachmittags erhielt Charles Lightoller die Nachricht, dass die Königliche Marine sein Schiff brauchte. »Steuern Sie es nach Ramsgate«, sagte der Mann von der Admiralität, »dann wird unsere Besatzung übernehmen.«

Lightoller lächelte selbstsicher. Nie im Leben würde er der Marine sein Schiff überlassen. Wenn jemand die *Sundowner* nach Dunkerque steuern würde, dann er selbst. Mit seinen sechsundsechzig Jahren war er ein erfahrener Seemann. Als Zweiter Offizier hatte er den Untergang der *Titanic* überlebt und im Ersten Weltkrieg deutsche U-Boote in der Nordsee bekämpft.

Die *Sundowner*, eine kleine Motorjacht aus Holz, war sein ganzer Stolz, nachdem er seine berufliche Laufbahn beendet hatte. Seit Jahren hielt er sie mit großer Hingabe instand.

In den frühen Morgenstunden des 1. Juni legte er von Ramsgate ab. Begleitet wurde er von seinem ältesten Sohn Roger und dem jungen Gerald Ashcroft, die ihm geholfen hatten, das Boot klarzumachen.

Während sie über das glitzernde Meer glitten, sahen sie dunkle Rauchsäulen am Horizont. Dunkerque brannte. In der Ferne gab es dumpfe Explosionen.

Dann hörten sie plötzlich ein anderes Geräusch, erst weiter weg, dann zunehmend lauter: ein Sturzkampfflugzeug, das direkt aus den Wolken kam und auf sie zuschoss.

Ligthollers jüngster Sohn Brian hatte der englischen Luftwaffe angehört. Er war am zweiten Tag des Krieges getötet worden, hatte seinem Vater jedoch etwas von seinen Einsätzen berichtet.

Das Flugzeug kam näher, sein Motor heulte lauter und lauter. Roger hielt das Steuer. Lightoller sagte nichts.

Das Kreischen der Maschine war jetzt ohrenbetäubend. Fast konnten sie den Piloten sehen, der den Bombenabwurf vorbereitete.

Das Sturzkampfflugzeug kam noch näher. Lightoller wartete immer noch ab.

Die Stuka hob ihre Nase, um die Bombe abzuwerfen – Lightoller rief: »Hart backbord!«

Roger riss das Steuerruder zur Seite, die *Sundowner* drehte nach links. Die Bombe explodierte nur wenige Meter vom Schiff entfernt im Wasser.

Über ihnen flog die Stuka eine Kurve und kam erneut auf sie zu. Diesmal rief Lightoller: »Hart steuerbord!« Wieder verfehlte die Bombe das Schiff. Die Stuka heulte frustriert auf, dann war sie verschwunden.

Sie fuhren weiter, bis die Silhouette von Dunkerque mit seinen

Stränden und niedrigen Gebäuden vor ihnen auftauchte. Schwarzer Rauch waberte über dem Wasser, in dem Leichen trieben. Gerald musste sie mit einem Bootshaken zur Seite schieben.

An den Stränden drängten sich Hunderttausende von Männern, verdreckt, erschöpft, hohläugig, auf Rettung wartend. Lightoller fuhr an den Zerstörer HMS *Worcester* heran. »Wie viele können Sie aufnehmen?«, rief der Kapitän ihm zu.

Lightoller dachte nach. Er hatte mal einundzwanzig Leute an Bord gehabt und es war schrecklich eng gewesen. »Hundert ungefähr!«, rief er zurück.

»Okay«, sagte der Kapitän ungerührt. »Dann mal los.«

Kurz darauf kletterte ein Soldat nach dem anderen an Bord der *Sundowner*. Die ersten von ihnen wurden von Roger und Gerald im Bauch des Schiffs, ja sogar in der Badewanne untergebracht. Doch bald füllte sich auch das Deck, wo sich schließlich etwa hundertdreißig Menschen inklusive der Crew zusammenquetschten.

Lightoller ließ den Motor an. Dunkerque war kein Ort zum Verweilen.

Der Ärmelkanal war inzwischen voll von riesigen Schlachtschiffen, deren Bugwellen die *Sundowner* ins Schlingern brachten. Zweimal wurden sie noch von deutschen Kampffliegern angegriffen, und beide Male kamen sie mit demselben Trick davon, das Schiff im allerletzten Moment zur Seite zu drehen.

Der Abend brach herein. Sie hielten Kurs. Um 22 Uhr erblickten sie die Lichter von Ramsgate. Sie hatten es geschafft.

Die Männer taumelten nacheinander von Bord und wurden von einem Marineoffizier gezählt. Als er damit fertig war, warf er Lightoller einen ungläubigen Blick zu. »Mein Gott«, sagte er, »wo haben Sie die alle untergebracht?«

Nachdem alle von Bord gegangen waren, machte Lightoller einen Rundgang und entdeckte unter Deck einen Mann, der auf der Toilette eingeschlafen war.

»Komm, mein Junge!«, sagt er. »Höchste Zeit, um nach Hause zu gehen.«

■

Zwischen dem 26. Mai und dem 4. Juni 1940 evakuierte die Royal Navy mehr als 338.000 britische, französische und belgische Soldaten aus Dunkerque. In seinen wildesten Träumen hatte Churchill nicht damit gerechnet, so viele Menschen retten zu können. Er bezeichnete es als Wunder – und das war es auch.

Viele hatten einen unglaublichen Einsatz geleistet: die Piloten, die die deutsche Luftwaffe bekämpften; die Schiffskapitäne, die so viele Männer in Sicherheit brachten; die französischen Soldaten, die die Deutschen in die Enge trieben.

Und obwohl die meisten auf den großen Zerstörern nach Hause kamen, waren es kleine Schiffe wie die *Sundowner*, die Menschen auf der ganzen Welt begeisterten. Über achthundert von ihnen überquerten den Ärmelkanal: Rettungsboote und kleine Segelschiffe, Motorbarkassen und Postdampfer, eine ganze Armada von Freizeitbooten, die zwangsrekrutiert worden waren.

Jedes von ihnen hat seine eigene Geschichte. Das kleinste Wasserfahrzeug von allen war ein kleines Holzboot namens *Tamzine*, auf dem fünf Leute Platz hatten. Als es aus Dunkerque zurückkam, waren seine Planken blutgetränkt, doch es hatte seine Aufgabe erfüllt.

Vielen Menschen kamen die Abenteuer der *Sundowner* und der *Tamzine* geradezu unwirklich vor. Der Autor J. B. Priestley berichtete am nächsten Tag im Radio, er habe nicht gewusst, ob er lachen oder weinen solle, als er von all den kleinen Schiffen erfuhr, die »ins Inferno gesegelt« waren.

»Ein Leben lang haben wir uns über diese kleinen Boote amüsiert«, sagte er. »Haben beobachtet, wie sie Horden von Ausflüglern aufnahmen und diese oft nur bis zum nächsten Badeort brachten.«

Doch jetzt, in Englands dunkelster Stunde, hatten sie Unsterblichkeit erlangt. »Unsere Enkel und Urenkel«, fuhr er fort, »werden noch davon hören, wie wir zu Beginn des Krieges eine Niederlage zu einem Sieg gemacht haben, der schließlich zum Triumph führte. Von den kleinen Ausflugsschiffen, die einen Trip zur Höhle unternahmen und ruhmreich zurückkehrten.«

Seine Worte gaben den Menschen im ganzen Land Auftrieb. Nella Last aus Lancashire schrieb, sie habe durch die Heldentaten von Dunkerque vergessen, dass sie nur eine »Hausfrau in mittleren Jahren« sei. »Ich hatte das Gefühl, Teil von etwas Unsterblichem zu sein, das niemals altert – wie eine Flamme, die Licht und Wärme spendet. Ich spürte, dass alles sich gelohnt hatte, und war stolz darauf, derselben Nation anzugehören wie die Retter und Geretteten.«

Als die Männer des Britischen Expeditionskorps mit verdreckten, blutbefleckten und vom Meerwasser durchtränkten Uniformen nach Hause kamen, wurde ihnen ein Empfang bereitet, den sie nicht erwartet hatten. Sie hatten befürchtet, für Feiglinge gehalten zu werden, stattdessen wurden sie als Helden gefeiert.

In den Häfen empfingen die englischen Frauen ihre Männer mit Tee und Sandwiches, Wolldecken und Medizin. Und an jeder Bahnstation jubelten und winkten die Kinder, wenn die Züge mit den heimkehrenden Soldaten vorbeifuhren.

Vor jedem Haus wehte der Union Jack, die Nationalflagge des Vereinigten Königreichs. An jeder Mauer stand »Willkommen zu Hause« und »Gut gemacht!«.

»Wir dachten, wir wären Verlierer und hätten sie im Stich gelassen, aber sie sahen das anders«, sagte einer der Soldaten. »Wir waren ihre *Jungs*, das war alles, was zählte.«

Für Hitler war dieses Verhalten unerträglich. Englands Armee war vom europäischen Festland vertrieben worden. Sie hatte einen Großteil ihrer Panzer und schweren Geschütze verloren und Zehntausende von ihnen befanden sich in deutscher Gefangenschaft. Begriffen diese Leute denn nicht, wann sie geschlagen waren?

Doch Hitler hat nie wirklich verstanden, gegen was für ein Land er da kämpfte. Die britische Armee mochte geschlagen sein. Doch in diesem Moment waren die Briten zum ersten Mal überzeugt davon, dass sie am Ende gewinnen würden.

In Cornwall sprach Tilly Rice stellvertretend für die gesamte Nation, als sie in ihr Tagebuch schrieb: »Jetzt, da alle erwacht sind, sollten wir es auch tun. Es wird ein blutiges Geschäft sein, aber die Sache ist es wert – mein Gott, absolut wert.«

■

Als am 4. Juni die letzten Schiffe in Dunkerque ablegten, war Winston Churchill auf dem Weg ins Unterhaus.

Was in Frankreich und Belgien passiert war, räumte er ein, sei ein »kolossales militärisches Desaster«. Dennoch hätten die britischen Seeleute ein »Wunder der Befreiung« bewirkt, das nicht vergessen werden würde.

Dann wandte sich Churchill der Zukunft zu. »Wir werden weder nachlassen noch scheitern«, sagte er. »Wir werden diesen Weg bis zum Ende gehen. Wir werden in Frankreich kämpfen, wir werden auf Meeren und Ozeanen kämpfen, wir werden mit steigendem Selbstvertrauen und wachsender Kraft in der Luft kämpfen, wir werden unsere Insel verteidigen, was auch immer das erfordern wird … Wir werden an den Stränden kämpfen, wir werden auf den Landeplätzen kämpfen, wir werden im Feld und auf den Straßen kämpfen, wir werden in den Hügeln kämpfen – wir werden niemals aufgeben.«

Die Abgeordneten des Parlaments stimmten lautstark zu. Manche von ihnen hatten Tränen in den Augen. Ein Mitglied der Labour Party sagte zu Churchill, seine Rede wäre »mehr wert als tausend Gewehre«.

Am nächsten Tag stellte Hitlers Armee ihre Stärke unter Beweis. Die verbliebenen Franzosen kämpften tapfer, doch schon bald waren die deutschen Panzer Richtung Paris unterwegs.

Nun waren die Straßen Frankreichs voller Menschen, die sich mit Taschen und Körben, ja mit Kinderwagen und Vogelkäfigen auf der Flucht befanden. Und wie schon in Polen zeigte die Luftwaffe kein Erbarmen, sondern ließ ihre tödliche Fracht vom Himmel regnen.

Am 10. September trat Mussolinis Italien an der Seite Deutschlands in den Krieg ein und hoffte auf seinen Anteil an der Beute. Vier Tage später rollten die deutschen Panzer über die Straßen von Paris.

In der Stadt war es still, die Straßen verlassen. Gepanzerte Wagen mit Lautsprechern forderten die Einheimischen auf, in ihren Häusern zu bleiben. Vom Triumphbogen hing ein riesiges Hakenkreuzbanner.

Frankreich war geschlagen. Am 17. Juni ersuchte der neue französische Ministerpräsident Pétain bei der Führung des Deutschen Reichs um Waffenstillstand. Fünf Tage später marschierte die deutsche Armee durch das Zentrum von Paris: Kavallerie, Panzer und Tausende von Soldaten – unbarmherzig, unaufhaltsam, unbesiegbar.

In London erhob sich Churchill ein weiteres Mal von seinem Platz. »Die Schlacht um Frankreich ist vorbei«, sagte er ernst. »Die Schlacht um England beginnt gerade.«

»Von dieser Schlacht hängt das Schicksal der christlichen Zivilisation ab. Von ihr hängt unser britisches Leben ab, die lange Kontinuität unserer Institutionen und unseres Königreichs. Sehr bald wird der ganze Zorn und die ganze Macht des Feindes sich gegen uns wenden. Hitler weiß, dass er uns auf dieser Insel schlagen muss oder den Krieg verlieren wird.«

Churchill ließ seinen Blick durch das Parlament schweifen, seine Augen funkelten. »Lasst uns darum unsere Pflicht tun, und lasst sie uns so tun, dass sogar nach tausend Jahren, wenn es dann noch ein britisches Reich und sein Commonwealth gibt, die Menschen sagen werden: Das war unsere stolzeste Stunde.«

Drei Wochen später sollte die Schlacht um Großbritannien beginnen.

7

Großbritannien allein

»Ihr Tee, Sir«, sagte eine Stimme. »Um 4 Uhr, wie Sie es wollten … es scheint wieder ein schöner Tag zu werden.«

Mit größter Mühe kämpfte sich Geoffrey Wellum aus dem Bett. Er war todmüde und spürte jeden einzelnen Knochen und Muskel seines Körpers. *O Gott*, dachte er. *Ein neuer Morgen … ein Job, der erledigt werden muss.*

Er nippte an seinem Tee und zog seine Uniform an. Dann schaute er zum Bett seines Stubenkameraden hinüber. Leer.

Natürlich, dachte er. *Wie konnte ich das vergessen.*

John hatte gestern Pech gehabt. Kollision mit einem anderen Flugzeug. Er war ein angenehmer Gefährte gewesen, still und ernst. Doch Geoffrey würde ihn nicht wiedersehen.

Der Aufenthaltsraum war mit vollen Aschenbechern und leeren Biergläsern übersät. Die anderen waren schon im Speisesaal, tranken Tee, aßen Toast und hingen ihren Gedanken nach. Keiner sprach ein Wort.

Die Zeit verstrich. Geoffrey knabberte lustlos an seinem Toast. Zu dieser frühen Stunde hatte er nie Appetit.

In Gedanken kehrte er zum Sommer 1939 zurück, als er zur Flugausbildung zugelassen worden war. Damals ging er immer noch zur Schule: ein ganz normaler englischer Teenager mit breitem, ansteckendem Grinsen.

Tagsüber hatte er Cricket gespielt, war bei Sonnenschein schwimmen gegangen und hatte mit seinen Freunden Zukunftspläne geschmiedet. Der Sommer ging zur Neige. Jetzt, im September 1940, kam ihm das unendlich lange her vor.

Draußen, im trüben Morgenlicht, sah Geoffrey die Techniker an seinem Flugzeug arbeiten – eine *Supermarine Spitfire*, das beste Kampfflugzeug der Welt. Wie die meisten Piloten liebte auch er die *Spitfire*: ihre Anmut und Eleganz, das kompakte Cockpit und ihre Wendigkeit.

Und er liebte das Fliegen an sich: die Freude, zu den Wolken aufzusteigen, die riesige blaue Himmelsfläche, den Stolz, wenn er auf Englands grüne Felder hinabblickte.

Doch jetzt war England in Gefahr. Und niemand auf der Welt wird uns helfen, dachte Geoffrey. Irgendjemand musste die verdammten Nazis aufhalten.

Dann kam das Kommando, auf das sie alle gewartet hatten: »Geschwader bereit machen zum Einsatz!«

Kurz darauf saß Geoffrey im Cockpit, während die Flugzeuge aufstiegen und durch die Wolken in den blauen Morgenhimmel stießen.

»Wie die Pfeile eines Bogens«, erinnerte er sich. »Die *Spitfire* war ein lebendes Wesen, das seinen eigenen Verstand hatte.«

In der Ferne tauchte der Feind auf, wie ein Mückenschwarm, der immer größer wurde.

Die Feinde des Königs, dachte er. *Die Hunnen attackieren England, unser kleines Land, unsere Insel. Gegen diese teutonischen Monster, diese Tyrannen, die kleine Staaten besetzen, sind wir auf uns allein gestellt.*

Eine Stimme riss ihn aus seinen Gedanken. Es war der Kommandant seines Geschwaders. »Okay, Jungs, Feuer frei und dann sofort weg …«

Geoffrey suchte sich ein Ziel aus: einen deutschen Bomber, der sich ein wenig aus seiner Formation gelöst hatte. *Ich sehe dich!*, fuhr es ihm durch den Kopf.

Plötzlich befand er sich im Kreuzfeuer. »Ruhig bleiben, Geschwindigkeit halten …«, stieß er mit zusammengebissenen Zähnen hervor. »Fertig … JETZT!«

Er drückte auf den Angriffsknopf, hörte einen schrillen Ton, sah an der Nase des Flugzeugs die Salven der eingebauten Maschinengewehre.

Über Kopfhörer kamen geschriene Kommandos, aber er war zu beschäftigt, um auf sie zu achten. Ein deutsches Kampfflugzeug streifte ihn um ein Haar.

Er riss die Maschine zur Seite und sah einen Fallschirm durch die Luft segeln. Dann einen zweiten Fallschirm, eine brennende Maschine, ein weiteres Flugzeug außer Kontrolle. Eine dritte Maschine trudelte in einer Spirale auf den Abgrund zu. Aus der aufgerissenen Flanke quoll schwarzer Rauch.

Dann erblickte er einen feindlichen Bomber, eine *Heinkel*, die in Richtung Ärmelkanal flog. *Ich mach dir ein hübsches Abschiedsgeschenk*, dachte er grimmig.

Er traf den Bomber von oben. *Hab ihn erwischt,* dachte er zufrieden.

Doch auf dem Rückweg zur Flugbasis passierte es: »Ein Blitz, so hell wie Magnesium, gefolgt von einer scharfen, lauten Explosion.« Er wusste sofort, dass er getroffen worden war.

»Was für ein Narr ich doch war«, schrieb er später. »Mich darüber zu freuen, dass ich die *Heinkel* getroffen hatte, ohne mich darum zu kümmern, was hinter mir vor sich ging! Wie unglaublich naiv von mir!«

Doch sein Instinkt rettete ihn. Er riss die Maschine herum, flog die engste Kurve, die möglich war, um seinen Verfolger abzuschütteln. Er blickte sich kurz über die Schulter und sah eine *Messerschmitt 109*, die Antwort der deutschen Luftwaffe auf die britische *Spitfire.*

In diesem Moment sah er mehr Rauch, der aus den Maschinengewehren der Messerschmitt kam, und er spürte, wie die Kugeln in den Rumpf seiner Maschine einschlugen.

Er legte die Maschine auf die Seite, die Gewehre des Feindes immer noch auf sein ramponiertes Flugzeug gerichtet.

»O mein Gott!«, rief er aus. »Die bringen mich um ...«

■

Nachdem sich die europäischen Staaten auf dem Festland ergeben hatten, war Großbritannien auf sich allein gestellt.

Natürlich hatte das Königreich Freunde und Kolonien in Übersee – von Kanada, Australien und Neuseeland bis nach Indien, Südafrika und die Westindischen Inseln –, die alle Männer und Geld schickten, um ihr Mutterland zu unterstützen.

Doch sie alle waren weit weg, und Hitlers Truppen standen bereits auf der anderen Seite des Ärmelkanals, um ihren tödlichen Angriff zu starten. Nie in seiner Geschichte hatte Großbritannien es mit einem so mächtigen Gegner aufnehmen müssen.

Doch dank des Wunders von Dunkerque und Churchills beeindruckenden Worten war die Stimmung erstaunlich gelassen. Viele Menschen empfanden sogar ein seltsames Gefühl der Erleichterung, ganz allein und zudem mit dem Rücken zur Wand zu stehen.

Oder, wie es der Kapitän eines Schleppdampfers auf der Themse formulierte: »Jetzt wissen wir jedenfalls, was die Stunde geschlagen hat. Und weit und breit keine lästigen Verbündeten.«

Eine Zeitung veröffentlichte eine Karikatur, die sehr populär werden sollte: Ein britischer Soldat steht trotzig auf den Klippen der Insel und droht einem deutschen Bomber am Himmel mit der Faust. »Na gut«, sagt der Soldat. »Allein.«

Doch falls die Deutschen den Ärmelkanal überquerten, wie lange würde ein solcher Kampfgeist angesichts deutscher Panzer und Stukas andauern?

Am 16. Juli, ein paar Wochen nach dem militärischem Zusammenbruch Frankreichs, wies Hitler seinen Generalstab an, das »Unternehmen Seelöwe« anlaufen zu lassen: Die Invasion und

Eroberung Großbritanniens. Zwei Wochen später befahl er der Luftwaffe, die britische Air Force mit allen verfügbaren Mitteln und binnen kürzester Zeit niederzukämpfen.

Für England war dies ein Moment größter Gefahr. Jedermann wusste, dass eine deutsche Landeoperation in Südengland unmittelbar bevorstand, wenn Deutschland erst einmal den Luftraum beherrschte. Ein entfesselter Krieg drohte, und die britische Nation sammelte sich, um ihn zu führen. Fabriken arbeiteten Tag und Nacht, um mehr Kampfflugzeuge zu bauen. Normale Bürger gaben ihr Geld, damit neue *Spitfires* produziert werden konnten. Gegenstände aus Metall – Bratpfannen, Töpfe, Spielzeug und Kleiderbügel – wurden gespendet, damit diese für die Waffenproduktion eingeschmolzen wurden.

Auf dem Land übernahmen Frauen die Arbeit auf den Höfen, weil die Männer in den Krieg zogen. Und über eine Million Männer, die entweder zu jung oder zu alt für den Dienst in der Armee waren, schlossen sich der Heimwehr an und versprachen, ihre Insel gegen die Deutschen zu verteidigen.

Ihre Blicke richteten sich unentwegt in den Himmel. Churchill hatte die Schlacht um Großbritannien ausgerufen. Ging sie verloren, war das Königreich am Ende.

Über fünf Monate lang dauerte diese Luftschlacht um England über dem Süden der Insel. Tag für Tag schauten die Schulkinder in den Himmel, um die Flugzeuge zu erkennen, die über ihren Köpfen dröhnten. Jeden Tag verkündeten die Zeitungen die neuen Todeszahlen.

Am Anfang waren die Deutschen siegessicher. Jeden Morgen stiegen 750 Bomber, 250 Sturzkampfflugzeuge und weitere 750 Jagdflugzeuge auf, während die Briten den Kampf mit insgesamt 600 Jagdflugzeugen aufnahmen.

Doch die riesigen englischen Fabriken stellten unentwegt neue Flugzeuge her, Woche für Woche mehr als sechzig *Hurricanes* und dreißig *Spitfires* – eine Produktionsgeschwindigkeit, mit der Deutschland nicht Schritt halten konnte.

Das Vertrauen der Briten in die Fähigkeit ihrer Luftstreitkräfte war enorm. Wer das geflügelte Abzeichen der Royal Air Force trug, konnte sich sehen lassen, galt als schneidig, attraktiv und unfassbar mutig. Im Volksmund wurden sie auch »Die Pomadejungs« genannt, weil sie so viel Haargel benutzten, um die jungen Frauen zu beeindrucken.

Viele waren noch unter zwanzig und hatten gerade erst die Schule verlassen. Manche brannten vor Ehrgeiz und absolvierten nur ein zweiwöchiges Training, ehe sie sich in den Kampf stürzten.

»Noch nie in der Geschichte menschlicher Konflikte«, bemerkte Churchill, »hatten so viele so wenigen so viel zu verdanken.« Diesem Zitat verdankten die Piloten ihren unsterblichen Beinamen: »Die Wenigen«.

Die meisten der Wenigen waren Briten, aber nicht alle. Unter ihnen gab es auch Neuseeländer, Kanadier, Südafrikaner und Australier.

John Gillespie Magee gehörte der Royal Canadian Air Force

an. Sein Gedicht »High Flight« fängt die Faszination über den Wolken ein:

Oh! Ich bin den mürrischen Fesseln der Erde entschlüpft
und tanzte durch den Himmel
auf durch Lachen versilberten Flügeln;
ich stieg der Sonne entgegen und traf auf die taumelnde Freude
von durch die Sonne geteilten Wolken
und habe hundert Dinge getan,
von denen du niemals geträumt hast –
gerollt und aufgestiegen, emporgeschwungen
hoch in die sonnendurchflutete Stille.
Dort schwebend habe ich den schreienden Wind gejagt
und schleuderte meine begierige Maschine
durch bodenlose Hallen aus Luft …

Tragischerweise kam er 1941 bei einer Luftkollision während eines Trainingsflugs ums Leben.

Geschichte schrieb auch der Tscheche Josef František, der siebzehn feindliche Flugzeuge abschoss. Er war einer von gut achtzig tschechischen Piloten, die sich für das rächen wollten, was Hitler ihrem Heimatland angetan hatte.

Doch die größte Gruppe von ausländischen Kampffliegern stellten die Polen, die zwei eigene Geschwader bildeten. Viele von ihnen hatten schon ihr eigenes Land gegen die Deutschen verteidigt und galten als herausragende und mutige Flieger.

Jeden Tag stiegen diese jungen Männer in den Himmel auf und riskierten im Chaos des Kampfes ihr Leben. Jeden Tag verloren sie gute Freunde. Jeden Abend ertränkten sie ihre Sorgen in einem lokalen Pub. Und jeden Morgen rief wieder die Pflicht.

Unter den Wenigen hatte sich eine besondere Kameradschaft herausgebildet. Wochenlang kämpften sie Seite an Seite, teilten Freude und Leid.

»Diese Männer«, schrieb der junge Geoffrey Wellum, »haben sich für alle Zeit in mein Gedächtnis eingegraben.«

Trotz aller Schrecken des Krieges hätte er diese Erfahrung nicht missen wollen. Er war stolz, dazuzugehören und »eine Kameradschaft zu teilen, die diese Zeit zu einem unvergesslichen Erlebnis« gemacht haben.

■

In diesem Moment, hoch über den englischen Feldern, strapazierte er seine Maschine bis zum Äußersten.

Er flog immer engere Kreise, seine *Spitfire* brummte und knatterte wie verrückt, sein Gesicht war schweißnass und die *Messerschmitt* immer noch hinter ihm.

»Halt durch, Geoff!«, ächzte er. »Flieg wie der Teufel …« Er war einer Ohnmacht nahe und spürte »eine so panische Angst, wie sie wohl nur wenige Menschen je erleben«. Wie lange würde sein Flugzeug durchhalten, ehe es auseinanderbrach? Wer von ihnen musste zuerst dran glauben?

Die beiden Flugzeuge führten am Himmel immer noch ihren

Todestanz auf. Geoffrey trieb seine Maschine gnadenlos weiter. Er durfte nicht langsamer werden, sonst war er verloren.

Dann hörte er eine Maschinengewehrsalve. Sie verfehlte ihn. Mit einem Anflug von Erleichterung wusste er, dass dies seine Chance war.

Für den Bruchteil einer Sekunde sah er den Kopf des feindlichen Piloten, sogar die Umrisse seiner Sauerstoffmaske. Die andere Maschine zitterte, und Geoffrey war klar, dass sie Schwierigkeiten hatte, ihm zu folgen.

Die *Messerschmitt* stieg plötzlich auf. »Jetzt!«, dachte Geoffrey, »nichts wie weg!«

Er legte sich auf die Seite, schoss dann in einem rasenden Sturzflug nach unten. Der Motor kreischte, das Geräusch war fast unerträglich. Und plötzlich war der Deutsche weit hinter ihm und verblasste in der Ferne, während Geoffreys *Spitfire* Englands Grünflächen entgegenbrauste.

Kurz darauf schoss er an einem Bauernhof vorbei, sah eine Gruppe von kleinen Landhäusern und eine alte Frau, die sich gegen eine Hecke drückte. Und da war es endlich: das Flugfeld von Biggin Hill. Er war wieder zu Hause.

Seine Maschine kam zum Stehen. Geoffrey zog seine Maske ab, schob den Helm nach hinten und sog die Morgenluft in sich auf. *Mein Gott, tut das gut*, dachte er.

Er hatte viel Glück gehabt. An einem anderen Tag hätte die *Messerschmitt* ihn wohl abgeschossen. Doch sie alle kannten das Risiko.

Von den dreitausend jungen Männern, die in der Schlacht um Großbritannien ihren Dienst in der Royal Air Force taten, kam etwa die Hälfte ums Leben. Vier von fünf Fliegern haben ihren Gegner nicht gesehen. Wie Geoffrey waren sie von hinten angegriffen worden und konnten nicht mehr reagieren.

Der Tod kam wie aus dem Nichts. Plötzlich war da ein kleiner Punkt in der Ferne, im nächsten Augenblick trudelte man dem Abgrund entgegen.

▪

Für die jungen Männer, die an der Luftwaffenbasis Biggin Hill stationiert waren, war die Belastung fast unerträglich. Oft flogen sie mehrere Einsätze am Tag, holten hoch über der Erde alles aus ihren Maschinen heraus und hatten keine Zeit, ihre toten Kameraden zu betrauern.

Doch mit jedem Tag kamen sie dem Sieg näher. Falls sie die Nazis bis zum Ende des Sommers in Schach halten konnten, würde Hitler keine Gelegenheit mehr für eine Invasion haben.

Wochen vergingen. Auf beiden Seiten gab es große Verluste und auf beiden Seiten machte sich eine zunehmende Erschöpfung breit. Doch zu diesem Zeitpunkt wusste niemand genau, wie viele Flugzeuge dem Feind noch verblieben waren.

▪

Am Nachmittag des 14. September traf Hitler in der Reichskanzlei mit seinem Generalstab zusammen. Er sei an der Zeit, sagte der Führer mit düsterer Stimme, für einen entscheidenden Schlag gegen militärische Ziele in London. Mit ein wenig Glück könnten sie damit die gesamte britische Luftwaffe ein für alle Mal ausschalten.

■

Der nächste Morgen war sonnig und mild. Und für den Luftmarschall Keith Park begann er mit einer Überraschung.

Im Hauptquartier der britischen Luftwaffe in Uxbridge empfing Park einen unerwarteten Besucher. Der Premierminister persönlich gab sich die Ehre.

Churchill war guter Laune. Er versprach Park sogleich, nicht im Weg rumzustehen. Sollte er es dennoch tun, würde er sich sofort in seinen Wagen zurückziehen, um seine Hausaufgaben zu machen.

In den nächsten Stunden deutete sich bereits an, dass dieser Tag anders war als die bisherigen. Im Einsatzraum glühten die Telefondrähte. Der Himmel über Südengland sei schwarz von deutschen Flugzeugen. Hunderte Bomber und Jagdflugzeuge flögen auf London zu.

Es war Sonntag. Viele Briten waren in der Kirche. Während sie beteten, hörten sie über sich das Dröhnen der Flugzeuge. Als sie ins Freie traten, hoben sie ihre Köpfe und blickten angstvoll in den Himmel.

In Uxbridge herrschte eine wilde Entschlossenheit. »Es scheinen sehr viele Maschinen zu sein«, stellte Churchill nüchtern fest.

Park nickte. »Und wir werden sie gebührend empfangen.«

In diesem Moment befanden sich die deutschen Bomber schon über den Londoner Hafenanlagen und Fabriken. Doch das Wetter hatte sich geändert und machte ihnen einen Strich durch die Rechnung. Die potenziellen Ziele waren aus der Luft nicht mehr zu erkennen. Und immer mehr englische Flugzeuge beteiligten sich an der Schlacht. Bald war der Himmel über London voller Rauch und Flammen.

Um 4 Uhr nachmittags war der Luftkampf so gut wie entschieden. In Uxbridge verschwanden die letzten deutschen Bomber von den Schirmen. Churchill stieß einen Seufzer der Erleichterung aus.

Es war ein langer, aufreibender Tag gewesen. In Berlin studierten die Generäle die Zahlen und schüttelten verzweifelt die Köpfe. Nach sechzig Verlusten innerhalb weniger Stunden war ihre Luftflotte stark dezimiert worden. Einen weiteren Tag wie diesen würden sie nicht verkraften können.

Die deutsche Luftwaffe hatte alles riskiert – und verloren.

Die Luftschlacht um England war vorbei. Die Royal Air Force hatte sie für sich entschieden.

■

Zwei Tage später, am 17. September, räumte Hitler seine Niederlage ein. Sein Versuch, den englischen Luftraum zu beherrschen, war gescheitert. Das Unternehmen Seelöwe war vorbei. Es würde keine Invasion in Großbritannien geben.

Für die Briten hingegen war die Zeit der Prüfung noch nicht überstanden. Rasend vor Zorn, dass es ihm nicht gelungen war, sie unter Kontrolle zu bringen, richtete Hitler seinen Hass auf ihre Straßen und Wohnhäuser.

Wenn er ihre Söhne nicht bei Tageslicht schlagen konnte, würde er ihren Willen im Dunkeln brechen.

»Auf die eine oder andere Weise muss England gebrochen werden«, sagte er verbittert. »Wir werden seine Städte von der Landkarte fegen.«

Nacht für Nacht kamen jetzt deutsche Bomber über den Ärmelkanal geflogen und warfen ihre tödliche Fracht über unschuldigen Männern, Frauen und Kindern ab. Jede Nacht lagen die Menschen schlaflos in ihren Betten, hörten das Heulen der Sirenen, die vor den Bomben warnten, waren den Explosionen, der Dunkelheit und dem Terror ausgeliefert.

»Die Welt war eine Sirene geworden«, erinnerte sich der junge Bernard Kops, der nach seiner Evakuierung aufs Land nach London zurückgekehrt war. »Ein endloser qualvoller Schrei ... eine lange Klage der Verzweiflung ...«

Nur wenige Städte entkamen der Barbarei der Bombenangriffe, die monatelang anhielten. Mehr als 40.000 Menschen wurden getötet und zwei Millionen Häuser zerstört.

Straße um Straße reihten sich Krater aneinander, wo einst Häuser standen. Manche Familien hatten alles verloren: ihre Häuser, ihren Besitz. Unzählige Menschen hatten ihre Angehörigen und Freunde verloren.

Der brutalste Angriff von allen fand womöglich am 14. November 1940 statt, als Hitlers Bomber die Stadt Coventry ins Visier nahmen. In dieser Nacht wurden mehr als zehntausend Bomben abgeworfen, von denen zwanzig das Krankenhaus der Stadt trafen.

Als die Einwohner von Coventry aus ihren Schutzräumen kamen, war das Zentrum der Stadt nur noch ein Schutthaufen. Die große mittelalterliche Kathedrale eine rauchende Ruine. Hunderte waren getötet und mehr als tausend Menschen verletzt worden.

»Coventry«, schrieb eine tief bestürzte Frau an ihre Tochter, »ist eine Stadt des Todes«.

Die Luftangriffe wurden auf andere Städte ausgeweitet: Birmingham, Glasgow, Bristol, Manchester, Portsmouth, Cardiff und Swansea. Vor Hitlers Raserei war niemand sicher.

Doch vor allem hatte er es nach wie vor auf London abgesehen. Wenn er den Widerstand der Hauptstadt brach, so glaubte er, konnte er ganz Großbritannien brechen.

In der Nacht auf den 29. Dezember flog die Luftwaffe ihren bislang massivsten Angriff und warf Zehntausende Bomben über der stolzen alten Stadt ab. Die St. Pauls Cathedral, eines der wichtigsten britischen Wahrzeichen überhaupt, wurde zwar von Brandbomben getroffen, doch die Kuppel blieb wie durch ein Wunder unversehrt.

Als der Morgen graute, stand die gewaltige Kirche immer noch da. Fast alle umstehenden Gebäude waren abgebrannt bis auf den

Grund, doch St. Paul wirkte wie ein Symbol für den unbeugsamen Widerstand gegen Hitlers Aggression.

Eine junge Frau namens Dorothy Barton arbeitete in der Nähe der Kathedrale. »Als ich an diesem Morgen aus dem U-Bahn-Schacht an die Oberfläche kam«, so berichtete sie später, »schnürte es mir die Kehle zu, weil ich spürte, dass, wenn St. Paul's überlebte, auch wir überleben würden.«

Sie blickte in die rauchgeschwärzten und erschöpften Gesichter der Feuerwehrleute, die ihre Sachen zusammenpackten.

»Viele Büroangestellte winkten den Feuerwehrmännern zu und schüttelten ihre Hände«, schrieb sie. »Ich hatte Tränen in den Augen, als ich die Straße entlangging. Es war so ein emotionaler Moment.«

Millionen von Menschen empfanden das Gleiche – je unbarmherziger Hitlers Angriffe wurden, desto entschlossener waren sie, ihn zu stoppen.

»Vom Geist der britischen Nation weiß er nur wenig«, sagte Churchill im Herbst in einer Radioansprache.

»Er hat ein Feuer in den britischen Herzen entzündet … ein Feuer, das mit starker und verzehrender Flamme brennt, bis auch die letzten Reste der Nazi-Tyrannei in Europa verglüht sein werden.«

Bis dahin war es natürlich noch ein weiter Weg. Ein Großteil Europas ächzte unter Hitlers eisernem Griff. Und Tausende von Kilometern weiter östlich plante die japanische Armee eigene Eroberungen.

Doch die Briten hatten gezeigt, dass die Nazis gestoppt werden konnten. Auch in finsterster Nacht gab es Zeichen der Hoffnung.

■

Wenige Monate später war Geoffrey Wellum in den Buckingham Palace eingeladen, um aus den Händen von König George eine Tapferkeitsmedaille – das Distinguished Flying Cross – zu erhalten.

Als der König, ein schüchterner Mann mit leiser Stimme, die Medaille an Geoffreys Brust heftete, war dies einer der stolzesten Momente im Leben des jungen Piloten. Danach reihten sich seine Kameraden in ihren blauen Uniformen auf, um ihm die Hand zu schütteln.

»Gut gemacht, alter Junge!«, sagten sie.

Seine Mutter hatte Tränen in den Augen und genoss jede Minute der Verleihung. Doch sein Vater schwieg.

»Erst als er nach der Zeremonie meine Hand nahm und mir in die Augen blickte, wusste ich, was los war«, schrieb Geoffrey.

In der dunkelsten Stunde des Landes hatte er seine Pflicht getan. Das war alles, was zählte.

TEIL 3

MITTERNACHT

8

Codename: Igel

Der Himmel war immer noch dunkel, nur am Horizont zeigte sich ein blasser hellroter Streifen, als das Flugzeug landete. Auf dem Rollfeld warteten die deutschen Soldaten in gespannter Erwartung.

Die Tür öffnete sich. Die Soldaten nahmen Haltung an und ein klein gewachsener Mann in einem langen grauen Trenchcoat stieg aus. Unter der Kappe blitzten seine kalten Augen.

Es war 5.30 Uhr, und Hitler war gekommen, um seine neueste Eroberung zu besichtigen.

Drei schwarze Limousinen warteten bereits, um den Diktator ins Zentrum von Paris zu bringen. Und er wusste auch schon, was er zuerst sehen wollte: die Oper. Einem seiner Gefolgsleute, dem Architekten und späteren Rüstungsminister Albert Speer, hatte er erzählt, dass die Pariser Oper von jeher zu seinen Lieblingsgebäuden gehörte. Nun, da er die beeindruckende Freitreppe hinaufstieg und das vergoldete Foyer in Augenschein nahm, war er so begeistert, wie Speer ihn noch nie gesehen hatte.

Danach fuhren sie die Champs-Élysées hinunter, bewunderten

den Triumphbogen und hielten gegenüber dem Eiffelturm, wo Hitler und Speer für die Fotografen posierten.

Im Invalidendom verharrte Hitler lange am Grab Napoleons, eines anderen Feldherrn und Eroberers, der mehr als hundert Jahre zuvor gelebt hatte und dessen Weg ebenfalls als normaler Soldat begonnen hatte.

Für den Mann, der einst Postkartenmotive abgemalt hatte, war dieser sonnige Morgen im August 1940 der größte Moment seines Lebens. Vor zwanzig Jahren war er ein Niemand gewesen. Jetzt hatte er sich zum Herrscher über Europa aufgeschwungen.

Nach nur drei Stunden war der Ausflug beendet. Es war erst 9 Uhr morgens, doch Hitler hatte gesehen, was er sehen wollte.

Als sie zum Flugplatz zurückfuhren, sagte er leise: »Mir Paris ansehen zu dürfen, war der Traum meines Lebens. Ich kann nicht sagen, wie glücklich ich bin, dass sich dieser Traum heute erfüllt hat.«

In diesem Moment erkannte Albert Speer hinter der Maske der Gewalt eine armselige Person, für die er »eine Art von Mitleid« empfand.

Dann war die Maske wieder an ihrem Platz, Hitlers entschlossener Ausdruck zurück. Wenige Minuten später verschwand der Diktator genauso unauffällig, wie er gekommen war. Er kam niemals wieder nach Paris.

■

Mit der Besetzung Frankreichs hatte Hitler den Gipfel seiner

Macht erreicht. Österreich, die Tschechoslowakei und den westlichen Teil Polens hatte er schon unter Kontrolle gebracht. Nun hatte er auch Norwegen, Dänemark, die Niederlande, Belgien und Frankreich erobert.

Die Menschen, die von Hitlers Militärmaschine unterworfen worden waren, befanden sich in einem schrecklichen Dilemma. Sollten sie aufgeben und sich ihrem neuen Machthaber unterordnen? Oder sollten sie Widerstand leisten, obgleich dies vermutlich zwecklos war?

Den wenigsten Menschen gefällt der Gedanke, als Held zu sterben. Die Deutschen schienen unbesiegbar zu sein und auf Jahre hinaus an der Macht zu bleiben. Vielleicht sollte man also versuchen, sich mit ihnen zu arrangieren.

Überall fanden die Deutschen Leute, die bereit waren, mit ihnen zusammenzuarbeiten, auch Kollaborateure genannt. In Norwegen zum Beispiel installierten die Deutschen eine Marionettenregierung, die von einem Lokalpolitiker namens Vidkun Quisling geleitet wurde.

Nicht nur die Engländer betrachteten Quisling als Verräter – so ist das englische Verb »to quisle« (mit dem Feind zusammenarbeiten bzw. kollaborieren) entstanden.

In Wahrheit waren Leute wie Quisling nicht so selten. Selbst in Frankreich, wo Tausende von Menschen im Kampf gefallen waren, gab es viele, die mit den Deutschen zusammenarbeiteten.

Der Norden Frankreichs wurde zur besetzten Zone, kontrolliert von der deutschen Armee. Riesige Hakenkreuzbanner hingen am Eiffelturm, während deutsche Soldaten auf den Pariser Boulevards patrouillierten.

Doch die Deutschen verließen sich weiterhin darauf, dass die französischen Polizisten für Ruhe und Ordnung sorgten. Restaurants stellten Schilder auf: »Hier wird Deutsch gesprochen«. Und Geschäfte, Kinos, Cafés und Nachtklubs wurden gleichermaßen von Deutschen wie von Franzosen besucht.

Im Süden Frankreichs übergaben die Deutschen die Macht an eine Marionettenregierung, deren Sitz sich im Ferienort Vichy befand. Staatschef des Vichy-Regimes war Marschall Philippe Pétain, der als Kriegsheld galt und im Ersten Weltkrieg Oberbefehlshaber der französischen Armee gewesen war.

Jetzt erklärte Pétain, dass der Krieg ein schrecklicher Fehler gewesen sei und die Franzosen ihren deutschen Freunden die Hand reichen sollten. Die wahren Feinde seien die Engländer, die »niederträchtig« und »selbstsüchtig« wären. Und so wie andere Kollaborateure teilte er den deutschen Hass auf die Juden.

Binnen weniger Monate entzog Pétain Tausenden von Juden die französische Staatsbürgerschaft. Und es dauerte nicht lange, bis auch die französischen Juden eines »Judenstern« tragen mussten, so wie in Deutschland.

Jüdische Ärzte, Anwälte und Geschäftsleute verloren ihre Arbeitsberechtigung. Jüdische Familien durften keine Telefone und Radios mehr besitzen. Sie wurden von öffentlichen Plätzen verbannt und mussten gesonderte Eisenbahnwaggons benutzen.

Im Sommer 1941 eröffnete die französische Polizei ein Sammel- und Durchgangslager in Drancy nahe Paris. Hier, hinter hohen Mauern und Stacheldraht, wurden jüdische Männer, Frauen und Kinder gefangen gehalten und schließlich in die deutschen Vernichtungslager deportiert, die sich überwiegend im heutigen Polen befanden.

Nur sehr wenige kehrten zurück.

■

Doch natürlich waren auch in Frankreich die Kollaborateure in der Minderheit.

In fast jedem Winkel von Hitlers Reich sehnten sich die Menschen nach einem Frieden, der nicht im Schatten des Hakenkreuzes stand. Und in allen besetzten Gebieten gaben die Leute die Hoffnung nicht auf, den Aggressor irgendwann zu besiegen.

In Polen schlossen sich Tausende von Pfadfindern – Mädchen und Jungen – zu den »Grauen Reihen« zusammen. Abgeleitet vom Pfadfindergruß »Allzeit bereit« legten sie einen Eid ab, die Verschwiegenheit der Gruppe zu wahren, Anordnungen zu befolgen und »nicht zu zögern«, ihr »Leben aufs Spiel zu setzen«.

Jüngere Mitglieder der »Grauen Reihen« verteilten Flugblätter, die zum Widerstand aufriefen, rissen deutsche Fahnen herunter, schrieben patriotische Parolen auf Mauern und warfen Stinkbomben in deutschsprachige Kinos. Ältere Teenager sprengten Eisenbahnbrücken in die Luft, lockten deutsche Armeeeinheiten in einen Hinterhalt und töteten gar deutsche Offiziere.

Es war ein lebensgefährliches Unterfangen. Von ungefähr

fünfzehntausend polnischen Mädchen und Jungen, die den »Grauen Reihen« angehörten, wurden etwa fünftausend von den Nazis erschossen.

Unter den Mädchen war auch unsere Freundin Niusia Szewczykówna. Nachdem sie ihren Heimatort verlassen hatte, schloss sie sich den Pfadfindern an. Als sich die polnischen Partisanen im Warschauer Aufstand von 1944 gegen die deutsche Besatzung erhoben, leistete sie als Freiwillige Erste Hilfe und kümmerte sich um die verletzten Widerstandskämpfer.

Als die Nazis den Aufstand niederschlugen, wurde Niusia gefangen genommen und nach Deutschland gebracht. Doch sie hatte Glück im Unglück. Während viele polnische Jugendliche in Gefangenenlagern starben, überlebte sie und konnte später ihre Geschichte erzählen.

In Hitlers Reich war jede Art des Widerstands lebensgefährlich. Das Schreiben einer Parole an die Wand konnte, unabhängig vom Alter, den Tod bedeuten.

Wer hätte das nicht besser gewusst als die Frau, die das größte Agentennetzwerk des französischen Widerstands leitete, Marie-Madeleine Fourcade – Codename: »Igel«.

■

Jung, elegant und glamourös, sah Marie-Madeleine Fourcade ganz und gar nicht wie eine Geheimagentin aus. Und genau das war ihr Erfolgsrezept.

Als Frankreich von Deutschland besetzt wurde, war Marie-

Madeleine 30 Jahre alt. Reich und auf Unabhängigkeit bedacht, hatte sie nicht nur den Führerschein, sondern auch den Flugschein gemacht und arbeitete als Produzentin fürs Radio – alles sehr ungewöhnlich für eine junge Frau in dieser Zeit.

Sie war geschockt vom Verrat Marschall Pétains und setzte alles daran, sich für den Widerstand zu engagieren. Im Sommer 1940 schloss sie sich der Alliance an, einer Gruppe, die das Vichy-Regime ausspionierte und ihre Erkenntnisse an den britischen Geheimdienst weitergab. Die Gruppe war vom ehemaligen Geheimdienstoffizier Georges Loustaunau-Lacau gegründet worden. Da dieser jedoch fürchtete, von Pétains Leuten enttarnt zu werden, drängte er Marie-Madeleine, das Netzwerk selbst zu leiten.

Sie wunderte sich darüber und fragte sich, ob eine Gruppe mit Hunderten, wenn nicht Tausenden von Mitgliedern Anweisungen von einer Frau akzeptieren würde.

Doch Loustaunau-Lacau sah diesbezüglich keine Probleme. Außerdem würde sie als Frau nicht so schnell verdächtigt werden. Wenn sie sich der Aufgabe jedoch nicht gewachsen fühle, fügte er hinzu, würde er schon jemand anders finden.

Er wusste, dass Marie-Madeleine zu stolz war, um sein Angebot abzulehnen. Sie sagte Ja.

Loustaunau-Lacau war sich seiner Sache vollkommen sicher. Er wusste, dass Marie-Madeleine »das Gedächtnis eines Elefanten, die Schläue eines Fuchses, die List einer Schlange, die Beharrlichkeit eines Maulwurfs und die Wildheit eines Panthers« besaß.

Doch war es ein ganz anderes Tier, das für ihren Codenamen »Igel« Pate stehen sollte. »Wenn sich ein Igel zusammenrollt«, hatte einer ihrer Mitverschworenen festgestellt, »dann wird er zu einem so widerstandsfähigen kleinen Tier, dass es sogar vor dem Biss eines Löwen sicher ist.«

Im Frühjahr 1941 fuhr Marie-Madeleine unermüdlich durch das ganze Land, um Informationen von Hunderten von Agenten über deutsche Züge, Truppenbewegungen, Schiffe und U-Boote einzuziehen. Sie gab diese Nachrichten an Funker und Kuriere weiter, die sie dem Geheimdienst in London zuspielten.

Natürlich ein hochriskantes Unterfangen, bei dem die Alliance jederzeit Gefahr lief, von der deutschen Geheimpolizei, der gefürchteten Gestapo, enttarnt zu werden.

Im Herbst 1941 wurde sie von Pétains Leuten in einem Ort namens Pau nahe der spanischen Grenze aufgespürt. Jetzt blieb ihr nichts anderes übrig, als sich rasch nach Spanien abzusetzen. Aber wie sollte sie das anstellen?

Doch auch in diesem Fall fiel ihr eine Lösung ein. Sie zog sich bis auf die Unterwäsche aus und versteckte sich in einem Postsack. Dann wurde der Sack von einem ihrer Verbündeten zugebunden und auf einen Zug in Richtung Spanien verladen, als wäre sie ein riesiges Postpaket.

Nachdem sie die nächsten neun Stunden zusammengekrümmt und unter qualvollen Schmerzen verbracht hatte, wurde der Postsack geöffnet. Es war ihre Kontaktperson, die erleichtert lächelte. Sie reichte ihr eine Flasche Kognak, worauf sich

Marie-Madeleine nicht lange bitten ließ und einen tiefen Schluck nahm.

Auch bei anderen Gelegenheiten konnte sie ihren Kopf im letzten Moment aus der Schlinge ziehen. In Marseille befand sie sich in einem Haus, das von der Polizei durchsucht wurde. Geistesgegenwärtig zerknüllte sie ein Dokument, das sie verraten hätte, und schluckte es gerade noch rechtzeitig herunter.

Sie wurde festgenommen, doch befanden sich auch in den Reihen der Polizei Informanten der Alliance. So gelang es den Widerstandskämpfern, den Polizeitransporter in einen Hinterhalt zu locken, die Bewacher zu überwältigen und Marie-Madeleine zu befreien.

Viele hätten sich nach diesen Erlebnissen zurückgezogen, aber so etwas lag ihr nicht. Sie sei schließlich nicht »irgendeine Frau«, wie einer ihrer Agenten bemerkte, sondern eine »echte Anführerin«.

Inzwischen versuchte die Gestapo alles, um sie zu schnappen. Zweimal konnte sich die »Igelin« aus ihren Fängen befreien. So war es ihren Agenten weiterhin möglich, den britischen Geheimdienst mit streng geheimen Informationen zu versorgen, darunter Details über die neueste Wunderwaffe der Nazis, die V2-Langstreckenrakete.

Im Juli 1944 war ihre Glückssträhne beendet. Sie befand sich im Haus eines Freundes im südfranzösischen Aix-en-Provence, als die Haustür aufgebrochen wurde und ein Dutzend deutsche Soldaten mit Maschinengewehren hereinstürmte.

Sie hatten es auf ihren Freund abgesehen und schienen zunächst geneigt zu sein, sie laufen zu lassen. Doch dann entdeckte einer der Soldaten unter dem Sofa einen Stapel von Blättern mit verschlüsselten Botschaften. In diesem Moment rutschte ihr das Herz in die Hose. War dies das Ende? Würde sie an Ort und Stelle erschossen werden?

Die Gestapo nahm sie in ein Armeegebäude mit, um sie zu befragen – aus Sicht der Deutschen ein Fehler, wie sich erweisen sollte.

In ihrer winzigen Gefängniszelle dachte Marie-Madeleine fieberhaft über einen Ausweg nach und untersuchte die Gitterstäbe ihrer Fensteröffnung, in der sich keine Scheibe befand. Kaum ein Mann hätte dort hindurchgepasst, aber eine schmale junge Frau vielleicht schon.

Sie wartete bis nach Mitternacht, zog ihr Kleid aus und zwängte sich, während ihre Bewacher schliefen, durch die Gitterstäbe. Dass ihr nackter Körper schweißnass war, machte es ein wenig einfacher.

Als sie auf den Boden sprang, rief ein Wachposten: »Ist da wer?«

Marie-Madeleine lag flach auf dem Boden, als der Kegel einer Taschenlampe über ihren Kopf schweifte. Dann schlang sie ihr Kleid um sich und lief.

Hinter sich hörte sie Hundegebell und Sirenen, doch die Gestapo kam zu spät.

Sie hatten die »Igelin« in ihrer Gewalt gehabt und entkommen lassen. Eine neue Gelegenheit sollte sich ihnen nicht mehr bieten.

■

Marie-Madeleine Fourcade erlebte das Ende des Krieges. Obwohl sie sich permanent im Untergrund bewegt hatte, kam sie mit dem Leben davon und wurde eine der größten Kriegsheldinnen ihres Landes.

Verglichen mit den Abenteuern von Airey Neave und Tony Luteyn, denen die Flucht aus einem der am strengsten bewachten Gefangenenlager des Dritten Reichs gelang, nimmt sich ihre eigene Flucht jedoch fast unkompliziert aus.

Während der Schlacht von Dunkerque gerieten Zehntausende britische Soldaten in deutsche Kriegsgefangenschaft. Zusammen mit unzähligen Franzosen, Niederländern, Belgiern und Polen wurden sie in Lager gesperrt, wo sie in der Regel der sichere Tod erwartete.

Viele Gefangene empfanden eine Flucht nahezu als patriotische Pflicht. Doch das war leichter gesagt als getan, schließlich mussten sie zuvor Wachhunde, Zäune und Stacheldraht überwinden, ganz zu schweigen von den bewaffneten Wächtern.

Eines dieser Lager hatte sich einen Ruf als uneinnehmbare Festung erworben, aus der es kein Entrinnen gab.

Schloss Colditz ist ein mittelalterliches Schloss in der Stadt Colditz bei Leipzig mit etwa dreißig Meter hohen Mauern. Nach

Ausbruch des Krieges war es zu einem Hochsicherheitslager für Offiziere umgebaut worden, die als besonders gefährlich galten. Hierhin kam im Mai 1941 auch der junge britische Soldat Airey Neave.

Der Sohn eines Naturwissenschaftlers war während der Straßenkämpfe nahe Dunkerque verwundet worden und dem Feind in die Hände gefallen. Nach einem missglückten Fluchtversuch wurde er ins Sonderlager Colditz überstellt.

Trotz seines Furcht einflößenden Rufs waren die Gefangenen auf Schloss Colditz weitgehend sich selbst überlassen. Es gab Musikstunden und Sprachkurse; außerdem spielten die Häftlinge eine eigene, sehr rüde Art Fußball mit dreißig Spielern pro Mannschaft, bei der es ziemlich zur Sache ging.

Fluchtgedanken gab es zuhauf und im Winter ergab sich eine Gelegenheit.

Da es im Schloss auch eine Theaterbühne gab, planten die Häftlinge zu Weihnachten eine kleine Aufführung. Während der Proben entdeckten sie eine Falltür, die zu den Räumen der Wachmannschaft führte.

Es wurden also zwei Freiwillige gesucht, die einen Ausbruch wagen sollten. Der eine war der niederländische Leutnant Tony Luteyn, der fließend Deutsch sprach und sich als deutscher Soldat ausgeben konnte. Beim anderen handelte es sich um Airey Neave.

So trafen sie ihre Vorbereitungen. Neave trieb einen langen Mantel auf, den sie mit großer Sorgfalt zu einem deutschen Armeemantel inklusive silberner Schulterklappen umarbeiteten.

Am 5. Januar 1942, in einer eiskalten, stürmischen Nacht, waren sie bereit. Nach dem abendlichen Zählappell verschafften sich Neave und Luteyn mit zwei Kameraden Zugang zum Theater. Im Dunkeln lösten sie zwei Fußbodenbretter und seilten sich mithilfe aneinandergeknoteter Bettlaken zu einem Korridor ab, an dessen Ende sich eine Tür befand.

Sie war verschlossen.

Doch es war noch nichts verloren, denn einer ihrer Kameraden hatte einen selbst angefertigten Dietrich dabei. Langsam und geduldig führte er ihn in das Türschloss ein und hoffte auf das entscheidende Klicken, das die Tür entsperren würde.

Die Minuten verstrichen, ohne dass sie Erfolg hatten.

Fünf Minuten, sechs …

Immer noch kein Klicken. Sieben, acht …

Sie hielten den Atem an. Neun, zehn, elf …

Schließlich hörten sie das erlösende Geräusch. Die Tür schwang auf.

Die vier Männer schüttelten sich die Hände. »Viel Glück«, flüsterten sie. Dann schlichen Neave und Luteyn mit eingezogenen Köpfen durch die niedrige Tür und fanden sich unmittelbar über der Wachstube wieder. Von unten hörten sie laute Radiomusik, die ihre Schritte auf der Treppe übertönte.

Als sie schließlich an der Wachstube vorbeigingen, nahm niemand Notiz von ihnen. Im nächsten Moment waren sie draußen und stapften durch den Schnee – wie zwei Nazi-Offiziere, die ein wenig frische Luft schnappen wollten.

Sie passierten nacheinander zwei Wachposten, schritten unter einem Torbogen hindurch, am Glockenturm vorbei, und gingen einen Trampelpfad entlang, der zum Burggraben führte. Plötzlich kam ihnen ein weiterer Wachposten mit strengem Blick entgegen. Luteyn dachte fieberhaft nach. Dann schnauzte er den Wachmann auf Deutsch an: Warum er nicht gegrüßt habe?

Der Mann salutierte sofort. Dann eilten sie an ihm vorbei. Kurz darauf kletterten sie über eine niedrige Mauer und befanden sich auf freiem Feld.

Sie hatten es geschafft. Vorerst.

Denn der schwierigste Teil ihrer Flucht lag noch vor ihnen. Sie waren zwar aus dem Schloss entkommen, befanden sich aber mitten in Deutschland, Hunderte Kilometer von zu Hause entfernt, hatten fast kein Geld, nur gefälschte Papier und ein bisschen Schokolade.

Sie wollten sich in südwestlicher Richtung bis zur Schweizer Grenze durchschlagen. Da die Schweiz im Krieg neutral geblieben war, wären sie dort auf der sicheren Seite.

Sie zogen ihre gefälschten Uniformen aus, schlüpften in Arbeitsanzüge und stapften bei Eiseskälte der nächsten Bahnstation entgegen, die über zehn Kilometer entfernt lag. Zwar froren sie jämmerlich, doch es gelang ihnen.

Sie nahmen den nächsten Zug nach Leipzig, wo sie lange warten mussten, bevor sie umsteigen konnten. In der Wartehalle wurden sie von einer Frau angestarrt, während sie die Schokolade runterschlangen.

Im Zug nach Ulm schöpfte ein Schaffner Verdacht und rief die Polizei. Luteyn erzählte dem Beamten, sie seien »holländische Straßenarbeiter auf einem Ausflug zu den Alpen, weil sie noch nie die Berge gesehen hätten«.

Der Polizist lächelte verständnisvoll. Auch er sei mal jung gewesen, entgegnete er. Ihr Verhalten sei zwar nicht zu billigen, aber er wolle mal ein Auge zudrücken.

Der nächste ratternde Zug brachte sie bis auf zwanzig Kilometer an die Schweizer Grenze heran, doch sie wussten, dass sie die letzte Etappe zu Fuß zurücklegen mussten, im Schutze der Nacht über Felder und durch Wälder.

Es lag hoher Schnee. Neave erinnerte sich, dass der Weg durch den Wald »steil angestiegen war, mit hohen Schneewehen auf beiden Seiten«.

Unermüdlich kämpften sie sich vorwärts. Es war stockdunkel und bitterkalt. Irgendwann begegneten sie zwei Holzfällern und mussten schnell das Weite suchen. Erschöpft und verfroren schliefen sie viele Stunden in einer Hütte.

Als sie erwachten, war es Nachmittag. Im Schutze der Abenddämmerung setzten sie ihren Weg fort und gruben sich mit kleinen Schaufeln ihren Weg frei. Nach ein paar Stunden begegneten sie zwei Teenagern in den Uniformen der Hitlerjugend.

Die Jungen erklärten, sie sollten nach zwei entflohenen Strafgefangenen suchen, die die Grenze überqueren wollten. »Die werden nicht weit kommen«, entgegnete Luteyn lachend. »Für geflohene Sträflinge ist es viel zu kalt.«

Die Jungen zögerten. Mit angehaltenem Atem studierte Neave ihre Mienen. Falls die Jungen sie angriffen, blieb ihnen nichts anderes übrig, als sie mit ihren Schaufeln zu töten.

Schließlich zuckten die Jungen die Schultern und gingen weiter – Neave fiel ein Stein vom Herzen.

Um 2 Uhr nachts zogen sich Luteyn und Neave in unmittelbarer Nähe zur Schweizer Grenze in einen Graben zurück. Auf der Straße am Grenzübergang patrouillierte ein Soldat.

Die Freiheit lag nur noch wenige Meter entfernt. Falls jetzt noch etwas schiefging, waren all ihre Mühen umsonst gewesen.

Sie warteten etwa eine Stunde lang, aßen den Rest ihrer Schokolade, zitterten in der kalten Nachtluft. Sie waren erschöpft, durchgefroren und halb verhungert.

»Wollen wir?«, flüsterte Luteyn.

Neave nickte. »Jetzt oder nie.«

So mobilisierten sie ihre letzten Reserven und setzten sich wieder in Bewegung.

Meter für Meter, mit klappernden Zähnen und schmerzenden Muskeln, stapften sie durch den Schnee. Sie lauschten unablässig, ob sie irgendwo erregte Stimmen oder schnelle Schritte hörten, womöglich auch Gewehrschüsse, die verrieten, dass man sie entdeckt hatte.

Doch nichts dergleichen geschah.

Kurz darauf taumelten sie in ein Schweizer Dorf und erzählten dem Grenzbeamten, sie seien aus dem deutschen Hochsicherheitslager Colditz geflohen.

Der Mann starrte sie ungläubig an, dann wurde sein Gesicht von einem breiten Lächeln auseinandergezogen. Später erinnerte sich Neave, dass sie sich an den Händen gehalten hatten und zusammen durch den Schnee getanzt waren. »Dabei sprangen wir mal nach rechts, mal nach links. Unser Jubel hallte über die ganze Straße.«

Unbewaffnet und vollkommen auf sich allein gestellt, war ihnen die Flucht aus dem ausbruchssichersten Gefängnis im Dritten Reich gelungen. Sie hatten es geschafft.

Es war der glücklichste Moment ihres Lebens.

9

Unternehmen Barbarossa

Moskau, Samstag, 21. Juni 1941: ein warmer, sonniger Tag. Das Schuljahr war gerade zu Ende gegangen, die Sonne glitzerte auf den goldenen Kirchtürmen, die Hauptstadt der Sowjetunion war in Ferienlaune.

Doch im Kreml, der mittelalterlichen Zitadelle im Herzen der Stadt, war die Stimmung angespannt. Seit Tagen wurden seltsame Vorgänge an der Westgrenze gemeldet.

In den Birkenwäldern des Grenzgebiets hatten die Wachposten rollende Panzer auf der deutschen Seite erblickt, manche hatten auch beobachtet, wie provisorische Brücken errichtet und Stacheldrahtzäune entfernt wurden, als würde für irgendjemanden der Weg frei gemacht.

In seinem Arbeitszimmer im Kreml studierte Stalin die jüngsten Berichte. Seinen Spionen war ein deutsches Notizbuch in die Hände gefallen, in dem die russischen Ausdrücke für »Gib auf!«, »Hände hoch!« und »Sonst schieße ich!« standen.

Und aus der nördlich gelegenen Hafenstadt Riga kamen weitere beunruhigende Nachrichten. Etwa zwanzig deutsche Schiffe hätten gerade von dort abgelegt, man wisse nicht, zu welchem Zweck.

Stalin kam dies alles sehr vertraut vor, hatte er doch den Großteil seines Lebens in der Welt der Spione, der Lügen und Geheimhaltung verbracht.

Als unumschränkter Alleinherrscher der Sowjetunion hatte er seit den 1920er-Jahren ständig Gerüchte von angeblich geplanten Invasionen und Rebellionen gehört. Als seine Generäle ihn also fragten, ob die Rote Armee nicht in Alarmbereitschaft versetzt werden sollte, schüttelte Stalin den Kopf.

»Die Deutschen wären Narren, würden sie uns angreifen«, erklärte er mit Bestimmtheit. Erst vor zwei Jahren habe er den Nichtangriffspakt mit Deutschland geschlossen, und Hitler wäre niemals so leichtsinnig, Russland auf eigene Faust anzugreifen.

Als es Abend wurde, stand die Sonne immer noch hoch am Himmel. Es war die Sommersonnenwende, der längste Tag des Jahres.

Eine weitere Meldung lief ein: Ein Mann sei durch den Bug geschwommen, den Grenzfluss zwischen Deutschland und Russland, der einst auf polnischem Territorium gelegen hatte. Angeblich ein deutscher Soldat, der von einer in den Morgenstunden bevorstehenden Invasion berichtete.

Im Kreml lief Stalin unruhig auf und ab. Erneut fragten die Generäle, ob sie ihre Streitkräfte nicht alarmieren sollten. Nun gut, sagte Stalin schließlich, doch sie sollten alles unterlassen, was den Deutschen einen Anlass zum Losschlagen geben könnte.

Stalin wartete ab. »Ich denke, Hitler will uns provozieren«, äußerte er. »Aber ich glaube nicht, dass er sich schon zum Krieg entschieden hat.«

Nach Mitternacht fuhr er mit seinen Gefolgsleuten auf seine Datscha, die nur eine halbe Stunde vom Kreml entfernt lag. Dort nahmen sie ein spätes Abendessen zu sich und schauten einen Spielfilm an.

Um 2 Uhr fuhren seine Gefolgsleute nach Hause. Stalin legte sich schlafen.

Zwei Stunden später begann der deutsche Angriff.

■

Hitler hatte lange Zeit von einem Großreich im Osten geträumt. Die Eroberung der Sowjetunion war von Anfang an Bestandteil seiner Pläne gewesen – zum einen, um den Kommunismus zu zerstören, zum anderen, um neuen »Lebensraum« im Osten zu erschließen.

Der Deal mit Stalin hatte nur dazu dienen sollen, ihm die nötige Zeit zu verschaffen, um zunächst die anderen Feinde zu besiegen. Sobald sich Frankreich ergeben habe, teilte er seinem Generalstab mit, sei Russland an der Reihe.

Denn wenn Russland erst einmal besiegt sei, so erklärte er, würde Großbritannien begreifen, dass Deutschland unbesiegbar war. Die Briten würden klein beigeben, während die mit Deutschland verbündeten Japaner sich um den einzig verbliebenen Gegner kümmerten, die Amerikaner. Mit Russlands gewaltigen Bodenschätzen im Rücken würde Deutschland die Welt beherrschen.

Einige seiner Generäle hatten gewisse Zweifel. Doch nach Hitlers Erfolgen im Westen wollte sich niemand mit ihm anlegen. Außerdem hatten sie seit Beginn des Jahres ihren Plan für eine große dreigleisige Operation abgeschlossen. Codename: Unternehmen »Barbarossa«. Dieser Name ging auf Kaiser Friedrich I. zurück, der im 12. Jahrhundert das »Heilige Römische Reich Deutscher Nation« beherrscht hatte und »Barbarossa« (italienisch für »Rotbart«) genannt worden war.

Eigentlich hatte der Angriff schon am 15. Mai erfolgen sollen, um genug Zeit bis zum nächsten harten russischen Winter zu haben. Doch die Operation hatte aus mehreren Gründen verschoben werden müssen: Mussolini hatte zum Ärger Hitlers bei seinen Feldzügen in Griechenland und Nordafrika Unterstützung benötigt. Zudem erschwerte das schlechte Wetter Hitlers eigene Kriegsvorbereitungen. So dauerte es länger als erwartet, bis seine Divisionen zum großen Marsch nach Osten bereitstanden.

Doch Hitler träumte bereits von einem riesigen Reich, das sich von den eisigen Regionen des Polarkreises bis zu den heißen Steppen im Süden Russlands erstreckte.

Deutsche Siedler sollten großzügige Höfe erhalten, während für die Statthalter luxuriöse Paläste geplant waren. Herrliche neue Städte würden einst durch große, schnelle Autobahnen miteinander verbunden sein.

Alle Spuren der russischen Geschichte sollten komplett ausgelöscht werden. Die großen Metropolen Moskau und Leningrad würden abgeschottet, in die Luft gesprengt und »vom Erdboden getilgt« werden.

Die russische Bevölkerung – für Hitler ebenfalls »Untermenschen« – sollte versklavt, getötet oder nach Sibirien vertrieben werden.

Hitlers skrupellose Fantasien waren grenzenlos. Kein Herrscher hatte jemals davon geträumt, so viele Menschen zu ermorden, so viele Städte zu zerstören und einen ganzen Kontinent zu seinem Spielplatz zu machen.

Dennoch betrachteten ihn viele Deutsche als ihren Heilsbringer, den das Schicksal ausersehen hatte, Deutschland in eine ruhmreiche Zukunft zu führen. Sie hielten ihn für unfehlbar.

Und als Hitler den deutschen Generalstab im Frühjahr 1941 in seine blutrünstigen Pläne einweihte, widersprach niemand. Der Krieg, da stimmten sie zu, müsse mit unbarmherziger Grausamkeit geführt werden. Männer, Frauen und Kinder mussten sich gleichermaßen ihrem Diktat beugen.

Ziel des Unternehmens, schrieb ein Panzerkommandant, sei »die Zerstörung des heutigen Russlands« – deshalb müsse sie mit »beispielloser Härte« vorangetrieben werden. Jede einzelne Entscheidung müsse vom »eisernen Willen getragen werden, den Feind »endgültig und komplett auszulöschen«.

Alles war bereit. An der deutschen Ostgrenze wartete die größte Armee aller Zeiten auf ihren Einsatz.

Am Morgen des 22. Juni 1941 kam der Befehl. Es war 3.15 Uhr und die Russen schliefen noch.

■

Stalin wurde vom Läuten des Telefons aus dem Schlaf gerissen. Seine Generäle versuchten schon seit einer halben Stunde, ihn zu erreichen. Doch bisher hatten sich seine Leute geweigert, die bisherigen Anrufe zu ihm durchzustellen.

Schließlich gelang es dem vor Aufregung brüllenden General Georgi Schukow, ihn zu sprechen. Vor Müdigkeit blinzelnd, nahm Stalin den Hörer ab.

Die Deutschen bombardierten die Flottenstützpunkte am Schwarzen Meer und griffen die baltischen Seehäfen an, berichtete Schukow. Sie hätten die Grenze gestürmt, die Wachposten getötet und die Brücken besetzt. Deutsche Panzer stießen weiter ins Sowjetreich vor. Russische Soldaten würden überall hingemetzelt. Deutsche Bomber hätten in mehreren Angriffswellen die Städte Vilnius und Sebastopol in Brand gesteckt.

Stalin schwieg. Für eine Weile hörte Schukow nur seinen schweren Atem.

»Genosse Stalin ... hast du gehört, was ich gesagt habe?«, fragte Schukow.

Stalin sagte, er solle ihn im Kreml treffen. Dann legte er auf.

Um kurz vor 6 Uhr kamen die Generäle in Stalins Arbeitszimmer zusammen. Das Gesicht des Diktators war aschfahl, seine Stimme nur ein Murmeln. Bis jetzt hatte er gedacht, dass die

Deutschen ihn nur provozieren wollten. Vielleicht sei ja alles ohne Hitlers Einverständnis geschehen, mutmaßte er.

Doch von der Front kamen neue Nachrichten. Deutschland hatte Russland tatsächlich den Krieg erklärt. Stalin wirkte konsterniert, konnte es nicht glauben.

Im Westen waren bereits drei Millionen deutsche und eine weitere Million italienische, finnische, ungarische und rumänische Soldaten über die Grenze gestürmt, was auch bedeutete: mehr als dreitausend Panzer, siebentausend schwere Waffen, zweitausend Flugzeuge und eine halbe Million Pferde.

Die schiere Größe und Geschwindigkeit des Angriffs sprengte jede Vorstellungskraft. Nach nur fünf Tagen hatten die deutschen Truppen über 300 Kilometer zurückgelegt, 300.000 Russen eingeschlossen, Tausende von Flugzeugen und über 2000 sowjetische Panzer zerstört.

Auf russischer Seite machte sich Panik breit. Viele Soldaten warfen ihre Waffen hin und flohen Hals über Kopf.

Einer der Offiziere berichtete von einer russischen Einheit, die soeben von deutschen Flugzeugen angegriffen worden war. Es habe Hunderte und Aberhunderte Tote gegeben, und er habe mit eigenen Augen gesehen, wie ein russischer General in tadelloser Uniform an einer Straßenkreuzung gestanden habe, während seine Männer »in alle Richtungen geflohen« seien.

Wenige Tage später sahen Stalin und seine Generäle im Kreml die deutsche Wochenschau, nachdem russischen Soldaten eine Filmspule mit dieser Nachrichtensendung in die Hände gefallen war. Als der Übersetzer sagte, wie viele Russen bisher getötet und in Gefangenschaft geraten waren, schnappten die Anwesenden kollektiv nach Luft. »Stalin hatte es die Sprache verschlagen.«

Doch wusste Stalin bisher noch nichts von der unvorstellbaren Grausamkeit des deutschen Angriffs. So wie Hitler befohlen hatte, zeigten seine Männer keine Gnade.

Binnen weniger Wochen hatten Hunderttausende ihr Leben lassen müssen – nicht nur russische Soldaten, sondern auch Juden, Sinti und Roma, normale Bürger. Und so unglaublich es auch klingen mag: Viele Deutsche waren absolut überzeugt davon, das Richtige zu tun.

In den Augen der Nazis handelte es sich bei den Opfern um »Untermenschen«, um »lebensunwertes Leben«. Und vielen jungen Soldaten, die nichts als Hitlers Lügen kannten, wäre es nicht im Traum eingefallen, einen Befehl ihrer Vorgesetzten infrage zu stellen.

Der Krieg, erinnerte sich einer von ihnen, sei »ein großes Abenteuer« gewesen. Außerdem habe er fest daran geglaubt, der Menschheit einen Dienst zu erweisen, indem er die »minderwertigen Rassen« bekämpft habe.

Die deutsche Kriegsmaschinerie arbeite unaufhaltsam weiter. Mitte Juli hatten die Truppen damit begonnen, Russlands zweitgrößte Stadt, Leningrad (das heutige St. Petersburg), einzukesseln. Ende August war die letzte Bahnlinie unterbrochen worden. Am 8. September war die Stadt vollkommen von ihrer Umwelt abgeschnitten.

Hitler gab den Befehl aus, auf einen Straßenkampf zu verzichten. Der sei es »nicht wert, das Leben unserer Truppen zu riskieren«, sagte er. Die Bevölkerung Leningrads werde so oder so sterben, man müsse die Stadt nur weiter bombardieren, ihre Wasserreserven abschneiden und der Bevölkerung alles vorenthalten, was sie zum Überleben brauchte.

Die Leningrader hungerten, als der klirrend kalte Winter kam. In ihrer Verzweiflung kochten die Menschen ihre Lederschuhe und -gürtel, kratzten den Leim von den Tapeten und das Fett von den Fabrikmaschinen, um sich irgendwie den Bauch zu füllen.

Sie aßen Hunde und Katzen, sogar Ratten. Es kam auch zu Fällen von Kannibalismus, doch in der Regel erst, nachdem ein Mensch an Hunger und Kälte gestorben war.

Hunderttausende starben, ihre Leichen stapelten sich in den schneebedeckten Straßen. Die Überlebenden klammerten sich weiterhin an die Hoffnung, dass ihre Stadt wie durch ein Wunder gerettet würde.

Für Hitler war der Sieg nur eine Frage der Zeit. »Wir müssen einfach weitermachen«, schrieb ein junger Soldat, »denn es ist unsere Pflicht, die Welt von der kommunistischen Krankheit zu befreien. Eines Tages, vielleicht erst in vielen Jahren, wird die Welt den Deutschen und ihrem geliebten Führer für ihre Siege hier in Russland dankbar sein.«

Das Überleben der gesamten Sowjetunion hing an einem seidenen Faden. Im nächsten Herbst wandten sich die Deutschen dem Herz des russischen Imperiums zu – Moskau.

■

In Stalins Hauptstadt war man der Panik nahe. Und als der Sommer zur Neige ging und es zusehends stürmischer wurde, strömten Tausende Flüchtlinge in die Stadt und brachten grauenvolle Berichte von der deutschen Barbarei mit.

Als Hitlers Armeen sich Moskau näherten, brachen Recht und Ordnung allmählich zusammen. Die Bahnhöfe waren voller Leute, die aus der Stadt flohen – jammernde Mütter, weinende Kinder und vor Kälte bibbernde Obdachlose.

Auf dem Roten Platz, unterhalb der Mauern des Kremls, war bereits das Donnern der deutschen Waffen zu hören. Überall brannten offene Feuer, in denen Stalins Gefolgsleute geheime Dokumente verbrannten.

Die Polizisten waren verschwunden, die Lebensmittelgeschäfte leer. Kriminelle Banden machten die Straßen unsicher. Wenn die Leute sahen, dass der Inhaber eines Milchladens die Stadt verlassen wollte, gingen sie mit den Fäusten auf ihn los.

Einige von Stalins Gefolgsleuten verloren die Nerven und drängten ihn zur Flucht. Insgeheim wurde seine persönliche Habe mitsamt seinen Büchern schon auf einen Sonderzug verladen.

Währenddessen schritt Stalin gedankenverloren die Wehrgänge des Kremls auf und ab. Er hatte ein Buch über den furchtbarsten Gewaltherrscher in der russischen Geschichte gelesen – über Iwan den Schrecklichen. »Wir werden überstehen«, schrieb er an den Rand.

In der Nacht auf den 18. Oktober diskutierte er mit seinen Gefolgsleuten, ob sie die Stadt verlassen sollten oder nicht. Dann betrat seine Haushälterin, Valentina Vasilevna Istomia, die vom Land stammte, den Raum.

»Valentina Vasilevna«, fragte Stalin plötzlich, »bereitest du dich darauf vor, Moskau zu verlassen?«

»Nein, Genosse Stalin«, antwortete sie. »Moskau ist unsere Mutter und unser Zuhause und sollte verteidigt werden.«

Stalin nickte. Ein paar Minuten später gab er Befehl, den Sonderzug mit seiner persönlichen Habe wieder zu entladen. »Keine Evakuierung!«, beschloss er. »Wir bleiben hier bis zum Sieg.«

In den nächsten Tagen wurden Zehntausende für die Armee rekrutiert, um die Hauptstadt zu verteidigen. Hunderttausende Frauen hoben Gräben aus, um Hitlers Panzer zu stoppen.

Stalin selbst reagierte wie immer mit größter Kälte und Entschlossenheit. Wenn die Deutschen »einen Vernichtungskrieg« wollten, drohte er, »sollen sie ihn haben«.

Ein Truppenrückzug kam nicht infrage. Die Offiziere der Roten Armee wurden angewiesen, jeden zu erschießen, der zögerte, zurückfiel oder davonlief.

Auch Stalin war ein skrupelloser Diktator, jedoch viel gerissener und geschickter als Hitler. Und er wusste, dass er die russische Bevölkerung am besten hinter sich vereinen konnte, wenn er an ihre tiefe Liebe zu ihrem Mutterland appellierte.

In seinen Reden sprach er sie als »Genossen, Bürger, Brüder

und Schwestern« an und forderte sie auf, für ihre Heimat und ihre Freunde zu kämpfen – und es funktionierte.

In den Kinos brach das Publikum in Applaus aus, wenn Stalin auf der Leinwand erschien. Junge Soldaten schrieben, sie seien glücklich, für ihr geliebtes »Mütterchen Russland« sterben zu dürfen.

Und wegen der Grausamkeit der deutschen Armee waren auch normale russische Bürger entschlossen, sie aufzuhalten.

Am Anfang des Krieges schrieb die 12-jährige Manya Slesarev an ihren Vater Vasily, der in der russischen Armee diente. Sie hatte schreckliche Nachrichten. Die Deutschen hatten ihr Dorf überfallen und ihr Haus angezündet. Außerdem war ihr Bruder Valik schwer krank geworden, während sie sich versteckten.

»Papa, unser Valik ist gestorben und liegt jetzt auf dem Friedhof«, schrieb Manya. »Die deutschen Ungeheuer haben alles in Brand gesteckt … viele Leute sind getötet worden, auch in den anderen Dörfern. Man kann diese blutdürstigen Ungeheuer gar nicht als Menschen bezeichnen, sie sind nur Räuber und trinken Blut.«

»Bring den Feind um, Papa!«

■

Während die Russen ihren Kampfgeist wiederfanden, beschlich die Deutschen der erste Zweifel.

Bisher hatten sie zahlreiche Armeen zerschmettert, große Territorien in Besitz genommen und Millionen Gefangene gemacht.

Doch die Sowjetunion war das größte Land der Erde, hatte 200 Millionen Einwohner und ersteckte sich von West nach Ost über fast 10.000 Kilometer.

Ganz gleich, wie weit die Deutschen Panzer schon in das riesige Reich vorgedrungen waren, sie hatten noch eine enorme Strecke vor sich. Und ungeachtet der vielen Russen, die bereits getötet worden waren, mussten noch Millionen von ihnen bekämpft werden.

»Selbst wenn wir Moskau einnehmen«, schrieb ein deutscher Soldat nach Hause, »frage ich mich, wann dieser Krieg im Osten je ein Ende nehmen wird. Die Russen werden bis zum letzten Mann und bis zum letzten Quadratmeter ihres riesigen Reichs kämpfen.«

Inzwischen spielten Stalin zwei andere Entwicklungen in die Hände.

Im Herbst erreichte den Kreml eine vertrauliche Nachricht. Sie kam von Richard Sorge, Stalins Topspion in Japan.

Sorge hatte herausgefunden, dass die Japaner Russland nicht angreifen würden, wie Stalin befürchtet hatte. Stattdessen wollte sich Japan nach Süden wenden und die westlichen Kolonien in Asien ins Auge fassen.

Für Stalin war Sorges Nachricht ein Geschenk des Himmels. Wenn im Osten keine Gefahr bestand, von japanischen Truppen angegriffen zu werden, konnte er Hunderttausende Soldaten von dort abkommandieren, um die Verteidigung der Hauptstadt zu verstärken.

Doch seine größte Waffe war etwas, das Russland im Laufe seiner Geschichte immer wieder gerettet hatte: das Wetter.

Der deutsche Vormarsch hatte sich schon verlangsamt, weil sich der Staub der primitiven Straßen und Wege auf die Panzer gelegt hatte. Mit Beginn des Oktobers war das Wetter umgeschlagen und schwere Unwetter fegten über Russland hinweg.

Der Regen verwandelte den feinen Staub in zähen Matsch. Zuerst blieben die Lastwagen stecken, dann die Panzer, und schließlich kamen ganze Kolonnen zum Stillstand.

»Wir stecken hier im Schlamm fest«, schrieb ein deutscher Offizier. »Die Fahrzeuge haben kein Benzin mehr, die Männer kein Brot und die Pferde kein Futter.«

Die Stürme tobten weiter, Schneeregen und Graupelschauer setzten ein. Vor Kälte zitternd, nass bis auf die Knochen und mit Schlamm bedeckt, verließ Hitlers Soldaten langsam der Mut. Dann kam der Schnee.

Als die Temperaturen unter den Gefrierpunkt fielen, gaben die Motoren der Panzer ihren Geist auf. Die deutschen Flugzeuge konnten nicht abheben, ihre Laster nicht starten, ihre Pferde steckten in Schneewehen fest. Sogar die Gewehre versagten den Dienst.

Auch die Soldaten selbst froren jämmerlich. Weil sie mit einer kurzen Sommeroffensive gerechnet hatten, fehlte es an richtigen Handschuhen und geeigneten Stiefeln.

Halb verhungert und erfroren, stahlen sie die Kleider der Dorfbevölkerung, rissen ihre Holzhäuser ab, um Brennholz zu haben, töteten und aßen ihre Pferde und entfernten sogar die Fußbodendielen, um nach versteckten Kartoffeln zu suchen.

Schließlich hatten sie sich Moskau bis auf dreißig Kilometer genähert, waren aber vollkommen ausgelaugt.

Dann startete General Schukow am 5. Dezember 1941 wie aus dem Nichts eine Gegenoffensive. Elf Tage lang griffen die Russen die erschöpften und verfrorenen deutschen Einheiten an und drängten sie immer weiter zurück. Jetzt war es an den Deutschen, ihre Panzer aufzugeben und um ihr Leben zu laufen.

Schließlich gelang es Hitlers Befehlshabern, das Blutvergießen zu stoppen und die Reihen zu schließen. Sie waren immer noch nicht weit von Moskau entfernt, hatten aber Tausende Männer und viele Kilometer eingebüßt.

In seinem weit im Osten des Deutschen Reiches liegenden Hauptquartier, der sogenannten Wolfsschanze, war Hitler außer sich vor Wut. Sechs Tage vor Weihnachten entließ er den Oberbefehlshaber des Heeres und ernannte sich selbst zu dessen Nachfolger.

Natürlich war der Krieg noch längst nicht vorbei. Die Deutschen waren tief in die Sowjetunion vorgedrungen und hielten Stalin immer noch ein Messer an die Kehle. Doch etwas hatte sich schon verändert. Obwohl sich Hitler seiner Sache so sicher gewesen war, stieß er immer noch auf erbitterten Widerstand. Vom leichten und schnellen Sieg, den er sich vorgestellt hatte, konnte keine Rede sein.

Viele der frierenden, hungernden Soldaten waren inzwischen

von Angst erfüllt. »Es hat uns in eine unwirtliche Landschaft verschlagen«, schrieb einer von ihnen. »Alles hier ist kalt und lebensfeindlich und arbeitet gegen uns.«

Auch im Generalstab hatten die Zweifel zugenommen. Ein Panzerkommandant hatte seiner Frau anvertraut, Hitler sei »zu weit gegangen« und hätte seine Armee »an den Rand des Abgrunds« geführt.

Im weit entfernten London lächelte Churchill zufrieden.

Ob die Deutschen sich darüber im Klaren seien oder nicht, so hätten sie eine »kolossale Niederlage« erlitten. Moskau war gerettet worden. Schritt für Schritt würden die Russen sie zurückdrängen und ihnen am Ende »das Herz brechen«.

Churchill war sich sicher, dass die Alliierten auf der Siegesstraße waren. »Die Zeiten haben sich geändert«, sagte er. »Gottes Finger ist mit uns.«

10

In der Hölle

Es war der Sommer 1942 und Anne Frank machte sich Sorgen.

Mit ihren dreizehn Jahren war sie ein schmales, dunkelhaariges Mädchen mit einem blassen, elfenhaften Gesicht, das aufleuchtete, wenn sie lächelte. Sie mochte Bücher und Süßigkeiten und Spiele und Tiere.

Mit ihren Freundinnen spielte sie gern Volleyball, außerdem hatten sie den Pingpong-Klub *Der kleine Bär minus zwei* gegründet. Sie redete viel in ihrer Klasse, zankte sich mit ihrer Schwester Margot und träumte davon, einen Hund namens Rin Tin Tin zu haben.

Sie war ein ganz normales Mädchen, das ihr Leben noch vor sich hatte. Doch am Horizont ballten sich bereits dunkle Wolken zusammen.

»Unsere ganze Klasse bibbert: Der Anlass ist natürlich die anstehende Lehrerkonferenz. Die halbe Klasse schließt Wetten über Versetzungen oder Sitzenbleiben ab«, schrieb Anne am 21. Juni in ihr Tagebuch.

Tagelang redeten sie über nichts anderes. »Du wirst es schon schaffen.« – »Werd ich nicht.« – »Wirst du schon.« Doch in ihrem Innern wusste Anne, dass es schon gut gehen würde. Das einzige Fach, das ihr Sorgen machte, war Mathe.

Die Ergebnisse wurden am 3. Juli bekannt gegeben. Zu ihrer Erleichterung hatte sie bestanden und ihre Eltern freuten sich mit ihr.

Doch waren sie zu dieser Zeit mit ganz anderen Dingen beschäftigt. Am selben Tag, als Anne im Tagebuch von ihrer Versetzung schrieb, berichtete sie von einem Gespräch mit ihrem Vater.

Die Franks waren Juden. Sie waren vor den Nazis aus Deutschland geflohen. 1933 war Otto Frank, Annes Vater, nach Holland gegangen, um alles vorzubereiten. 1934 waren Anne, ihre Schwester Margot und ihre Mutter Edith nachgekommen. So kam es, dass Anne den größten Teil ihres Lebens in Amsterdam verbracht hatte.

Doch seitdem auch die Niederlande von Deutschland besetzt waren, hatte sich die Situation der Familie kontinuierlich verschlechtert. Als Juden hatten die Franks ihre Fahrräder abgeben müssen und waren – wie auch die Juden in Deutschland und Frankreich – gezwungen, den gelben Davidstern an der Kleidung zu tragen. Einkaufen konnten sie nur zu bestimmten Zeiten. Sie durften weder ins Kino noch ins Theater gehen, auch Schwimmbadbesuche waren verboten, und Anne und Margot gingen auch nicht mehr mit christlichen Kindern gemeinsam zur Schule.

Jetzt vertraute Otto seiner Tochter an, dass er alles vorbereitet habe, damit sie sich verstecken könnten. »Wann denn, Vater?«, fragte Anne. Er klang so ernst, dass sie es mit der Angst bekam.

»Mach dir keine Sorgen«, entgegnete er.

Doch als Anne diese Worte am Nachmittag in ihr Tagebuch schrieb, änderte sich alles. Etwa um 15 Uhr klingelt es an der Tür. Kurz darauf kam ihre Mutter, bleich vor Schreck, in ihr Zimmer.

Annes Schwester Margot sollte sich an einer Sammelstelle einfinden, um von dort aus in ein Arbeitslager transportiert zu werden. Sie mussten also schnellstmöglich fliehen, wenn die Familie nicht auseinandergerissen werden sollte.

Atemlos vor Angst verstaute Anne ein paar wichtige Dinge in ihren Schulranzen, darunter Lockenwickler, Schulbücher und ihr geliebtes Tagebuch. Sie packte den ganzen Abend, taumelte schließlich ins Bett und schlief rasch ein.

Am frühen Morgen des 6. Juli eilten die Franks durch den strömenden Regen und trugen so viele Schichten Kleidung wie möglich am Körper. Sie waren unterwegs zur Prinsengracht 263, wo die Geschäftsräume von Otto Franks Gewürzhandlung lagen. Dort stiegen sie die Stufen zum ersten Stock hinauf und betraten eine kleine Wohnung, die hinter einem Treppenabsatz lag und deren Zugang von einem verschiebbaren Bücherregal verborgen wurde.

Dort stapelten sich schon die Kisten mit ihrer persönlichen Habe. »Mutter und Margot waren nicht imstande, einen Finger zu rühren«, schrieb Anne.

»Sie lagen auf den kahlen Betten, waren müde und schlapp und was weiß ich noch alles. Aber Vater und ich, die beiden Aufräumer in der Familie, wollten sofort anfangen. Wir räumten den ganzen

Tag hindurch Schachteln aus und Schränke ein, hämmerten und werkten, bis wir abends todmüde in die sauberen Betten fielen.«

Hier, in ihrem neuen Zuhause, waren sie in Sicherheit. Doch für wie lange?

■

Hitler hatte nie einen Hehl daraus gemacht, dass er die Juden hasste. In seinen Reden erklärte er ein ums andere Mal mit erregter Stimme, dass die Juden die eingeschworenen Feinde des deutschen Volkes seien.

Die Juden, sagte er, hätten die deutsche Armee im Ersten Weltkrieg im Stich gelassen. Sie seien geldgierige, unreine »Untermenschen« und gefährdeten durch ihre bloße Existenz die Zukunft des deutschen Volkes. Die Juden müssten ausgerottet werden, damit Deutschland überleben könne.

Das alles war eine krankhafte Wahnvorstellung. Doch der Judenhass ist in der europäischen Geschichte tief verwurzelt und reicht viele Jahrhunderte zurück.

Weil die Juden als fremdartig und anders betrachtet wurden, waren viele Menschen geneigt, ihnen alles Negative in die Schuhe zu schieben. Und Hitler fachte diese Vorurteile und Ängste immer mehr an. »Wenn ich erst an der Macht bin«, verriet er einem Journalisten schon zu Beginn der 1920er-Jahre, »wird es meine erste und wichtigste Aufgabe sein, die Juden auszurotten.« Einen nach dem anderen werde er umbringen, »bis ganz Deutschland komplett von den Juden gereinigt sein wird«.

Viele hielten das nur für leeres Getöse, und obwohl Tausende jüdische Familien flohen, nachdem die Nazis an die Macht gelangt waren, blieben die meisten in Deutschland.

Sie konnten sich einfach nicht vorstellen, dass Hitler wirklich meinte, was er sagte. Und ihre nicht jüdischen Freunde und Nachbarn würden schon das Schlimmste verhindern, oder?

Doch die Lebensumstände für die Juden in Deutschland wurden immer bedrückender. Schritt für Schritt wurden sie entrechtet und zu Bürgern zweiter Klasse gemacht. Sie durften keine Nichtjuden mehr heiraten, nicht zum Militär gehen, keine öffentlichen Ämter bekleiden und nicht mehr wählen.

Für jüdische Kinder war das Leben ein täglicher Kampf gegen Ungerechtigkeit und Demütigung geworden. Sie durften nicht mehr mit nicht jüdischen Kindern zur Schule gehen, durften weder in den Park noch ins Schwimmbad, wurden gemobbt und misshandelt.

Doch Hitler war das nicht genug. Als der Krieg ausbrach, erreichte sein Hass eine neue Dimension. In jeder seiner Reden benutzte er dieselben Wörter: »Auslöschung«, »Ausrottung«, »Zerstörung«. Die Welt hätte also gewarnt sein müssen.

Doch wie sollte er seine Pläne in die Tat umsetzen?

Im Europa von 1939 gab es viele Millionen Juden. Wie sollte jemand so viele Menschen auslöschen?

Zu diesem Zeitpunkt hatte Hitler noch keinen genauen Plan, wie er es bewerkstelligen wollte. Es spielte unter anderem mit dem Gedanken, die jüdische Bevölkerung aus Europa zu vertreiben, aber auch das war nicht praktikabel. In Warschau und anderen Städten wurden die Juden erst einmal von der übrigen Gesellschaft isoliert und in Sammellager gesperrt, die »Ghettos« genannt wurden.

Je weiter die deutsche Armee nach Osten vordrang, desto dringlicher stellte sich für die deutsche Führung die Frage, wie sie mit all den vielen Millionen Juden verfahren sollte, die in Polen, den baltischen Staaten und der Sowjetunion lebten.

Um dieses »Problem« zu lösen, griff Hitler auf seine sogenannte Schutzstaffel, die SS, zurück. Ursprünglich als seine persönliche Leibgarde gegründet, war die SS zu einem gefürchteten Herrschafts- und Unterdrückungsorgan im NS-Staat geworden. Sie war für die Geheimdienste zuständig und kommandierte die Polizei. Ihre Symbole waren die nordischen »Ehrenrunen« sowie ein Totenkopf mit gekreuzten Knochen.

Als Hitler im Sommer 1941 die Sowjetunion überfiel, kam auch die sogenannte Waffen-SS (der militärische Arm der SS) zum Einsatz. Spezielle Todesschwadronen machten Jagd auf Juden und liquidierten sie auf der Stelle. Häufig waren auch Soldaten der deutschen Wehrmacht beteiligt.

Insgesamt wurden auf diese Weise über eine Million Menschen ermordet. Oft mussten die Opfer sich nebeneinander an den Rand einer Grube stellen, ehe sie erschossen wurden. Es kam auch zu großen Massakern, wie an der ukrainischen Schlucht Babyn Jar, wo innerhalb von sechsunddreißig Stunden mehr als 30.000 Juden erschossen wurden.

Doch Hitler und seinen Befehlshabern ging das alles nicht schnell und systematisch genug. Sie wollten die Juden lieber heute als morgen beseitigen.

So kamen im Januar 1942 in einer Villa am Berliner Wannsee hochrangige Vertreter der Reichsregierung und der SS-Behörden zusammen, um über die »Endlösung der Judenfrage« zu diskutieren. Sie beschlossen, die verbliebenen Juden mit Sonderzügen in spezielle Vernichtungslager zu deportieren, die auf dem eroberten Gebiet in Polen lagen.

Nach ihrer Ankunft in den Lagern sollten die Menschen in als Duschräume getarnte Gaskammern gebracht und mit Giftgas getötet werden.

Um den großen Tisch in der Villa am Wannsee hatten sich an diesem Tag fünfzehn Männer versammelt. Sie hatten teils eigene Familien und viele von ihnen hätte man als intelligent und kultiviert beschreiben können. Doch keiner von ihnen widersprach, als der Plan beschlossen wurde. Stattdessen hoben sie ihre Gläser und tranken sich zu.

So kam es, dass im von Deutschland besetzten Europa jüdische Männer, Frauen und Kinder aus ihren Häusern gezerrt, in Viehwaggons verladen und Richtung Osten deportiert wurden.

Stunden später erreichten sie die Vernichtungslager Auschwitz, Treblinka, Belzec und Sobibor – Namen, die heute für ein unvorstellbares Grauen und einen systematischen Massenmord stehen.

■

Als der Krieg vorbei war, hatten die Nazis über sechs Millionen europäische Juden ermordet, aber auch Hunderttausende als »Zigeuner« bezeichnete Sinti und Roma, Menschen mit geistiger oder körperlicher Behinderung, kurzum alle, die als eine Bedrohung der deutschen »Rasse« angesehen wurden.

Heute ist der nationalsozialistische Völkermord als Holocaust bekannt. Das hebräische Wort ist Schoah, was »großes Unglück« oder »Katastrophe« bedeutet. Und noch immer, so viele Jahre später, fragen wir uns, wie so etwas überhaupt möglich war. Wie hatte sich ein Land wie Deutschland mit all seinen großartigen Schriftstellern, Künstlern und Wissenschaftlern in einen Abgrund des Bösen verwandeln können?

Natürlich trägt Hitler die Hauptverantwortung daran. Doch er allein hätte den Völkermord nicht begehen können. Dazu war er auf zahllose Helfer angewiesen: nicht nur die Todesschwadronen der SS, sondern auch auf die Vielzahl ganz normaler deutscher Bürger mitsamt ihren Verbündeten und Kollaborateuren.

Er war auf Mitarbeiter angewiesen, die die Konzentrationslager betrieben und die Zugtransporte dorthin organisierten. Auf Leute, die sich an der Verfolgung der Juden beteiligten; auf Produzenten, die das Gas für die Vernichtungslager bereitstellten; auf all die Leute, die einfach wegschauten und von alldem nichts wissen wollten – auf all diejenigen, die nichts taten, um den Mord an Millionen von Mitmenschen zu verhindern.

Doch auch in tiefster Dunkelheit gab es stets einen Hoffnungsschimmer. Denn nicht jeder war mit Hitlers mörderischen

Absichten einverstanden. Später wurden viele Geschichten ganz normaler Bürger bekannt, die ihr Leben riskierten, um Juden zu helfen.

Der britische Banker Nicholas Winton organisierte kurz vor Beginn des Zweiten Weltkriegs die Rettung von 669 jüdischen Kindern, die aus der Tschechoslowakei nach England gebracht wurden.

Der französische Ordenspriester Marie-Benoît verhalf 4000 französischen Juden zur Flucht nach Spanien.

Die polnische Krankenschwester Irena Sendler half 6000 jüdischen Kindern, aus dem Warschauer Ghetto zu entkommen. Später wurde sie von den Nazis verhaftet, gefoltert und zum Tode verurteilt. Doch sie weigerte sich, die Namen ihrer Mitwisser oder der Kinder zu verraten – und hat wie durch ein Wunder überlebt.

Auch in Deutschland gab es Menschen, die ihren jüdischen Mitmenschen zur Seite standen. Der Außergewöhnlichste unter ihnen war vielleicht Oskar Schindler, ein Unternehmer, der die Nazis lange unterstützt hatte.

Schindler rettete etwa 1200 Juden das Leben, indem er sie in seinen nahe der Vernichtungslager gelegenen Fabriken als Zwangsarbeiter beschäftigte. Wann immer diese in die Lager gebracht werden sollten, stellte er sie als »unabkömmlich für die Produktion« dar oder bestach die zuständigen SS-Leute mit seinem eigenen Geld. Am Ende des Krieges war er fast pleite.

Schindler war eingetragenes Mitglied der NSDAP. Und er

war kein Heiliger, sondern galt als Lebemann und hatte Erfolg bei den Frauen. Warum riskierte er sein Leben?

»Weil ich Grausamkeit und Intoleranz hasse«, sagte er später. »Und ich kannte die Leute, die für mich gearbeitet haben. Wenn Sie Menschen kennen, müssen Sie sich ihnen gegenüber wie ein Mensch verhalten.«

Leute wie Schindler waren keine Superhelden. Es waren normale Männer und Frauen, die versucht haben, das Richtige zu tun.

Oft handelten sie allein. Doch in einer bestimmten Gegend des von den Nazis besetzten Europa schlossen sich die Menschen zusammen, um Hitlers Pläne zu durchkreuzen.

Das kleine Dänemark hatte seine jüdischen Mitbürger nie als Menschen zweiter Klasse behandelt. Als König Christian X. erfuhr, dass die dänischen Juden nach dem Willen der Nazis einen gelben Stern an der Kleidung tragen sollten, sagte er, dann solle *jeder* Däne solch einen Stern tragen – ob jüdisch oder nicht.

Im Herbst 1943 fand der deutsche Diplomat Georg Ferdinand Duckwitz heraus, dass dänische Juden deportiert und in Konzentrationslager verschleppt werden sollten. Duckwitz gab diese Information an dänische Politiker weiter, worauf in den nächsten Tagen ein Rettungsplan auf die Beine gestellt wurde.

Die jüdische Bevölkerungsgruppe in Dänemark war klein, etwa 8000 Personen. Würde man sie ins benachbarte Schweden bringen, das bisher neutral geblieben war, wäre das ihre Rettung. Doch wie konnte das geschehen, ohne dass die Nazis Wind davon bekamen?

Ende September traf die dänische Führung eine Vereinbarung mit dem religiösen Oberhaupt der Juden in Dänemark. Am Morgen des 29. September 1943 sagte der Rabbi den Mitgliedern seiner Gemeinde, sie sollten nach Hause gehen, ihre Sachen zusammenpacken und ihre Freunde informieren. Alles Weitere würden die Dänen erledigen.

Als die Nazis zwei Tage später die Türen der jüdischen Wohnungen in Kopenhagen aufbrachen, waren diese leer und ihre Bewohner verschwunden.

Im ganzen Land hatten die Dänen jüdische Familien bei sich aufgenommen, versteckten sie in Kellern und auf Dachböden, in Hinterzimmern und Sommerhäusern. Wie ihr König betrachteten sie es als ihre »menschliche und nationale Pflicht«, ihren Nachbarn in der Zeit der Not beizustehen.

Die wütenden Deutschen schickten Gestapo-Einheiten, um die Flüchtigen ausfindig zu machen. Doch während sie die dänische Hauptstadt absuchten, waren Tausende dänische Juden bereits auf dem Weg zu den Küstenorten, die nur eine Bootstour von der schwedischen Grenze entfernt lagen.

Im dänischen Fischerdorf Gilleleje öffneten Seeleute, Fischer, Metzger und Bäcker ihre Türen, um ihren jüdischen Mitbürgern Unterschlupf zu gewähren. Und am Morgen des 6. Oktober gab die Küstenwache das Signal zum Aufbruch.

Unter den freiwilligen Helfern befand sich auch der junge Student Vilhelm Lind. Später erinnerte er sich daran, wie das ganze Dorf plötzlich zum Leben erwacht war. »Auf einmal sprangen alle Türen auf und aus fast jedem Haus liefen Juden auf die Straße. Im nächsten Moment waren die Straßen voller Leute, Frauen und Männer, vom kleinen Knirps bis zum grauhaarigen alten Mann, ob arm oder reich – alle auf der Flucht vor den Barbaren.«

Es war ein außerordentlicher Moment. Die Dänen waren zusammengekommen, um ihre Freunde zu retten und über die Grenze zu bringen.

Viele Wasserfahrzeuge standen bereit: Fischerboote, Fähren, Ruderboote, sogar Kajaks. Das rettende schwedische Ufer lag nur 25 Kilometer entfernt.

Plötzlich erblickte Vilhelm in all dem Trubel ein weinendes kleines Mädchen, das seine Eltern verloren hatte.

Er setzte die Kleine auf die Stange seines Fahrrads und fuhr so schnell wie möglich zum Hafen, wo die glücklichen Eltern sie in die Arme schlossen.

Als das Boot mit ihnen ablegte, wusste er nicht, ob er vor Freude über die geglückte Rettung weinen sollte oder aus Trauer darüber, dass all diese Leute gezwungen waren, ihr Heimatland zu verlassen.

Er stand am Ufer, musste heftig schlucken und fand es »schwer, die Tränen zurückzuhalten«.

■

Fast alle dänischen Juden überlebten den Krieg. Ihr Schicksal zeigt, dass normale Menschen auch damals etwas Großes bewirken konnten, wenn genug von ihnen an einem Strang zogen.

Für Anne Frank hingegen sollte es kein glückliches Ende geben.

Als sich das schwenkbare Bücherregal hinter ihr schloss, war ihr altes Leben unwiderruflich vorbei. Sie sollte nie wieder an den Kanälen von Amsterdam entlangspazieren, nie wieder mit ihren Freundinnen Tischtennis spielen oder ihre Zeit in Buchläden verbringen und mit den Jungen plaudern.

761 Tage lang lebte sie mit ihrer Schwester und ihren Eltern in der Wohnung hinter dem Bücherregal. Eine Woche nach ihrer eigenen Familie zogen auch Herr und Frau van Pels mit ihrem Sohn Peter im Hinterhaus des Firmengebäudes ein. Später kam noch eine achte Person hinzu, Fritz Pfeffer, ein Freund der Familie.

Im Hinterhaus war es voll, doch die Versteckten gewöhnten sich daran. Sie benutzten abwechselnd das Badezimmer und teilten sich die Hausarbeit. Um unnötigen Lärm zu vermeiden, gingen alle auf Socken umher.

Sie verbrachten die Tage, indem sie lasen und manchmal so leise wie möglich Radio hörten und sich auf die Besuche von Otto Franks Helfern freuten, die Nachrichten aus der Außenwelt überbrachten.

Wenn Anne an die Gefahr dachte, entdeckt zu werden, schnürte es ihr die Kehle zu. Sie war sich bewusst, was für ein schreckliches Schicksal ihre ehemaligen Mitschülerinnen am jüdischen Gymnasium erwartete.

»Mir ist so bange«, schrieb sie in ihr Tagebuch, »wenn ich an alle denke, mit denen ich mich eng verbunden fühlte, die nun ausgeliefert sind an die grausamsten Henker, die die Geschichte kennt. Und alles, weil sie Juden sind!«

Sie war immer noch ein ganz normales Mädchen mit normalen Träumen und Ängsten. Wie alle Teenager fühlte sie sich von ihrer Familie oft unverstanden; hatte das Gefühl, dass ihre Eltern sich zu häufig über sie beschwerten und mit ihr schimpften.

»Ich passe hier einfach nicht rein«, klagte sie. »Sie kritisieren alles, aber auch wirklich alles an mir: mein Verhalten, meine Persönlichkeit, meine Gewohnheiten …«

Wochen wurden zu Monaten und schließlich fand Anne einen Seelenverwandten.

Peter van Pels, der einzige Junge im verborgenen Hinterhaus, war zwei Jahre älter als Anne. Anfangs war er schüchtern und leise, doch seit Beginn des Jahres 1944 entwickelte sich eine enge Freundschaft zwischen ihnen. Oft saßen sie vor dem Dachbodenfenster mit Blick auf einen Kastanienbaum und sprachen über ihre Hoffnungen und Wünsche.

Als Anne eines Morgens nach oben zum Fenster ging, um etwas frische Luft zu schöpfen, war Peter bereits da.

»Wir atmeten die Luft ein, schauten hinaus und fühlten, dass dies nicht mit Worten unterbrochen werden durfte«, notiert sie am 23. Februar. Beide schauen in den blauen Himmel, sehen »den kahlen Kastanienbaum, an dessen Zweigen kleine Tropfen glitzerten, die Möwen und die anderen Vögel, die im Tiefflug wie aus Silber aussahen«.

Als Anne den Baum betrachtete, wurde sie von einem plötzlichen

Gefühl der Hoffnung ergriffen. »Solange es das noch gibt«, dachte sie, »und ich es erleben darf, diesen Sonnenschein, diesen Himmel, an dem keine Wolke ist, solange kann ich nicht traurig sein.«

Am 12. Juni feierte sie ihren fünfzehnten Geburtstag. Ihre Eltern schenkten ihr Bücher, Kleider, Marmelade und Kekse. Von Margot bekam sie einen Armreif, von Peter Blumen.

Inzwischen hatte sich Anne auch entschieden, welchen Beruf sie später mal ergreifen wollte. Am 11. Mai 1944 notierte sie, dass es ihr größter Wunsch sei, einmal Journalistin »und später eine berühmte Schriftstellerin« zu werden. Als Erstes wollte sie ein Buch auf der Grundlage ihres Tagebuchs veröffentlichen: »Das Hinterhaus« sollte es heißen.

Doch dazu kam es nie. Am Morgen des 4. August hielt ein Auto vor dem Haus. Ein Nazi-Offizier führte eine Gruppe niederländischer Polizisten ins Haus und schob im ersten Stock das Buchregal zur Seite.

Jemand hatte sie verraten. Es war vorbei.

Die Franks wurden nach Auschwitz deportiert. Otto Frank wurde von seiner übrigen Familie getrennt. Anne, Margot und ihre Mutter mussten täglich harte Arbeit verrichten.

Im Herbst wurden die beiden Töchter in ein anderes Lager, nach Bergen-Belsen, gebracht. Ihre Mutter blieb in Auschwitz und verhungerte.

Im März 1945 begann im Lager eine Fleckfieber-Epidemie. Vom Hunger geschwächt starben täglich Hunderte von Gefangenen. Darunter auch Margot Frank.

Anne starb wenige Tage später. Sie war immer noch fünfzehn Jahre alt und sollte niemals erwachsen werden, niemals heiraten und eine Familie gründen, niemals Journalistin werden und nicht mehr erleben, dass ihr Tagebuch tatsächlich veröffentlicht wurde.

Ihr Vater überlebte die Zeit im Konzentrationslager und ließ sich nach dem Krieg in Amsterdam nieder. Dort gab ihm seine Sekretärin ein Buch, das sie im geheimen Hinterhaus gefunden hatte. Es war Annes Tagebuch.

Otto Frank sorgte dafür, dass das Tagebuch seiner Tochter veröffentlicht wurde. Das Tagebuch wurde zu einer weltweiten Sensation, in zahlreiche Sprachen übersetzt und millionenfach verkauft. Auf diese Weise wurde Anne nach ihrem Tod doch noch zu einer berühmten Autorin – wie sie es sich gewünscht hatte. Heute ist der Name Anne Frank in jedem Winkel dieser Erde bekannt.

Jedes Jahr wird das verborgene Hinterhaus von unzähligen Touristen besucht. Sie sehen das berühmte Bücherregal, den Raum, in dem Anne ihr Tagebuch schrieb, und den Dachboden, auf dem sie mit ihrem Freund Peter von einer besseren Welt geträumt hatte.

Und obwohl ihr geliebter Kastanienbaum nicht mehr existiert, lebt auch er in gewisser Weise fort. Mehr als hundert Ableger dieses Baumes wurden auf der ganzen Welt eingepflanzt. Heute legen sie ein lebendiges Zeugnis ab für ein Mädchen, das unvergessen bleibt.

11

Tora! Tora! Tora!

Während Europa weinte, sahen die japanischen Politiker und Generäle zu und warteten ab.

Drei Jahre dauerte der Krieg gegen China nun schon und mehr denn je waren sie auf Erdöl und Kautschuk angewiesen.

Die Männer von Kaiser Hirohito sahen, welch großen Erfolg Hitler mit seinen Feldzügen in Europa hatte, und wollten ihm nacheifern.

Im Sommer des Jahres 1940 nahm ihre Idee von einem asiatischen Großreich beziehungsweise einer »asiatischen Wohlstandszone«, wie sie es nannten, immer konkretere Züge an. In ihren Träumen erstreckte sich diese Zone von der Mandschurei und Korea über die riesige chinesische Landmasse hinweg bis nach Französisch-Indochina, Britisch-Malaya und Burma, von Niederländisch-Ostindien bis zu den von den Amerikanern beherrschten Philippinen.

Unter der Flagge der aufgehenden Sonne sollten alle asiatischen Völker zu einem Großreich unter japanischer Führung vereinigt werden.

Im September 1940 schloss Japan einen Vertrag mit Deutschland und Italien, den sogenannten Dreimächtepakt, in dem eine neue Ordnung für Europa und Asien verabredet wurde. In den nächsten Monaten sammelte Japan seine Truppen. Im Juli 1941 wurden diese nach Französisch-Indochina entsandt, um dem eigenen Ziel näher zu kommen.

China lag am Boden. Frankreich und die Niederlande waren beide von den Deutschen besiegt, sodass sie ihre asiatischen Kolonien nicht mehr verteidigen konnten. Und obwohl die Briten Truppen in Malaya und Singapur stationiert hatten, waren die Japaner davon überzeugt, sie schlagen zu können.

Doch als die Generäle des japanischen Kaisers einen genauen Blick auf die Karte warfen, sahen sie vor allem ein Land, das ihren Träumen im Weg stand. Dieses Land waren die Vereinigten Staaten von Amerika.

■

Amerika! Um die Mitte des zwanzigsten Jahrhunderts verhieß schon das Wort allein ein aufregendes Leben, persönliche Freiheit und grenzenlose Möglichkeiten.

Von außen betrachtet war es das Land von Cowboys und Wolkenkratzern, Filmstars und Jazztrompetern, von boomenden Städten und glänzenden Fabrikgebäuden. Das Land der Freiheitsstatue und des Empire State Buildings, von Hamburgern, Kaugummi und Coca-Cola.

In den 1930er-Jahren waren die meisten Amerikaner darauf

bedacht, dass sich ihr Land nicht in internationale Konflikte hineinziehen ließ. Und so versprach Präsident Franklin D. Roosevelt, als der Krieg begann, sich nicht daran zu beteiligen. »Unsere Jungs werden nicht in einen Krieg zwischen ausländischen Staaten geschickt werden«, erklärte er.

Wie Winston Churchill entstammte auch Roosevelt einer wohlhabenden Familie und hatte exklusive Privatschulen besucht.

Später wurde er Politiker und war während des Weltkriegs Staatssekretär im Marineministerium.

Doch im Sommer 1921 schwamm er im Meer und zog sich eine schreckliche Krankheit zu: Poliomyelitis (Kinderlähmung). Quasi über Nacht konnte er seine Beine nicht mehr bewegen. Für den Rest seines Lebens war er auf den Rollstuhl angewiesen. In der damaligen Zeit konnten sich nur die wenigsten Menschen vorstellen, dass jemand, der im Rollstuhl saß, ein guter und zupackender Politiker sein konnte. Deshalb bemühte sich Roosevelt, seine Krankheit so weit wie möglich vor der Öffentlichkeit geheim zu halten. Ihr gegenüber verkörperte er weiterhin Energie, Mut und Zuversicht.

Entsetzt über die Skrupellosigkeit von Hitlers Stoßtruppen verhehlte er nicht seine Unterstützung für die Alliierten. Er verkaufte Waffen an Großbritannien und stellte ihm in der von den USA beherrschten Karibik fünfzig Flugzeugträger zur Verfügung.

»Wenn Großbritannien untergeht«, erklärte er in einem Radiointerview, »dann leben wir alle vor der Mündung einer geladenen Pistole – in ökonomischer wie in militärischer Hinsicht.«

Im Frühjahr 1941 liehen die USA dem Vereinigten Königreich täglich mehrere Millionen Dollar, von dem die Briten Nahrungsmittel, Erdöl, Panzer und Transportflugzeuge kauften. Im Sommer trafen sich Roosevelt und Churchill auf einem Kriegsschiff vor der kanadischen Küste. Gemeinsam stimmten sie Lieder an, aßen zu Abend und diskutierten ihre Vorstellungen von einer freien Welt, nachdem die Nazis besiegt sein würden.

Roosevelt war inzwischen in tiefer Sorge, was das Verhalten Japans anging. Wie viele amerikanische Bürger war er geschockt von der japanischen Aggression in China und überzeugt davon, dass Japan Einhalt geboten werden müsse.

Als er vom japanischen Einmarsch in Indochina erfuhr, war er zutiefst empört. Ende Juli 1941 stoppte er alle amerikanischen Handelsbeziehungen mit Japan, wodurch Tokio die größten Ölreserven verloren gingen.

Da Japan fast vollkommen vom amerikanischen Erdöl abhängig war, kam das Leben in den Städten rasch zum Erliegen. In Tokio erloschen die Neonreklamen der Geschäfte und Restaurants. Öffentliche Bäder schlossen früher, um Energie zu sparen. Autos wurden mit Kohle statt Benzin betrieben und zogen eine stinkende Rauchwolke hinter sich her.

Die Generäle des japanischen Kaisers waren außer sich. Wie sollten sie ohne Benzin ihre Kriegsmaschinerie am Laufen halten? Wie ihr Reich vergrößern?

In ihren Augen wollte Roosevelt sie regelrecht aushungern und zur Aufgabe zwingen. Im August überdachten die Generäle ihre Möglichkeiten. Sie hatten bereits beschlossen, das Öl von Niederländisch-Ostindien und das Kautschuk von Britisch-Malaya in ihren Besitz zu bringen.

Doch jetzt fragten sie sich, ob sie es auch mit Amerika aufnehmen oder den Erstschlag vielleicht Roosevelt überlassen sollten.

Einer der Offiziere sprach sich dafür aus, zunächst die USA zu bezwingen. »Mit jedem Tag des Wartens werden wir schwächer und schwächer, bis wir uns kaum noch auf den Beinen halten können.«

»Wir dürfen nicht noch mehr Zeit verlieren«, pflichtete ein anderer ihm bei. »Es gibt jetzt nur noch einen Weg – den Kampf.«

In den nächsten Wochen arbeiteten die Oberbefehlshaber von Kaiser Hirohito ihre Pläne aus. Die meisten von ihnen waren siegesgewiss. Sie hielten die Amerikaner für dekadent und unfähig, ihnen einen richtigen Kampf zu liefern.

Als der Herbst kam, bot ihnen Roosevelt einen Deal an. Falls Japan seine Truppen aus China abziehe, dürften Amerikanische Firmen ihre Erdöllieferungen nach Tokio wieder aufnehmen.

Die Japaner betrachteten dieses Angebot als schwere Kränkung. Sich aus China zurückziehen? »Niemals!«, empörte sich der unbeugsame General Tojo, der von 1941 bis 1944 zugleich Premier- und Kriegsminister war. »Das käme einer Niederlage gegen die Vereinigten Staaten gleich und wäre ein Schandfleck in der Geschichte des japanischen Kaiserreichs.«

»Das ist unser Moment!«, stimmten die anderen Generäle zu. »Wir werden eiserne Mauern errichten, und innerhalb dieser Mauern werden wir unsere asiatischen Feinde vernichten, einen nach dem anderen. Die Amerikaner und die Briten werden wir auch vernichten.«

Als der November begann, waren die Planungen abgeschlossen. Japanische Armeen würden die englischen und niederländischen Kolonien angreifen, während die Luftwaffe mit einem Überraschungsangriff die amerikanische Pazifikflotte zerstören sollte. Bis der Feind begriff, was eigentlich vor sich ging, würde es zu spät sein.

Es war eines der größten Vabanquespiele der Geschichte, eines der größten Risiken, die jemals ein Land eingegangen ist. Es war den Japanern vollkommen klar, das sie um alles oder nichts spielten. »Unser Kaiserreich«, erklärte General Tojo, »steht auf der Schwelle zwischen Ruhm und Untergang.«

Doch die Würfel waren gefallen. Ende November 1941 schob sich eine Gruppe japanischer Flugzeugträger durch den Nebel in Richtung Pearl Harbor, dem Hauptquartier der amerikanischen Pazifikflotte auf Hawaii.

Die See war ruhig. An Bord der sechs Flugzeugträger herrschte gespannte Erwartung.

Am Abend des 6. Dezember erreichte die japanische Flotte das Hawaii-Archipel. Admiral Nagumo befahl den Kapitänen, die Lichter auf den Schiffen zu löschen. Dann, um 21 Uhr, erging eine Botschaft an alle. Der Moment der Entscheidung war gekommen. »Diese Schlacht wird über das Wohl und Wehe unseres Reichs entscheiden. Jeder von uns wird seine Pflicht erfüllen.«

Am frühen Morgen des 7. Dezember wurden die Bomberpiloten in ihren Schlafkojen geweckt. Es war immer noch dunkel, doch die Männer an den Geschützen waren schon einsatzbereit.

Die Piloten hatten ihre Abschiedsbriefe geschrieben. Als ihre Flugzeuge in den Himmel stiegen, sahen sie die rote Sonne im Osten aufgehen.

Um 7.48 Uhr erreichte Mitsuo Fuchida, der Kapitän der ersten Flugstaffel, die Nordspitze der Insel Oahu. Unter sich erblickte er den Flottenstützpunkt Pearl Harbor mit seinen Schlachtschiffen und Öltanks, den Rollfeldern und Hangars, die aus der großen Höhe wie Spielzeuge aussahen.

Und noch immer gab es nicht das geringste Anzeichen für einen Widerstand. Kein amerikanisches Flugzeug kam ihm entgegen, keine Flugabwehrgeschütze waren auf ihn gerichtet.

Durch das Dröhnen der Maschinen rief er dreimal das Codewort in sein Funkgerät, das allen signalisierte, dass der Überraschungseffekt gelungen war: *»Tora! Tora! Tora!«* – »Tiger! Tiger! Tiger!«

Im nächsten Moment begann das Töten.

▪

Als der erste Torpedo die *USS West Virginia* traf, war Doris Miller unter Deck und sammelte die Wäsche ein. Während das

Schiff durch die Erschütterung bebte, ließ er alles stehen und liegen und lief zu seiner Kampfeinheit, der Flugabwehr.

Mit seinen zweiundzwanzig Jahren war Doris ein ungewöhnlicher Held. Zum einen war da sein Name. 1919 in Texas geboren, war er auf den Namen Doris getauft worden, weil die Hebamme davon überzeugt war, er würde ein kleines Mädchen werden.

Doch er wuchs zu einem kräftigen jungen Mann heran und machte sich als Schwergewichts-Boxchampion auf dem Schiff einen Namen. Seinen Namen änderte er jedoch nie.

Zum anderen war da seine schwarze Hautfarbe.

Seine Großeltern waren Sklaven gewesen. Und obwohl die Sklaverei abgeschafft war, wurden Schwarze und Weiße in den USA immer noch sehr unterschiedlich behandelt.

In Staaten wie Texas wurden schwarze Kinder gezwungen, gesonderte Schulen zu besuchen, gesonderte Toiletten zu benutzen und im Bus ganz hinten zu sitzen. Als Erwachsene hatten sie kein Wahlrecht und durften niemanden mit weißer Hautfarbe heiraten. Wer es wagte, diese Regeln zu missachten, riskierte sein Leben.

Als Doris neunzehn Jahre alt war, trat er in die US-Marine ein, doch auch hier wurde er anders behandelt als seine weißen Kameraden. So bekam er keine militärische Ausbildung, sondern musste sich damit begnügen, anderen die Schuhe zu putzen oder das Geschirr abzuwaschen.

Doch als er über den Flur zur Luftabwehreinheit rannte, beachtete niemand seine Hautfarbe.

So oder so kam er zu spät. Der erste Torpedo hatte heftigen Schaden angerichtet: Wasser flutete herein, eine Sirene heulte, unter der Besatzung brach Panik aus.

Ein Leutnant sah Doris und rief ihn zu sich. Die Brücke war getroffen und der Kapitän verletzt worden. Sie brauchten jetzt jeden Mann.

Der Kapitän lag ausgestreckt auf dem Boden. Blut quoll aus seiner Brust. Trotz seiner schweren Verletzung wollte der Kapitän seinen Posten nicht verlassen. Doris trug ihn vorsichtig an einen etwas geschützteren Ort.

In der Zwischenzeit war das Schiff von weiteren Torpedos getroffen worden. Schwarzer Rauch trieb über die *West Virginia.* In der Ferne brannten weitere amerikanische Schiffe. Das Deck war glitschig von Öl und Blut.

Als das ächzende Schiff sich zur Seite neigte, rief Frederic White, ein weiterer Leutnant, er solle ihm bei den Steuerbordkanonen helfen und für den Munitionsnachschub sorgen.

Doch im nächsten Moment hatte Doris bereits ein Flugabwehrgeschütz übernommen und feuerte auf die japanischen Flugzeuge, obwohl er dafür nicht eine Minute lang ausgebildet worden war. »Es war gar nicht schwer«, erklärte er später. »Ich hab einfach den Abzug bedient und alles funktionierte sehr gut.«

Ein anderer Offizier erinnerte sich, Doris habe geschossen, »als hätte er in seinem Leben nie etwas anderes gemacht«. Doch Doris konnte nicht viel bewirken. Als ihm die Munition ausging, war die *West Virginia* verloren.

Wohin er auch schaute, überall sah er amerikanische Schiffe in Flammen stehen und hörte die Schreie der Sterbenden. Es würde nur noch wenige Minuten dauern, bis das Schiff vollständig unterging.

Behutsam trug Doris den halb bewusstlosen Kapitän dorthin, wo weniger Rauch war. Dann wurde das Schiff von mehreren Explosionen erschüttert, als weitere japanische Torpedos in den Rumpf einschlugen.

Im Meer, an dessen Oberfläche das Öl brannte, schrien Männer um Hilfe. Doris riskierte sein Leben und zog sie zurück aufs Deck.

Dennoch mussten bald alle das Schiff verlassen, als die *West Virginia* zu sinken begann.

Doris Miller war einer der letzten Männer, die über Bord sprangen. Über eine Strecke von mehreren Hundert Metern schwamm er ans Ufer und konnte dabei sowohl dem brennenden Ölteppich als auch den Kugeln ausweichen, die von den japanischen Flugzeugen kamen. »Es war die Gnade Gottes, dass ich völlig unversehrt blieb«, sagte er später.

Doch seine Mission war noch nicht beendet. Immer wieder lief er ins seichte Wasser hinein und half den verletzten Männern, an Land zu kommen. Schließlich sah er sich keuchend um und ließ seinen Blick über das Inferno schweifen.

Die Japaner hatten mit ihrem Überraschungsangriff Erfolg gehabt. Drei Schlachtschiffe – die *Arizona*, die *Oklahoma* und die *California* – waren bereits komplett gesunken, als Nächstes war die *West Virginia* an der Reihe. Die beschädigte *Nevada* war an einem Korallenriff auf Grund gelaufen. Schreie gellten über den Hafen.

»Die gesamte Flotte wurde vor meinen Augen zerstört«, erinnert sich Donald Stratton, ein Besatzungsmitglied der *Arizona*. »Dichte schwarze Rauchwolken schoben sich vor den blauen Himmel. Torpedos schlugen immer neue Löcher in unseren Schiffsrumpf und ließen das Wasser in großen Fontänen aufspritzen. Die Schiffe liefen voll, neigten sich zur Seite und kenterten.«

Der junge Donald stand unter Schock. »Der ganze Hafen schien in Flammen zu stehen. Es war ein schwarz-rot-gelbes Inferno, das alles verschlang. Dazu der beißende Gestank des brennenden Öls und der explodierenden Munition … der Krach war ohrenbetäubend, die Detonationen folgten dicht aufeinander, und das sich biegende Metall kreischte wie unter qualvollen Schmerzen.«

Schließlich fing Doris' Hemd doch noch Feuer, dann seine Beine. Brandwunden bedeckten sein Gesicht, seine Haare waren versengt. »Der Schmerz war schier unerträglich.«

Er warf einen letzten Blick auf sein geliebtes Schiff und seine sterbenden Kameraden und brach in Tränen aus.

Hoch über ihm, vor dem leuchtend blauen Himmel, kehrten die japanischen Bomber um und flogen wieder nach Hause.

Der Angriff hatte kaum anderthalb Stunden gedauert und war besser gelaufen, als die japanischen Generäle es sich in ihren kühnsten Träumen vorgestellt hatten. Sie hatten nur eine Handvoll Flugzeuge verloren und jetzt empfanden sie eine wilde Freude.

Die Befehlshaber auf dem japanischen Flaggschiff feierten. Sie ahnten noch nicht, dass ihr Land für diesen Sieg einen furchtbaren Preis würde zahlen müssen.

■

Als über den hawaiianischen Inseln der Morgen graute, trieben tote Körper im Wasser. Schwarzer Rauch quoll aus zerstörten Schiffen. Die Luft roch nach Blut und Öl.

Insgesamt waren achtzehn Schiffe gesunken oder schwer beschädigt. Fast zweihundert Flugzeuge waren zerstört und mehr als zweitausend Menschen getötet worden. Für die amerikanische Marine war es die schlimmste Niederlage aller Zeiten.

Im Weißen Haus aß Präsident Roosevelt gerade zu Mittag, als das Telefon klingelte. Als er kurz darauf wieder auflegte, war er leichenblass. »Typisch für die Japaner, so etwas Unerwartetes zu tun«, murmelte er.

Am Nachmittag fand ihn sein Sohn James vor seiner Briefmarkensammlung vor. Der Präsident hatte Briefmarken gesammelt, seit er ein Kind war, und liebte es, sich beim Anschauen der Alben zu entspannen.

Jetzt blickte er beim Umblättern kaum auf, sondern sagte nur mit ruhiger, leiser Stimme: »Was für eine schlimme Geschichte.«

Zu diesem Zeitpunkt waren japanische Armeen schon woanders im Einsatz. Nur wenige Stunden nach dem Angriff auf

Pearl Harbor waren sie auf den Philippinen gelandet, die unter amerikanischer Kolonialverwaltung standen. In China hatten sie die britische Kronkolonie Hongkong besetzt. Und in Malaya rückten sie auf Singapur vor.

Doch selbst angesichts dieser kriegerischen Handlungen bewahrte Präsident Roosevelt die Ruhe. Die Japaner hatten den Vereinigten Staaten einen schweren Schlag zugefügt. Doch er wusste, dass die USA das reichste Land der Erde waren, mit riesigen Fabriken und einer modernen Industrie, die amerikanische Soldaten mit allem versorgen konnten, was sie brauchten. Selbst die Flotte konnte schnell wieder aufgebaut werden.

Am nächsten Tag hielt er eine Rede vor dem Kongress. »Der 7. Dezember 1941, an dem Pearl Harbor angegriffen wurde«, sagte er, »wird für immer ein Tag der Schande sein.« Dann fragte er die Abgeordneten, ob sie eine Kriegserklärung unterstützen würden.

Zustimmung und Applaus waren zu hören. Amerika stand geschlossen hinter seinem Präsidenten.

Am nächsten Abend sprach Roosevelt zum amerikanischen Volk. Sie alle gingen schweren Tagen entgegen, räumte er ein. Doch mit Gottes Hilfe würde die Freiheit siegen – ein für alle Mal.

»Wir befinden uns jetzt im Krieg«, stellte er nüchtern fest. »Wir alle – vom Anfang bis zum Ende.«

■

In Berlin nahm Hitler die Nachrichten aus Pearl Harbor mit diabolischer Freude auf. Er hatte Roosevelt, den er als Marionette der Juden ansah, schon immer gehasst. Drei Tage später erklärte das Deutsche Reich den Vereinigten Staaten den Krieg.

In London stieß Churchill einen Seufzer der Erleichterung aus. Jetzt war aus den beiden Kriegen in Europa und Asien ein einziger geworden – vom Himmel über Großbritannien bis zum Pazifik. Auf der einen Seite standen die Englisch sprechenden großen Demokratien mit Stalins Sowjetunion als unberechenbarem Verbündeten. Auf der anderen Seite waren die Achsenmächte Deutschland, Italien und Japan, die von ihrer wilden Eroberungslust angetrieben wurden.

Mit Roosevelts Führungsqualitäten und Amerikas Stärke konnten die Alliierten nicht verlieren, dachte sich Churchill. Und wie auch immer der Krieg verlaufen sollte, am Ende würde Großbritannien »siegreich und gerettet« aus ihm hervorgehen.

Churchill fuhr mit dem Schiff nach Washington. Er kam kurz vor Weihnachten an und wohnte im Weißen Haus, nur wenige Schritte vom Schlafzimmer Roosevelts entfernt.

Für Roosevelts Ehefrau Eleanor stellte dieser Besuch eine große Belastung dar. Als ernste Frau mit moralischen Prinzipien, die sich vom Alkohol fernhielt, war sie geschockt darüber, dass Churchill Sherry zum Frühstück trank, den ganzen Tag im seidenen Pyjama herumlief und ihren Mann bis spätabends in Beschlag nahm, um bei beträchtlichen Mengen Kognak über die großen Schlachten der Weltgeschichte zu diskutieren.

Doch die beiden Männer kamen sehr gut miteinander aus, und manchmal war es Churchill selbst, der den Präsidenten in seinem Rollstuhl zum Abendessen schob.

Einmal stattete Roosevelt von sich aus Churchill einen Besuch ab und sah, wie dieser splitternackt aus dem Badezimmer kam, was Churchill nicht im Geringsten zu stören schien.

»Sehen Sie«, sagte er mit breitem Lächeln, »der englische Premierminister hat vor dem amerikanischen Präsidenten nicht das Geringste zu verbergen!«

An Weihnachten fragte Roosevelt seinen neuen Freund, ob er ihm mit den Lichtern für den großen Weihnachtsbaum helfen wolle.

Die Nachrichten aus dem Ausland waren niederschmetternd. Tausende Amerikaner waren getötet worden oder in Gefangenschaft geraten, und selbst die Hauptstadt Washington lag im Dunkeln, weil dies den neuen Sicherheitsvorkehrungen entsprach.

Dennoch säumten Zehntausende die Straßen, um einen Blick auf Churchill, den englischen Löwen, zu werfen. Und Millionen im ganzen Land, darunter auch viele Kinder, lauschten, als er ans Mikrofon trat.

Es sei, wie der Premierminister einräumte, »ein seltsamer Heiligabend. Die Welt führe einen »tödlichen Kampf« und müsse sich auf »entbehrungsreiche Jahre« einstellen.

Eines Tages, versprach er, würden die Japaner für Pearl Harbor bezahlen, wie auch Hitler für seine schrecklichen Verbrechen. Dennoch sei dieser Abend etwas ganz Besonderes.

»Lasst uns den Kindern Lachen und Fröhlichkeit schenken«, sagte Churchill. »Mögen ihnen die Geschenke des Weihnachtsmanns viel Freude machen. Und mögen wir Erwachsene an ihrer Freude teilhaben.«

Wenn die Feiertage vorbei seien, würden alle zum Krieg zurückkehren. »Doch in diesem Moment, mit der Gnade Gottes, wünsche ich Ihnen allen ein frohes Weihnachtsfest.«

12

Die Bahnstrecke des Todes

Reg Twigg erinnerte sich, dass er einen Kloß im Hals hatte, als sein Truppentransporter in Liverpool vom Kai ablegte.

Es war März 1941 und Reg und seine Kameraden vom Leicestershire-Regiment fuhren dem Krieg entgegen. Niemand hatte ihnen gesagt, wohin die Reise ging, doch die Soldaten waren voller gespannter Erwartung.

Reg war in der Nähe von Leicester aufgewachsen, in einer Welt »verrußter Schornsteine«. Er und sein Bruder hatten sich ein Bett geteilt und sich im Hof mit kaltem Wasser aus dem Hahn gewaschen. Als Toilette hatte ein Eimer in einem Schuppen gedient.

Reg liebte Fußball, Camping und Fahrradfahren. Doch mit seinen sechsundzwanzig Jahren war er noch nie im Ausland gewesen. Jetzt bot ihm der Krieg diese Chance.

Als Englands Küste in der Ferne verblasste, empfand er ein überwältigendes »Gefühl von Abenteuer, den Hauch der Gefahr, das aufregende Wissen, bald meinem Land dienen zu können«.

Nach mehreren Tagen auf See erfuhr er das Ziel der Reise. Sie fuhren nach Singapur, diesem asiatischen Knotenpunkt und Vorposten der Royal Navy in Südostasien.

»In Singapur gibt's doch keine Deutschen, oder?«, fragte einer seiner Kameraden. »Und wo zum Teufel ist das überhaupt?«

Doch als das Schiff in den Hafen einlief, waren alle Befürchtungen wie weggeblasen. Zu den Klängen einer Brassband schritten sie den Landungssteg hinunter. Die aus Malaien, Chinesen und Indern bestehende Menschenmenge jubelte und applaudierte. Keiner der Jungs aus Leicestershire hatte je etwas Ähnliches erlebt.

Auch die große Hitze stellte sie vor neue Herausforderungen, doch Singapur stand seit über einem Jahrhundert unter britischer Herrschaft und galt als Teil des Königreichs.

»Wir waren die Soldaten des Königs, und dies war unsere Stadt – die Kinos, Bars und Restaurants, der Alkohol«, erinnerte sich Reg. »Wenn man an einem Außenposten des Königreichs die Uniform des Königs trägt, fühlt man sich selbst, zumindest ein wenig, wie ein König.«

Während ihre Fahrzeuge durch die Stadt rollten, beschlich ihn doch ein mulmiges Gefühl. Stand die Bevölkerung den Briten wirklich so positiv gegenüber? Was würde geschehen, wenn die Japaner in Singapur einmarschierten, wie manche vorhersagten?

Doch dann verdrängte er diesen Gedanken. Fürs Erste gab es so vieles, das man genießen konnte: das billige Bier, die Duscheinrichtungen für die Soldaten, die wuseligen Märkte mit ihren duftenden Gewürzständen.

Und was machte es schon, wenn die Japaner wirklich einen Angriff riskieren sollten? »Das hier ist Singapur, unsere Festung«, sagte sich Reg, und die war »genauso britisch wie der Trafalgar Square in London«.

Singapur konnte nicht fallen – oder doch?

Während Reg Twigg die fernöstlichen Eindrücke auf sich wirken ließ, gab es noch eine Person, die sich zu dieser Zeit in Singapur einlebte.

Vivian Bullwinkel war im Süden Australiens geboren worden, in einer Region mit drückender Hitze und trockenem roten Sand. Sie war eine groß gewachsene schüchterne junge Frau mit kurzen, blonden Haaren, die von ihren Freundinnen »Bully« genannt wurde und an der Schule eine der besten Sportlerinnen gewesen war.

1941 meldete sie sich freiwillig zur Royal Australian Air Force. Zu ihrer Enttäuschung wurde sie jedoch abgelehnt, weil sie – wie man ihr sagte – Plattfüße habe. Stattdessen trat sie ihren Dienst als Militärkrankenschwester an und wurde im Alter von fünfundzwanzig Jahren in Singapur stationiert. Ihr jüngerer Bruder ließ sich in Großbritannien zum *Spitfire*-Piloten ausbilden, und sie war stolz darauf, ihren Teil zur Verteidigung des Empires beitragen zu können.

Sie und ihre Kolleginnen empfanden alles als großes Abenteuer. Wie Vivian kamen die meisten von ihnen aus der australischen Provinz und hätten sonst nie die Chance gehabt, die große weite Welt kennenzulernen.

Keine von ihnen rechnete damit, Kriegsverwundete pflegen zu müssen. Die Nazis waren weit weg, und die meisten waren darauf eingestellt, Soldaten mit tropischen Krankheiten zur Seite zu stehen.

Für eine junge Frau wie Vivian barg das Leben in Singapur viele spannende Möglichkeiten. An ihren freien Tagen veranstalteten die Krankenschwestern Partys und Picknicks, spielten Tennis und Golf, gingen shoppen oder schwimmen.

Eines Abends war Vivian an Bord der *SS Vyner Brooke* zu einem festlichen Abendessen eingeladen. Es handelte sich um ein hübsches kleines Dampfschiff, das im malaiischen Sarawak auch als königliche Jacht verwendet wurde.

Nach Ausbruch des Krieges war das Schiff von der Royal Navy übernommen und grau wie ein Schlachtschiff gestrichen worden. Doch für ein Mädchen aus der australischen Provinz war es mit seinen polierten Messingelementen und den Bediensteten in ihren weißen Uniformen der Inbegriff von Luxus.

Als der Abend zu Ende ging, verabschiedete sich Vivian von dem jungen Offizier, der ihr Tischnachbar gewesen war.

Bald sollte sie auf die *Vyner Brooke* zurückkehren, allerdings unter ganz anderen Umständen.

■

Im Herbst wurde Reg mit seiner Einheit nach Norden geschickt, über die schmale Meerenge, die die Insel Singapur von den malaiischen Bergen trennt.

Er konnte seinen Blick nicht von der Landschaft abwenden. »Alles war saftig grün, und überall gab es Wasser«, erinnerte er sich. »Frauen und Ochsen standen knietief in den Reisfeldern. Kleine malaiische Kinder blieben stehen und winkten uns zu – den Soldaten, die von weit her gekommen waren.« In der Ferne sah er den Dschungel, »dunkel und undurchdringlich«, und in den Bäumen plapperten die Affen.

Der Monsun kam und die Soldaten warteten. »Regen und noch mehr Regen«, schrieb Reg. »Und nichts Neues.«

Dann, an einem feuchtheißen Tag, gab es doch neue Nachrichten.

Die Japaner hatten Pearl Harbor angegriffen. Überall rückten Männer in dunkelgrünen Uniformen nach Süden vor. Die britische Kronkolonie Hongkong war von ihrer Kolonialmacht abgetrennt worden. Die Panzer und Flugzeuge von vier japanischen Divisionen waren im Norden Malayas angekommen.

Reg und seine Kameraden warteten immer noch ab, die Anspannung wuchs. Und je mehr Informationen zu ihnen durchdrangen, desto mulmiger war ihnen zumute.

Am 10. Dezember 1941 versenkten zwei japanische Bomber die beiden größten britischen Schlachtschiffe in Südostasien: die *Repulse* und die *Prince of Wales*. An Heiligabend kapitulierte Hongkong. Schon bald machten Gerüchte die Runde, dass Japan seine Kriegsgefangenen – wie schon in China – grausam misshandelte.

In Malaya feierte Japan einen Erfolg nach dem anderen. Ihre

Flugzeuge hatten sich die Lufthoheit gesichert. Ihre Schiffe kontrollierten das Meer. Und jetzt drangen seine Truppen unaufhaltsam nach Süden vor.

Churchill ließ seinen Oberbefehlshabern eine klare Botschaft zukommen. Eine Niederlage war undenkbar. »Die Stadt Singapur muss zu einer Festung gemacht werden und bis zum Tod verteidigt werden«, schrieb er mit Nachdruck. »Niemals werden wir uns ergeben.«

Doch die Japaner drangen immer weiter vor, was Reg und seinen Kameraden zunehmend Sorgen bereitete. Sie waren abgeschnitten von der Hauptstreitmacht der alliierten Truppen und stapften tagelang durch den Regen, um den Rückweg zu finden.

Am Morgen des 31. Januar 1942 waren Zehntausende britische und australische Soldaten, darunter auch Reg, in der Meerenge von Singapur ins Hintertreffen geraten. Schließlich befanden sich nur noch neunzig Schotten, die zu den Klängen ihrer Dudelsäcke marschierten, auf dem steinernen Damm, der Singapur mit dem Festland verband.

Um 8 Uhr wurde die Stadt von einer gewaltigen Explosion erschüttert. Die Alliierten hatten den Damm gesprengt und hofften dadurch die japanische Offensive zu stoppen. Doch sie konnten sie nur hinauszögern.

Am 8. Februar landeten über zehntausend Japaner im Schutze der Dunkelheit an der Nordspitze der Insel Singapur. In der Morgendämmerung folgten weitere Tausende.

Rein zahlenmäßig waren die Briten und Australier ihren Angreifern deutlich überlegen. Doch ihre Moral lag am Boden. Was immer sie auch versuchten, die Japaner schienen es vorauszuahnen.

»Sie waren immer zuerst da und hatten stets die bessere Position«, erinnerte sich Reg. »Und wir waren völlig ungeschützt, unter der glühenden Sonne, wie auf einer offenen Bühne.«

Während die Verteidigung zusammenbrach, schickte Churchill eine weitere Botschaft. Singapur, wiederholte er, dürfe nicht fallen. »Die Schlacht muss bis zum bitteren Ende geführt werden, koste es, was es wolle … die Befehlshaber und älteren Offiziere sollen mit ihren Truppen sterben. Die Ehre des britischen Königreichs und der britischen Armee steht auf dem Spiel.«

Tausende von Kilometern weiter östlich kauerte sich Reg Twigg in seinem Schützengraben zusammen. Hinter ihm brannte die Stadt, vor ihm rückten die Japaner vor, um ihn zu töten.

»Die Kugeln schossen pfeifend an meinem Kopf vorbei, und das Gras wurde von den Salven der Maschinengewehre in klaren, tödlichen Streifen aufgerissen«, erinnerte sich Reg.

Dann brachten die Japaner ihre schweren Waffen in Stellung. Ihre Maschinengewehre richteten schon genug Schaden an, doch »was dann kam, war unglaublich«, notierte Reg. »Schreie mischten sich in die Explosionen, die das Gehirn ausfüllten und in den Ohren schmerzten. Männer wurden wie zerfetzte Stoffpuppen durch die Luft gewirbelt, Blut und Gliedmaßen, wohin man schaute.«

Plötzlich spürte Reg einen brennenden Schmerz im rechten

Oberschenkel. Ein anderer Soldat, der neben ihm gestanden hatte, flog durch die Luft und landete direkt auf ihm.

Schließlich ebbte der Lärm ab und Reg hörte nur noch das Stöhnen der Verwundeten. Auch er war getroffen worden, aber er war am Leben.

Im Lazarett kümmerten sich die Krankenschwestern um die Verwundeten. »Du brauchst nicht zurückzukehren, Twigg«, erklärte ein Offizier.

Es hatte keinen Sinn mehr. Die Sache war vorbei.

Am Abend des 15. Februar erklärten die Briten ihre Kapitulation. Wenige Stunden später wurde die Flagge der aufgehenden Sonne auf dem höchsten Gebäude Singapurs gehisst.

In London war Churchill wie vom Donner gerührt. Es war das größte Desaster in der britischen Militärgeschichte. Mehrere Tausend Menschen waren getötet worden, etwa 100.000 Briten waren in japanische Gefangenschaft geraten. Zudem hatte das britische Königreich Singapur verloren, vielleicht die strategisch wertvollste Kolonie in Südostasien.

Für Japan hingegen war es ein Triumph. Der Weg nach Burma und Indien, selbst nach Australien und Neuseeland, war frei geworden. Ganz Asien schien sich der japanischen Übermacht ergeben zu müssen.

In Singapur war Reg Twigg einer der vielen Gefangenen, »unter den strengen Blicken der Wächter mit ihren gezückten Bajonetten«.

Ein japanischer Offizier sprach zu ihnen: »Ihr seid jetzt Gefangene der Kaiserlich Japanischen Armee. »Wenn ihr euch gut benehmt, habt ihr nichts zu befürchten.«

Doch das hämische Grinsen in seinem Gesicht sagte etwas anderes. Und der richtige Albtraum sollte erst beginnen.

▪

Auch für Vivian Bullwinkel war der Fall Singapurs erst der Anfang.

Während der japanischen Offensive hatten Vivian und ihre Kolleginnen alles dafür getan, um ihren verwundeten Landsleuten zur Seite zu stehen. Doch am 12. Februar waren sie zum Hafen evakuiert worden und warteten darauf, von einem Schiff in Sicherheit gebracht zu werden.

Sie alle waren am Boden zerstört, ihre australischen Jungs zurücklassen zu müssen. Doch um sie her versank alles im Chaos.

Singapur stand in Flammen. Auf den Kais drängten sich verzweifelte Menschen, während in der Ferne das unbarmherzige Feuer der japanischen Gewehre dröhnte.

»In das Dröhnen der Waffen mischten sich die Schreie der Sterbenden und Verwundeten«, erinnerte sich ein Offizier der Royal Navy. »Verschmorte, unkenntliche Körper lagen zwischen den Überresten von aufgesprungenen und zerfetzten Koffern.«

Doch zum Erstaunen des Offiziers zeigten Vivian und ihre Freundinnen keine Zeichen von Panik. Sie gingen ruhig zwischen den Verwundeten umher, beruhigten und halfen.

Dann war das Boot bereit. Vivian erkannte es sofort wieder. Es war die *SS Vyner Brooke*, auf der sie vor wenigen Monaten so einen schönen Abend verbracht hatte.

In der Abenddämmerung schob sich das Schiff aus dem Hafenbecken heraus. Flammen tanzten über der verblassenden Stadt.

Doch so schnell konnten sie dem Schrecken nicht entkommen. Auch auf See tobte der Krieg. Dutzende von Schiffen wurden von der japanischen Luftwaffe versenkt, Tausende ertranken.

Zwei Tage lang ächzte die *Vyner Brooke* unter dem Gewicht von dreihundert verängstigten Passagieren, entging jedoch allen feindlichen Angriffen. Als sie die Küste von Sumatra erreichte, verließ sie das Glück.

Der 14. Februar war ein heißer, sonniger Tag. Etwa um 14 Uhr hörte Vivian das Kreischen von Kriegsflugzeugen. Drei schweren Einschlägen folgte eine mächtige Erschütterung.

Der Alarm heulte los, alle mussten das Schiff verlassen. Doch obwohl die Besatzung schon die Rettungsboote zu Wasser ließ, kehrten die japanischen Flugzeuge noch mal zurück und feuerten weiter.

Als die *Vyner Brooke* zu sinken begann, trat sich Vivian die Schuhe von den Füßen und kletterte eine Strickleiter hinunter. Ihr Blick fiel auf ein gekentertes Rettungsboot, das im Wasser trieb.

Als Kind hatte sie nie schwimmen gelernt. Jetzt nahm sie all ihren Mut zusammen, warf sich dem Boot entgegen und bekam eine Planke zu fassen. Hätte sie losgelassen, wäre sie verloren gewesen.

Sieben Stunden lang klammerte sie sich fest. Nachdem es

bereits dunkel geworden war, spürte sie plötzlich Sand unter ihren Füßen.

Unwissentlich hatte sie Bangka erreicht, eine östlich von Sumatra gelegene indonesische Insel.

Die ganze Nacht hindurch retteten sich weitere Überlebende an Land: Krankenschwestern, Soldaten, Zivilisten – mit tauben Gliedern und zerfetzten, durchnässten Kleidern.

Bei Anbruch des Tages waren sie drauf und dran aufzugeben. Sie hatten keine Nahrungsmittel und einige von ihnen waren schwer verwundet. Wenn sie aufgaben, würden sie in Gefangenschaft geraten, doch zumindest würden ihnen die Japaner etwas zu essen geben.

Eine kleine Gruppe machte sich auf den Weg, um den nächsten Ort ausfindig zu machen. Die Krankenschwestern blieben am Strand, um die Verwundeten zu versorgen.

Vivian lag völlig erschöpft im Sand, als die Japaner kamen. Was dann passierte, sollte sich für den Rest ihres Lebens in ihr Gedächtnis einbrennen.

Mit kaltem Lächeln befahl der japanische Kommandant den britischen und australischen Männern, ihm um die Landzunge herum zu folgen. Die Krankenschwestern mussten unter Bewachung an Ort und Stelle bleiben.

Nach einer Weile hörten die Krankenschwestern etwas, das nach Gewehrschüssen klang.

Dann kamen die japanischen Soldaten zurück, setzten sich in den Sand und wischten das Blut von ihren Bajonetten.

»Vivian«, flüsterte ihr eine andere Krankenschwester zu. »Die haben sie alle umgebracht.«

Es war ein wunderschöner sonniger Tag. Die Palmen wiegten sich im Wind. Die Wellen schwappten sanft ans Ufer.

Die japanischen Soldaten hoben ihre Maschinengewehre. Dann sagten sie den Krankenschwestern, sie sollten sich in einer Reihe am Ufer aufstellen und langsam ins Meer hinausgehen.

Die Krankenschwestern gehorchten. Niemand weinte. Niemand versuchte wegzulaufen. Es gab keinen Ausweg.

Sie drehten ihre Gesichter zum Horizont und setzten sich in Bewegung.

Das Meerwasser reichte Vivian jetzt bis zu den Knien. Sie dachte nur noch daran, bald ihren Vater wiederzusehen, der starb, als sie noch ein Kind war.

»Kopf hoch, Mädchen«, sagte Irene Drummond, die Dienstälteste der Krankenschwestern, leise. »Ich bin stolz auf euch und ich liebe euch alle.«

Dann fielen die ersten Schüsse.

Eine Kugel traf Vivian oberhalb der linken Hüfte. Sie taumelte weiter und für einen Moment wurde ihr schwarz vor Augen.

Aber sie war noch am Leben. Die Kugel war durch sie hindurchgegangen, ohne lebenswichtige Organe zu verletzen.

Als sie wieder zu Bewusstsein kam, hörte sie die Japaner am Strand. Sie wusste, dass sie beim kleinsten Huster doch noch sterben würde.

In den nächsten Minuten ließ sie sich im seichten Wasser treiben. Schließlich, berichtete sie später, habe sie sich getraut, ihren Oberkörper aufzurichten. Sie schaute sich um, sah aber niemanden mehr am Strand.

Irene Drummond war tot, so wie alle anderen. Vivian war die einzige Überlebende.

Die Nacht verbrachte sie im Dschungel. Am nächsten Morgen, halb verdurstet, entdeckte sie eine Süßwasserquelle.

Von Erleichterung überwältigt, trank sie. Dann hörte sie eine Stimme.

»Wo waren Sie die ganze Zeit, Schwester?«

Vivian drehte sich um und sah einen schwer verwundeten englischen Soldaten vor sich. Es war der Soldat Pat Kingsley aus Yorkshire.

Über eine Woche lang versteckten sie sich im Dschungel. Doch Kingsley blutete immer noch aus der Wunde, die ihm ein Bajonett zugefügt hatte. Außerdem war ihr klar, dass sie früher oder später verhungern mussten.

Schließlich überredete sie ihn, sich zusammen mit ihr den Japanern zu stellen und darauf zu hoffen, dass sie dieses Mal Gnade zeigten.

»Lass uns noch einen Tag warten«, bat er sie. »Ich werde morgen neununddreißig, und diesen Tag will ich noch in Freiheit verbringen.«

Vivian stimmte lächelnd zu.

Am nächsten Tag feierten sie Pat Kingsleys Geburtstag. Am Tag darauf begannen sie, die japanischen Soldaten zu suchen.

■

Vivian Bullwinkel verbrachte den Rest des Krieges in einem japanischen Gefangenenlager. Als einzige Überlebende des Massakers auf Bangka hatte sie ein unglaubliches Glück gehabt.

Im Gegensatz zu Hunderttausenden, die ebenfalls in japanische Kriegsgefangenschaft fielen. Für die Japaner verlor man mit der Kapitulation seine persönliche Ehre. Man nahm sich lieber das Leben, als dem Feind in die Hände zu fallen.

Also wurden auch die Briten und Australier, die sich ergeben hatten, nicht als schützenswerte Individuen, sondern als Besiegte betrachtet, die ihre Würde verloren hatten und deshalb mit äußerster Grausamkeit behandelt wurden.

Nur wenige wussten das besser als Reg Twigg. Monatelang war er mit den anderen Sträflingen dazu gezwungen, den zerstörten Hafen von Singapur neu aufzubauen. Im Herbst 1942 mussten sie sich in einem Viehwaggon zusammendrängen, mehr als dreißig von ihnen in einem Holzverschlag.

Es gab keinen Platz, um zu sitzen, geschweige denn zu liegen. Außerdem war es so stickig und heiß, dass sie kaum atmen konnten. Viele Männer waren schwerkrank, doch es gab weder Wasser noch eine Toilette. Ihr dreckigen durchgeschwitzten Kleider klebten an ihrer Haut, der Gestank war unerträglich.

Drei Tage und Nächte lang fuhr der Zug nach Norden, durch Malaya und Thailand hindurch bis an die Grenze des neuen japanischen Reiches.

Am vierten Tag hielt der Zug an. Als Reg mit tauben Gliedern und brennendem Durst aus dem Waggon kletterte, sah er nichts als Reisfelder, die sich bis zum Horizont erstreckten.

In der Nacht schliefen sie in stinkenden, feuchten Hütten, die voller Moskitos waren. Doch die größte Qual sollte am nächsten Tag beginnen.

Um ihre Armee weiter aufzurüsten und die Engländer in Burma bekämpfen zu können, ohne eine Überquerung des Meeres riskieren zu müssen, hatten die Japaner beschlossen, eine Bahnstrecke zu bauen, die durch den thailändischen Dschungel bis ins Herz von Burma führte.

Eine Bahnstrecke durch dieses von Schlangen bevölkerte und von Krankheiten verseuchte Sumpfland zu bauen, war enorm gefährlich. Doch die Japaner wollten es auch nicht selbst tun, sondern Reg Twigg und Hunderttausende andere Kriegsgefangene sowie lokale Zwangsarbeiter dazu zwingen.

In den nächsten drei Jahren arbeitete Reg an dieser Bahnstrecke des Todes. Jeden Morgen quälte sich der halb verhungerte Reg hoch, um sich beim Roden des Dschungels den Rücken zu ruinieren.

Um ihn her starben die Männer wie die Fliegen. Manche gingen an Hunger und Krankheit, Depression und Einsamkeit zugrunde. Doch viele starben auch durch die Hände der Japaner.

»Es war entsetzlich, so etwas zum ersten Mal zu sehen«, schrieb er, »doch am Ende gewöhnt man sich an vieles und wird abgehärtet. Ein Wächter fühlt sich von einem Kerl provoziert. Der weiß nicht, was er getan oder nicht getan hat. Du weißt es auch nicht. Aus dem Augenwinkel beobachtest du, wie er getreten und geschlagen wird. Du traust deinen eigenen Augen nicht, aber du kannst auch nicht wegsehen.«

Die Wochen vergingen und die Bahnstrecke des Todes nahm Gestalt an. Reg hätte nicht niedergeschlagener sein können. »Hier gibt es nur bösartige, launische, bis an die Zähne bewaffnete Wächter. Ansonsten nichts als Dschungel, unzählige Kilometer Bambus und die lebensgefährlichen Sümpfe, in denen dich jede Kreatur töten kann, falls einem die erbarmungslose Hitze nicht vorher den Garaus macht.«

Voller Wehmut dachte er an zu Hause. »Mein Vater sitzt bestimmt gerade im Pub, trinkt ein Bier und fragt sich, warum Reggie schon länger nicht mehr geschrieben hat.«

Aus Monaten wurden Jahre, doch Regs Überlebenswille war ungebrochen. »Ich musste einfach am Leben bleiben«, schrieb er später, »und zwar so lange, bis die Japaner geschlagen waren.«

Eines Tages, er hatte schon fast jedes Zeitgefühl verloren, sah er etwas, das sein Herz höherschlagen ließ.

Die Japaner hatten sie beauftragt, die Schienen vom Wrack einer zerstörten Eisenbahn zu befreien. Doch dann sah er die Bombeneinschläge und das Blut auf den geborstenen Schienen.

Die Alliierten mussten diese Bahnstrecke angegriffen haben. Hoffnung keimte in ihm auf.

Er dachte an Rache und daran, dass die Japaner nun dafür bezahlen sollten, »dass sie uns aus Singapur vertrieben, die Krankenschwestern in den Hospitälern mit ihren Bajonetten niedergestochen und so viele von uns an der Bahnstrecke gequält und gefoltert hatten«.

Wenige Wochen später, während die Männer in ihren Hütten zu schlafen versuchten, hörte Reg ein Geräusch.

Es war eine zitternde Stimme im Dunkeln. Einer der Gefangenen sang »Land of Hope and Glory«.

Ein anderer Mann fiel in den Gesang ein. Und im nächsten Moment sangen sie alle; ihre Stimmen erhoben sich zu einer Hymne der Hoffnung.

Draußen näherten sich trampelnde Stiefel. Die Japaner stürmten wutentbrannt in ihre Hütten. »England kaputt!«, schrie einer der Wächter. »England kaputt!«

Aber das war nicht der Fall.

TEIL 4

ZEITENWENDE

13

Der Wüstenfuchs

In der Wüste Nordafrikas erstreckt sich der Sand, so weit das Auge reicht. Hunderte von Kilometern ohne Straßen, ohne Städte, ohne Zeichen menschlichen Lebens, als hätten Männer und Frauen nie existiert.

Hier ist nur die Ödnis der Wüste: unermesslich und gnadenlos, wunderschön und grausam zugleich.

Zweieinhalb Jahre lang kämpften und starben Männer in der sengenden Hitze. Manche kamen aus Großbritannien oder den Commonwealth-Staaten – Australien, Neuseeland, Indien und Südafrika –, während andere aus Deutschland und Italien stammten.

Doch ganz gleich, welche Uniform sie trugen, vor einer Herausforderung standen sie alle gleichermaßen: Tag für Tag mussten sie gegen Schlangen und Skorpione, Übelkeit und Durst ankämpfen. Statt frischer Lebensmittel hatten sie nur Konservennahrung. Sie schlugen nach den Fliegen, die auf ihren aufgesprungenen Lippen saßen, und brühten ihren Tee in alten Ölkanistern auf – über Lagerfeuern, die sie mit Petroleum anfachten.

Sie fühlten sich wie Gefangene in einem riesigen Glutofen.

Ihre helle Haut war verbrannt, darunter leuchtete es rosa. Ihre kakifarbenen Uniformen waren von Schweißflecken übersät.

Der Sand war überall. In ihren Stiefeln, ihrer Kleidung, ihren Augen und Mündern. Am schlimmsten war es, wenn ein Sturm aufzog. Der Kriegsberichterstatter Richard Dimbleby schrieb vom »entfesselten Zorn der Wüste, der uns mit peitschendem Sand die Haut abzog«.

»Eine riesige Sandwolke wirbelte uns entgegen«, schrieb Bob Sykes vom britischen Panzerregiment. »Aus der Luft schien sämtlicher Sauerstoff zu entweichen und die Fliegen spielten völlig verrückt.«

Nach Luft schnappend suchte Bob Schutz in seinem Unterstand. Doch es gab kein Entkommen. »Ich geriet fast in Panik. Der Sand drang durch jede Ritze. Ich dachte, ich würde lebendig begraben werden. Ich kämpfte mich nach draußen ... der Sand riss mir die Haut von Gesicht und Händen. Es war fast stockdunkel und ich fühlte mich unendlich einsam. Dann sah ich ein fahles Licht, das schmutzige Orange der Sonne. Der Lärm verstummte allmählich, als der Wind sich legte.«

Er hatte seinen ersten Sandsturm überlebt.

■

Männer wie Bob mochten sich fragen, was sie in der Wüste überhaupt zu suchen hatten. Doch ein Blick auf die Karte zeigte, dass der Sieg in Nordafrika von entscheidender Bedeutung war.

Vor dem Krieg hatten die europäischen Großmächte die Wüste unter sich aufgeteilt: Libyen zum Beispiel gehörte zu Mussolinis Italien. Sein östlicher Nachbar Ägypten hingegen wurde von Großbritannien regiert. Für die Engländer war Ägypten von entscheidender Bedeutung. Sie durften nicht zulassen, dass Hitler und Mussolini den Suezkanal – diese wichtige Wasserstraße, die das Mittelmeer mit dem Roten Meer und dem Indischen Ozean verbindet – unter ihre Kontrolle brachten.

Ohne den Suezkanal wären die britischen Armeen in Asien von ihrer Heimat abgeschnitten, und Hitler hätte freien Zugriff auf das Erdöl Arabiens und Persiens, um sich dann den Reichtümern Indiens zuzuwenden.

Churchill teilte seinen Oberbefehlshabern unumwunden mit, das »Leben und die Ehre Großbritanniens« hinge von der »erfolgreichen Verteidigung Ägyptens« ab.

Zumindest konnten die Briten sich darüber freuen, dass sie zuerst mit den Italienern zu tun haben würden, die im Ruf standen, notorisch schlecht organisiert, unzulänglich ausgestattet und inkompetent geführt zu sein.

Mussolini gab damit an, dass seine Soldaten die Nachfahren der römischen Legionäre seien. Doch als sie im Herbst 1940 nach Süden vorrückten, war ihr Angriff ein heilloses Durcheinander.

Ein Beobachter hatte den Eindruck, dass der italienische Vormarsch mit solcher Beiläufigkeit geschah, als seien die Soldaten zu einem Kindergeburtstag unterwegs. Ihm zufolge warfen viele ihre Waffen weg und ergaben sich, als sie die alliierten Verteidigungslinien erreichten.

Als der australische Journalist Alan Moorehead ein verlassenes italienisches Feldlager inspizierte, fand er Bettwäsche aus Leinen vor, verzierte Uniformen, »Gürtel mit Quasten und Hüte mit Pfauenfedern«.

Darüber hinaus entdeckte er »Gläser mit eingelegten Kirschen, Zinnbehälter, die mit Schinken, Brot und Anchovis gefüllt waren, sowie Flaschen mit ausgezeichneten italienischen Weinen und Kognaksorten«. Die Italiener hatten, mit anderen Worten, für ein Picknick gepackt.

Im Januar 1941 befand sich die italienische Armee auf dem Rückzug. Britische und australische Truppen erreichten schon bald die zur Festung ausgebaute libysche Stadt Tobruk, die eine strategisch wichtige Verbindung zum italienischen Festland darstellte.

Die Belagerung der Stadt dauerte nicht einmal zwei Tage. Und die Engländer hatten auch noch das Glück, dass die Italiener vor der Teatime kapitulierten.

In Berlin war Hitler außer sich vor Wut. Schon bald werde Großbritannien »Italien eine Pistole an den Kopf halten«, was unter allen Umständen verhindert werden müsse.

Und der Führer wusste auch genau, wer der richtige Mann für diesen Job war.

■

Kaum ein General wurde von Hitler so geschätzt wie Erwin Rommel. Als Panzerkommandeur in Frankreich war er für sein Geschick und seine Entschlossenheit bekannt. Ein ums andere Mal war seinen Panzern dort ein Durchbruch gelungen, wo der Feind nicht damit gerechnet hatte.

Rommel selbst war ein klein gewachsener und zurückhaltender Mann, der von seinen Soldaten geliebt wurde. In der deutschen Bevölkerung galt er als einer der verwegensten Befehlshaber.

Selbst seine Feinde sahen in ihm einen respektablen Gegner. Churchill bezeichnete ihn als kühnen und klugen Widersacher und als »großen General«.

Am 12. Februar 1941 landete Rommel mit zwei Panzerdivisionen in Afrika. Voller Selbstbewusstsein nach ihren Siegen in Frankreich, konnten es seine Männer kaum erwarten, sich in ein neues Abenteuer zu stürzen.

»Wir haben seit Wochen von nichts anderem geredet«, schrieb einer von ihnen, »tropische Nächte, Palmen, eine leichte Seebrise, die Eingeborenen, die Oasen ... natürlich gibt es auch ein bisschen Krieg, aber wie sollten wir nicht siegreich sein?«

Rommel hatte schnellen Erfolg. Binnen weniger Wochen drängte sein Afrikakorps die Alliierten in Richtung der ägyptischen Grenze zurück.

Ein Jahr lang wogten die Kämpfe hin und her. Rommels vorrückende Truppen wurde von den Alliierten immer wieder zurückgedrängt. Dieser Wüstenkrieg unterschied sich wesentlich von den Schlachten in Russland oder Südostasien. Die beiden

Armeen behandelten sich gegenseitig mit einem gewissen Respekt, riefen sich witzige Bemerkungen zu und sangen Lieder.

Eines Tages wurde ein durch die Wüste humpelnder deutscher Soldat von der britischen Armee aufgelesen. Sie gaben ihm Wasser und ließen ihn nahe der eigenen Truppe wieder frei.

Zwei verletzte Australier wurden zwischenzeitlich von den Deutschen aufgenommen, die ihre Wunden verbanden und ihnen sogar Kaffee machten.

Doch obwohl manche vom »Krieg ohne Hass« sprachen, war es immer noch Krieg. Monat für Monat wurden Tausende Soldaten erschossen und verbrannten in ihren Panzern.

Viele Soldaten der alliierten Streitkräfte kamen aus Britisch-Indien. Sie wurden oft schwer misshandelt, wenn sie in Gefangenschaft gerieten. »Liebe Mutter, ich wurde gefangen genommen«, schrieb ein indischer Soldat nach Hause. »Ich finde kaum Worte dafür, wie schlecht wir von den Deutschen behandelt werden. Sie haben uns einen Schluck Wasser und einen Keks gegeben … sie treten und sie schlagen uns … Wenn ich dir schriebe, was wir hier durchmachen, würde es dir das Herz brechen.«

Rommel blieb überaus optimistisch. Er wusste um die Kampfkraft seiner Truppen und um die Zuverlässigkeit seiner Panzer. Zumal das Afrikakorps nicht an seiner Bestimmung zweifelte.

Im April 1941 marschierte Hitler in Griechenland ein, das nach einem Monat kapitulierte. Wie schon in Frankreich wurden Tausende Angehörige der Truppen Großbritanniens und des Commonwealth von Schiffen gerettet. Ein weiteres Desaster erlebten die Alliierten auf Kreta, wo sie von deutschen Fallschirmjägern besiegt wurden.

»Immer wenn wir den Deutschen begegnen, drängen sie uns wieder zurück«, murrte ein englischer Soldat. »Wir verlieren sogar auf See, wo wir doch die Vorherrschaft haben sollten.«

Manche alliierten Soldaten fragten sich sogar, ob man Rommel je würde schlagen können. Sie nannten ihn den »Wüstenfuchs«, so listig entkam er aus jeder Falle, so rasch zog er an seinen Feinden vorbei, ehe sie es bemerkten.

Anfang des Jahres 1942 startete Rommel eine neue Offensive, bei der er in Richtung der ägyptischen Grenze vorstieß und die britische Armee weit zurückdrängte.

Im Frühjahr hatte das deutsche Afrikakorps die Stadt Gazala unweit von Tobruk erreicht. Da beide Seiten erschöpft waren, ebbten die Kämpfe bald ab, was den Alliierten ermöglichte, ihre Minen auszulegen.

Doch in den Morgenstunden des 27. Mai ging der Wüstenfuchs aufs Ganze.

An der Front bei Gazala funkte ein britischer Offizier: »Im Süden ist eine große Staubwolke, die wie eine militärische Formation aussieht.«

»Im Süden gibt es keine Truppen«, antwortete das Hauptquartier auf der Stelle. »Ich wiederhole: keine Truppen im Süden.«

»Die Staubwolke wird größer«, meldete der Offizier. »Ich kann schon die ersten Panzer erkennen. Kein Zweifel, ich wiederhole: kein Zweifel! Da kommt eine große deutsche Einheit.«

»Ich wiederhole«, kam es aus dem Hauptquartier. »Es gibt keine feindlichen Truppen in Ihrer Gegend.«

»Sie haben uns gesehen und eröffnen das Feuer auf uns«, meldete der Offizier verzweifelt. Es ist ohne Zweifel das Afrikakorps, das auf El Adem zuhält. Sie greifen uns …«

In diesem Moment hörte man eine große Explosion. Danach war alles still.

■

Die eingekesselten Truppen der Alliierten hatten Rommels Afrikakorps nichts entgegenzusetzen. Der Wüstenfuchs schien überall zu sein, seine Panzer kamen aus allen Richtungen, der Sand färbte sich blutrot.

Die Achte Armee der Briten versank im Chaos. Der britische Kriegsberichterstatter Richard Dimbleby stieß zufällig auf eine britische Panzerbesatzung, die an ihrem Fahrzeug zu Boden gesunken war, um inmitten des Gemetzels eine Verschnaufpause zu machen.

Die drei Männer kamen aus London und waren »mit Sand, Staub und Ölflecken übersät.« Der Fahrer handelte im Zivilleben mit Bibeln. Bei seinen Kameraden handelte es sich um einen Hotelmanager und einen Bankangestellten.

»Ich hab die Schnauze voll von dieser Wüste«, sagte der Bibelverkäufer. »Es ist immer das Gleiche. Wir drängen sie zurück und im nächsten Moment sind sie wieder da und fallen über uns her.«

Erneut geriet die britische Armee ins Hintertreffen. Ihre Kampfmoral war am Boden und ihre Energie aufgebraucht. Und nun waren Rommels Truppen bis nach Tobruk vorgedrungen, das die Alliierten seit anderthalb Jahren unter ihrer Kontrolle hatten.

»Für jeden von uns«, schrieb der Wüstenfuchs später, »war Tobruk ein Symbol des britischen Widerstands, und jetzt würden wir die Sache ein für alle Mal beenden.«

Churchill befahl, Tobruk zu verteidigen – koste es, was es wolle. Doch diesen Befehl hatte er auch schon den Truppen in Singapur gegeben.

Der Angriff begann in den Morgenstunden des 20. Juni und dauerte nicht lange. Bereits am Nachmittag waren die Verteidigungslinien auseinandergerissen.

Am Hafen gab der Kommandeur einer auf alliierter Seite kämpfenden südafrikanischen Einheit Anweisung, die Vorräte zu vernichten, ehe sie den Deutschen in die Hände fielen.

»Im Schlachtengetümmel«, schrieb der Journalist Alan Moorehead, »versank Tobruk in einer Wolke aus Feuer und Explosionen. »Tausende Tonnen mit Benzin wurden von den Flammen, teils auch von Handgranaten entzündet und stiegen als gewaltige Feuersäulen in den Himmel. Gigantische schwarze Rauchwolken trieben durch die Stadt.«

Am nächsten Tag rollten Rommels Panzer in die Stadt. Die gegnerischen Truppen kapitulierten. Für Großbritannien ein weiteres Desaster.

Am schlimmsten, so schrieb der schockierte Moorehead, sei jedoch die Tatsache, dass Rommel nun genug britische Fahrzeuge, genug Panzer, Waffen und Benzin habe, um sogleich nach Ägypten weiterzuziehen. »Der Weg liegt offen vor ihm«, notierte der Journalist.

■

Churchill war in Washington, als ihn die Nachricht vom Fall Tobruks erreichte. Dieses eine Mal verschlug es ihm die Sprache.

»Wie können wir helfen?«, fragte Roosevelt.

»Geben Sie uns so viele Sherman-Panzer, wie Sie entbehren können«, antwortete Churchill, »und bringen Sie sie so schnell wie möglich in den Mittleren Osten.«

Doch würden die Panzer rechtzeitig ankommen, da Rommel so schnell vorrückte?

Am 23. Juni 1942 hatte der Wüstenfuchs die ägyptische Grenze überquert und sechs Tage später schon fast die Briten eingeholt.

»Stoßen Sie bis nach Alexandria vor«, befahl Rommel seinen Oberkommandierenden, »und stoppen Sie, wenn die Vororte erreicht sind… Wenn ich morgen da bin, können wir in Kairo zusammen einen Kaffee trinken.«

Nie war das Selbstbewusstsein des Afrikakorps größer. Selbst Mussolini flog nach Nordafrika, um seine Armee auf einem Schimmel in die ägyptische Hauptstadt zu führen.

In der glühend heißen Metropole war man sich der Niederlage gewiss. Ägypten war verloren. Der Suezkanal war verloren. Der gesamte Mittelmeerraum war verloren. Selbst Indien stand auf dem Spiel.

Die Straßen waren voller Flüchtlinge. Die Züge platzten aus allen Nähten, weil so viele die Stadt verlassen wollten. Im Hauptquartier der Alliierten wurden vertrauliche Dokumente verbrannt.

Doch Rommel war nicht unbesiegbar. Er war ein Mensch, nicht Superman, und er hatte eine fatale Schwäche.

Nach so vielen Siegen hatte er begonnen, an seinem eigenen Legendenstatus zu arbeiten. Nach Ruhm dürstend, hatte er seine Männer bis zum Rand der Erschöpfung getrieben.

Am 1. Juli begann die Schlacht bei El Alamein, einer kleinen staubigen Bahnstation. Und diesmal hielten die Alliierten stand.

Beide Seiten waren bereits kampfesmüde und ausgelaugt. Bald reihten sich im Sand von El Alamein ausgebrannte Panzer und blutige Körper aneinander. Der nächste Angriff hätte den Sieg bringen können, doch keine Seite hatte mehr die Kraft dazu.

Es entstand eine Feuerpause, und nun, Anfang August, stieg Churchill ins Flugzeug, um sich selbst ein Bild von der Lage zu machen.

Seit zwei Jahren war er jetzt Premierminister. Und in all der Zeit hatte die britische Armee keinen einzigen entscheidenden Sieg gegen die Deutschen oder die Japaner errungen.

Churchill brauchte dringend Erfolgsnachrichten. »Wenn wir auch diese Schlacht verlieren«, bemerkte ein Freund, »ist Winston am Ende.«

In Kairo tigerte er unruhig auf und ab. »Rommel, Rommel, Rommel, Rommel«, brummte er. »Ich muss ihn schlagen. Das ist alles, was zählt.«

Dabei hätte Churchill selbst einen Rommel gebrauchen können, einen General, der an seine Bestimmung glaubte und auch seine Männer davon überzeugen konnte. Er brauchte einen Showman, einen Star, einen ebenso ehrgeizigen wie entschlossenen Mann.

Und er fand ihn in Bernard Montgomery.

■

Montgomery sah gar nicht wie ein Feldherr aus. Klein und schmal, mit dem Gesicht eines Habichts und seinem grauen Schnurrbart wirkte er eher wie der Sohn eines Pfarrers – was er auch war.

Die anderen Generäle hielten ihn für eingebildet, stur und ungehobelt. Doch seine Männer mochten ihn. Er hatte stets ein offenes Ohr für sie und fragte seine Soldaten, ob sie alles hatten, was sie brauchten.

Mit seiner schräg sitzenden Baskenmütze, der hellen Stimme und seinen lächerlich weiten Shorts war »Monty« eine auffällige Erscheinung und das wusste er auch. Sein Spitzname war sogar auf seinen Panzer gemalt worden.

Doch vor allem war Monty eine Führungspersönlichkeit. Seine Männer drillte er so lange, bis sie genau wussten, was er von ihnen verlangte.

Am 13. August begegnete er zum ersten Mal den Offizieren der Achten Armee. Es werde keine weiteren Rückzüge geben, sagte er. »Wir werden hierbleiben und kämpfen. Und wenn wir hier nicht lebend bleiben können, werden wir hier eben tot bleiben.«

»Hauptsache, wir werden ein für alle Mal mit diesem Rommel fertig«, fügte er hinzu. »Und dass wir es schaffen, daran besteht kein Zweifel.«

»Es war unglaublich«, sagte einer der Offiziere. »Als wir an diesem Abend zu Bett gingen, waren unsere Herzen von neuer Hoffnung erfüllt.«

Alle Generäle brauchen Glück und nun wendete sich das Blatt zu Montgomerys Gunsten. Mit perfektem Timing kamen Hunderte neue Sherman-Panzer an ägyptischen Häfen an. Zugleich stockte Großbritannien seine Truppen auf.

Rommels Afrikakorps hingegen litt an Krankheiten und Nahrungsmittelknappheit. Auch der Wüstenfuchs selbst wurde krank.

Montgomery bereitete seinen Angriff vor. Die Front würde erneut durch El Alamein verlaufen, von der Mittelmeerküste bis zum Treibsand der Wüste von Qattara.

Am 23. Oktober ließ Monty seinen Truppen eine Nachricht zukommen. »Die Schlacht, die uns bevorsteht«, schrieb er, »wird eine der großen Schlachten der Weltgeschichte sein. Ein Wendepunkt des Krieges. Die Augen der ganzen Welt sind auf uns gerichtet und verfolgen sorgenvoll, wohin sich die Waage des

Krieges neigen wird. Wir können darauf sehr schnell eine Antwort geben: Sie wird sich in unsere Richtung neigen.«

Am Abend stand ein Vollmond am Himmel, als wollte der Kriegsgott persönlich einen besseren Blick auf das Geschehen haben.

Im Westen standen 108.000 deutsche und italienische Soldaten bereit. Im Osten warteten 220.000 Soldaten Großbritanniens und des Commonwealth, dass Montgomery ihnen das Signal zum Angriff gab.

Um kurz vor 22 Uhr zerriss das Feuer der Alliierten fast den Himmel.

»Ein größeres Getöse war nie zu hören gewesen«, schrieb ein britischer Artillerist. »Hunderte von Waffen spuckten Feuer, sprangen vor und zurück wie eine Horde wild gewordener Terrier, es war der reine Horror.«

Das Afrikakorps erzitterte unter dem Ansturm der Alliierten. Ein Italiener erinnerte sich an eine »Feuerlawine«, die über sie hinwegrollte, während ein deutscher Soldat das Gefühl hatte, »als würde die ganze Wüste beben«.

Stunde um Stunde, Tag für Tag führten beide Armeen die unerbittliche Schlacht.

Den Männern an der Front kam sie wie ein chaotisches, blutiges Inferno vor.

Rommel wusste, dass seine Männer hoffnungslos in der Unterzahl waren. Am 27. August berichtete er seiner Frau, dass seine Truppe Stück für Stück aufgerieben werde. Zwei Tage später schrieb er, dass er »aufgrund der Last, die auf meinen Schultern liegt«, nicht schlafen könne.

In den frühen Morgenstunden des 2. November ordnete Montgomery mehrere Angriffswellen an, um mithilfe von Hunderten von Panzern die feindlichen Linien zu durchbrechen. »Während wir immer weiter vorrückten, empfanden wir einen wilden Stolz«, berichtete ein schottischer Infanterist. »An die Gefahr, in der wir selbst schwebten, verschwendeten wir keinen Gedanken. Wir erledigten unseren Job und dachten nicht daran, dass wir verwundet werden könnten.«

Zwei Tage später befahl Rommel seinen Leuten, den Rückzug anzutreten.

Fast die Hälfte seiner Armee war getötet oder verwundet worden oder in Gefangenschaft geraten. Er wusste, dass die Schlacht verloren war. Die Macht seines Afrikakorps war ein für alle Mal gebrochen worden.

Die Achte Armee der Briten hatte triumphiert. Montgomery würde seinen Platz in den Geschichtsbüchern finden. Der Weltkrieg hatte einen Wendepunkt erreicht.

Bei Churchill mischte sich Freude mit Erleichterung. Auf einem Bankett in London erinnerte er seine Zuhörer daran, dass er ihnen nichts als »Blut, Schweiß und Tränen« versprochen hatte. Doch nun, fügte er hinzu, gebe es eine neue Erfahrung. »Wir haben gesiegt.«

Fünf Tage später wurde in jedem britischen Ort der Sieg der Armee in der Wüste gefeiert. Seit dem Sommer 1940 hatten die

Kirchenglocken nicht mehr geläutet. Das hatte man sich für den Fall vorbehalten, dass die Deutschen auf der Insel landeten.

Doch nun erklangen die Glocken in jedem Winkel des Landes.

Hunderte von Kilometern weiter südlich, umgeben von den rauchenden Wracks der feindlichen Panzer, sanken Montgomerys Männer erschöpft, doch stolz und erleichtert auf die Knie.

Einer von ihnen war der junge Schotte Leutnant Ewen Frazer, der geschockt war, wie viele seiner Kameraden plötzlich nicht mehr da waren, wie wenige die Schlacht von El Alamein unverletzt überstanden hatten.

»Müde und grau sahen sie aus«, berichtete er, »aber auch stolz und zufrieden.«

Ein Grenadier rief ihm zu. »Wir haben es geschafft, Sir!«

»Er klang kein bisschen überheblich«, dachte Frazer. »Er hatte alles gesagt.«

14

Showdown in Stalingrad

Im Frühjahr 1942 gab es auf den Straßen von Leningrad überraschende Werbeplakate zu sehen.

Seit sechs Monaten wurde die große Stadt im Norden Russlands belagert. An den Kanälen häuften sich die Leichen der Verhungerten. Die noch lebten, schleppten sich wie Geister durch den Nebel.

Jeden Tag waren die außerhalb der Stadt postierten deutschen Geschütze zu hören.

Doch nun stellte der Dirigent Karl Eliasberg eine unerwartete Anfrage. Trotz der furchtbaren Umstände wollte er im großen Konzertsaal des Konservatoriums ein ganz besonderes Konzert dirigieren.

Von seinem Radio-Sinfonieorchester waren nur noch vierzehn Musiker verfügbar. Die anderen waren entweder an Hunger und Kälte gestorben oder vom Militär eingezogen worden.

In den nächsten Wochen ging Eliasberg von Tür zu Tür, auf der Suche nach Ersatzmusikern.

»Mein Gott, wie dünn viele geworden waren«, erinnerte sich

einer seiner Freunde. »Und wie sehr sie sich freuten, wenn wir sie in ihren dunklen Wohnungen aufsuchten. Manche waren zu Tränen gerührt, wenn sie uns ihre Konzertgarderobe, ihre Geigen, Cellos und Flöten präsentieren konnten.«

Bei der ersten Probe waren die Musiker so schwach, dass Eliasberg nach einer Viertelstunde die erste Pause machen musste. Manche von ihnen fielen zwischendurch in Ohnmacht, und Eliasberg selbst war so entkräftet, dass er auf einem Schlitten zum Konservatorium gezogen werden musste.

Manchmal wurden sie von den Sirenen der Luftabwehr unterbrochen, doch sie ließen sich nicht von ihrem Ziel abbringen. Und am 9. August 1942 war der große Tag gekommen.

Der große Konzertsaal war bis auf den letzten Platz gefüllt. Zu Hause scharten sich die Menschen um die Radios, um das große Konzert nicht zu verpassen.

Bevor er den Taktstock hob, hielt Eliasberg eine kurze Rede. »Genossen«, begann er tief bewegt, »heute ist ein großer Tag in der kulturellen Geschichte unserer Stadt. Gleich wird zum ersten Mal die Siebte Sinfonie des großen Dimitri Schostakowitsch erklingen. Er schrieb dieses große Werk, während die faschistischen Schweine ganz Europa in Schutt und Asche legten und Europa dachte, dass Leningrad am Ende ist. Doch diese Darbietung zeugt von unserem Widerstandsgeist, unserem Mut und unserer Bereitschaft zu kämpfen. Und jetzt hört zu, Genossen!«

Die Geiger setzten ihre Bögen an, dann begann die Sinfonie.

Jeder kannte den Namen Dimitri Schostakowitsch. Obwohl er

vor dem Krieg bei Stalin in Ungnade gefallen war, galt er als größter Komponist der Sowjetunion.

Jetzt, da zum ersten Mal seine Siebte Sinfonie erklang, kamen vielen Zuhörern die Tränen. Sie weinten vor Trauer und Stolz. Und in ihnen brannte die Entschlossenheit, niemals aufzugeben.

Beim Finale spielten einige Musiker immer zögerlicher. Doch dann geschah etwas Außergewöhnliches.

Das Publikum erhob sich von seinen Plätzen, einer nach dem anderen, um die Musiker zum Weitermachen anzuspornen. »Es war unmöglich, weiter im Sitzen zuzuhören«, sagte eine Frau später, »vollkommen unmöglich.«

Als die letzte Note verklungen war, herrschte ein langer Moment der Stille. Dann explodierte der Jubel. Immer wieder schwoll der Applaus an, die Menschen klatschten eine Stunde lang, ihre Gesichter von Tränen überströmt.

An diesem Abend, schrieb Eliasberg später, habe die Stadt »ihre Menschlichkeit wiedergefunden. Und in diesem Moment haben wir über die seelenlose Kriegsmaschine der Nazis triumphiert.«

Auch die deutschen Besatzer hörten das Konzert im Radio. Auch sie schwiegen. In diesem Moment, schrieb später ein deutscher Soldat, »wussten wir, dass Leningrad niemals fallen würde … wir begriffen, dass es etwas gab, das stärker als Hunger, Angst und Tod war: der Wille, ein Mensch zu bleiben.«

■

Hitler hatte Musik immer geliebt. Doch wenn er an seine Truppen im Osten dachte, hatte er nur das Lärmen der Kriegstrommeln im Ohr.

Auch wenn es den deutschen Armeen nicht gelungen war, Moskau zu erobern, besetzten sie doch immer noch riesige Gebiete des sowjetischen Territoriums. Und trotz der Entbehrungen des Winters war Hitler weiterhin voller Zuversicht. Den Russen werde er im Sommer ein für alle Mal den Garaus machen, sagte er seinen Gefolgsleuten.

Im Frühjahr 1942 waren die Würfel gefallen. Unter dem Decknamen »Fall Blau« sollte die Wehrmacht von Südrussland aus vorrücken, durch die Steppen hindurchziehen und den mächtigen Fluss Don überqueren.

Nach der Vernichtung der russischen Streitkräfte an der Wolga würden sie sich wieder nach Süden wenden, den Kaukasus überqueren und die russischen Ölfelder sichern, wodurch sie genug Treibstoff für den Rest des Krieges hätten.

Seine Generäle nickten. Falls sie Zweifel hatten, äußerten sie diese nicht.

Ende Juni setzten sich die Panzer in Bewegung. Hitler hatte mehr als vier Millionen Männer mobilisiert, größtenteils Deutsche, aber auch Italiener, Ungarn und Rumänen von den verbündeten Staaten. Der Sieg schien ihm gewiss.

Anfangs verlief alles nach Plan. »So weit das Auge reicht«, schrieb ein Beobachter, »rollten die Lastwagen und Kettenfahrzeuge über die Steppe. Ihre Flaggen schimmerten in der Nachmittagssonne.«

Doch erneut hatten die Deutschen die riesige Fläche dieses schier unendlichen Landes falsch eingeschätzt. Entschlossen rückten sie vor, hatten aber noch viele Hundert Kilometer vor sich.

Die endlose Leere der Steppe, schrieb ein General, war »ein Ozean, in dem jeder Eindringling ertrinken« konnte. Er fühlte sich wie ein Seemann auf dem offenen Meer, fern jeder Küste.

In seinem Hauptquartier im Osten verlor Hitler allmählich die Geduld. Am 23. Juli traf er eine verhängnisvolle Entscheidung.

Darauf bedacht, sich möglichst rasch die russischen Ölvorkommen zu sichern, teilte er seine Streitkräfte in zwei Hälften. Die eine sollte sich zu diesem Zweck unmittelbar in Richtung Süden wenden, wo die kaukasischen Ölfelder lagen, die andere Armee wurde angewiesen, nach Osten in Richtung Wolga vorzurücken und die Industriestadt Stalingrad zu erobern.

Schon damals fürchtete mancher Offizier, Hitler würde einen schrecklichen Fehler begehen, doch zunächst schienen die Vorzeichen weiter günstig zu sein.

Der Spätsommer hatte begonnen. Immer noch schien die Sonne, und sosehr die Russen auch kämpften, sie wurden doch immer weiter zurückgedrängt. Die Deutschen schienen unaufhaltsam zu sein. Mitte August stieß der andere Teil ihrer Streitmacht bis zur Wolga vor.

»Schon bald«, schrieb ein deutscher Soldat seiner Familie, »werden wir in Stalingrad unsere Ruhe haben und dort ins Winterlager gehen. Vielleicht wird sich das sogar ein wenig wie Urlaub anfühlen.«

Doch diese Hoffnung sollte sich nie erfüllen.

■

Am Westufer der Wolga gelegen, schien das moderne Stalingrad mit seinen Hochhäusern und seinen Traktorfabriken nicht unbedingt eine erstrebenswerte Beute zu sein. Doch sie war ihrer Lage und ihrer Industrie wegen strategisch wichtig. Vor allem aber hatte sie enorme symbolische Bedeutung, weil Stalin die Stadt nach sich selbst benannt hatte.

Hitler war besessen von dem Gedanken, die Stadt seines Feindes zu erobern. Und wie üblich hatte er genaue Vorstellungen, was mit der halben Million Einwohnern geschehen sollte. »Männliche Bevölkerung wird vernichtet«, notierte einer seiner Generäle, »Frauen werden deportiert.«

Stalin war fest entschlossen, die Stadt zu verteidigen, und ernannte Generalleutnant Wassili Tschuikow zum Oberbefehlshaber. Tschuikow war ein im Kampf gestählter Infanteriegeneral bäuerlicher Herkunft, der tun würde, was getan werden musste.

In einer Order namens »Kein Schritt zurück« warnte der russische Diktator, dass jeder Russe, der sich ergab, als Verräter betrachtet und auf der Stelle getötet werde.

Die Bühne stand bereit. Es sollte die gigantische Entscheidungsschlacht zwischen zwei erbarmungslosen Rivalen werden.

Hitler war immer noch siegessicher. Das Schicksal hatte ihn zum Herrscher über Europa ausersehen, und die Eroberung von Stalingrad würde sein größter Triumph werden – so dachte er.

Am 21. August 1942 rückte der Oberbefehlshaber der Sechsten Armee, Friedrich Paulus, zum Don vor. Er war ein ernster Mann mit schmal geschnittenem Gesicht, der sich aus einfachen Verhältnissen nach oben gearbeitet hatte. Er hatte ein gutes Auge für Details, war aber keine erfahrene Führungspersönlichkeit.

Bei seinen Männern galt er als Zögerer, doch in diesem Moment zögerte General Paulus nicht.

Am Morgen des 23. August, einem warmen, sonnigen Sonntag, flogen deutsche Sturzkampfflugzeuge eine Angriffswelle nach der anderen. Stalingrad wurde von einer Reihe von Explosionen erschüttert.

Gebäude standen in Flammen und stürzten ein, Tausende verbrannten bei lebendigem Leib oder wurden von herabfallenden Trümmern erschlagen. In den Straßen schrien schluchzende Kinder nach ihren Müttern. Auf der Wolga flackerte das brennende Öl.

Binnen weniger Stunden wurden etwa 40.000 Menschen getötet. Aber das war nur der Anfang.

Tag für Tag kamen die Bomber wieder. Sie verwandelten die Stadt in Ruinen, legten Straßen in Schutt und Asche und ließen von den Fabriken nur Stahlskelette zurück.

»Die Straßen der Stadt sind tot«, schrieb General Tschuikow verbittert. »Kein grüner Zweig ist mehr an den Bäumen, alles ist in Flammen aufgegangen.«

Die panischen Einwohner flüchteten an die Ufer der Wolga. In den nächsten zwei Wochen drängten sich Hunderttausende auf den Fähren zusammen, um vor den deutschen Wölfen zu fliehen.

Doch Stalingrad fiel nicht. Die Befehlshaber der Roten Armee plakatierten die ganze Stadt mit der Botschaft: »Wir werden unsere Geburtsstadt niemals aufgeben!«

In ihrer Verzweiflung ließen die russischen Generäle immer neue Truppen auf Schiffen in die Stadt bringen. Größtenteils bestanden sie aus jungen Männern ohne jede militärische Ausbildung.

General Tschuikow warf sie mitten hinein ins Inferno, um Stalingrads Verteidigung zu stärken. Die armeeeigene Zeitung hatte die passende Botschaft für die Neuankömmlinge bereit:

»Tötet die Deutschen – das ist das Gebet eurer Mütter. Tötet die Deutschen – das ist der Schrei unserer russischen Erde. Zögert nicht. Lasst nicht locker. Tötet sie!«

■

Am 13. September befahl Paulus den Beginn der Bodenoffensive. Innerhalb weniger Stunden kämpfte sich das Erste Infanterieregiment bis ins Zentrum der Stadt vor. Was sie dort vorfanden, war noch viel grausamer, als sie es für möglich gehalten hatten.

Selbst der kampferprobte General Tschuikow schrieb: »Dies ist zehn Mal schlimmer als die Hölle.«

Doch Tschuikow dachte nicht ans Aufgeben. Stattdessen befahl er seinen Männern, einen erbitterten Häuserkampf zu führen – Straße für Straße, Haus für Haus, Dach für Dach, selbst Raum für Raum.

An einem zerstörten Platz nahe der Wolga stand ein vierstöckiges Gebäude, das später als Pawlow-Haus bekannt wurde. Wochenlang hatte eine Gruppe von Zivilisten im Keller gehaust, jetzt war es nur noch eine von den Deutschen kontrollierte Ruine.

Eines Tages, Ende September, eroberte eine russische Militäreinheit das Gebäude zurück. Viele Russen wurden getötet, darunter der Leutnant. Der junge Feldwebel Jakow Pawlow übernahm das Kommando über eine Handvoll Männer und befahl ihnen, Löcher in die Wände zu schlagen, durch die sie schießen konnten. Er ließ dort, wo früher Fenster waren, Maschinengewehre aufstellen und umgab das Gebäude mit Stacheldraht und Landminen.

Jeden Tag griffen die Deutschen an und jeden Tag wehrten Pawlows Männer sie ab.

Der Herbst wurde zum Winter. Es begann zu schneien. Der Platz vor dem Haus war mit Leichen übersät.

Doch Pawlows Männer hielten die Stellung und feuerten unerbittlich, wann immer sie graue deutsche Uniformen erblickten.

Zwei lange Monate hielten sie aus, bis endlich eine Einheit der Roten Armee zu ihnen durchbrach und sie ablöste. Sie hatten eine unglaubliche Leistung vollbracht, doch die Verluste waren enorm gewesen.

Der schadenfrohe Tschuikow meinte sogar, die Deutschen

hätten bei den Angriffen auf das Pawlow-Haus mehr Leute verloren als bei der Besetzung von Paris – und seien dennoch gescheitert.

Beim deutschen Generalstab wuchs die Sorge. Jeden Tag verloren sie Tausende von Männern, doch Paulus war einem Sieg noch kein bisschen näher gekommen.

»Fünfzehn Tage lang haben wir ein einziges Haus mit Mörsergranaten, Maschinengewehren und Bajonetten angegriffen«, schrieb ein deutscher Panzeroffizier. »Die Front ist ein Korridor zwischen ausgebrannten Räumen … die Straßen bemessen sich nach Leichen, nicht nach Metern … Stalingrad ist keine Stadt mehr, sondern nur noch eine riesige Wolke aus Qualm und Flammen … in den rauchgesättigten Nächten springen die Hunde in die Wolga und schwimmen verzweifelt ans andere Ufer. Die Tiere fliehen aus dieser Hölle, die härtesten Steine zerbröseln irgendwann, nur die Männer halten aus.«

■

Am 8. November kehrte Hitler in das Münchner Wirtshaus zurück, in dem er vor genau neunzehn Jahren zum ersten Mal versucht hatte, die Macht an sich zu reißen.

Viele Parteiveteranen waren dort, die ihn von Anfang an begleitet hatten. Doch statt ihn zu feiern, waren sie in tiefer Sorge.

Aus Nordafrika war gerade die Nachricht von Montgomerys Sieg bei El Alamein gekommen. Im Kaukasus stand es nicht zum Besten, und was war eigentlich mit Stalingrad?

In München ließ Hitler keinen Zweifel erkennen. In Stalingrad fehle nicht mehr viel. Er sei sehr zufrieden.

Am Radio traute Paulus seinen Ohren nicht. Er wusste, dass der Sieg in weite Ferne gerückt war. Nichts in seiner Laufbahn hatte ihn auf solch einen Kampf vorbereitet. Der enorme Druck hatte ihm ein Zucken der linken Gesichtshälfte beschert, außerdem litt er wie viele seiner Soldaten an der Ruhr, auch »russische Krankheit« genannt.

Dann, elf Tage nach Hitlers optimistischen Worten, schlugen die Russen zurück.

Am Morgen des 19. November 1942 durchbrachen Hunderte Panzer der Roten Armee die Linien der Achsenmächte; zuerst nordwestlich von Stalingrad, dann weiter im Süden.

Drei Tage später wurden die beiden Panzereinheiten westlich der Wolga zusammengeführt. Die Russen hatten eine große Zangenbewegung ausgeführt und eine gigantische Falle aufgebaut.

Paulus war mit seiner Sechsten Armee in Stalingrad eingekesselt worden.

In der Stadt verbreitete sich diese Nachricht wie ein Lauffeuer. Ein deutscher Armeearzt schrieb, bei ihnen habe das reine Entsetzen geherrscht.

Viele deutsche Offiziere wollten die feindlichen Linien so schnell wie möglich durchbrechen, um sich mit den Armeen der Achsenmächte zusammenzuschließen. Noch am selben Abend schickte Paulus eine dringliche Anfrage an Hitler, der sich auf seinem Berghof in Berchtesgaden befand. Er bat um Erlaubnis für einen Ausbruchsversuch.

Doch Hitler sagte Nein. Die Sechste Armee müsse »unter allen Umständen« ihre Stellung halten.

In diesem Moment glaubten selbst manche der loyalsten Generäle, ihr Führer habe den Verstand verloren. Fast 300.000 junge Deutsche, Italiener, Ungarn und Rumänen waren in einer zerstörten Stadt eingekesselt, hatten kein Benzin mehr und kaum noch Nahrung, waren von über einer Million Russen umstellt – und der Winter stand vor der Tür.

In der ersten Dezemberwoche schneite es fast ununterbrochen. Innerhalb des Kessels, wie die Deutschen die Falle ihres Feindes bezeichneten, hüllten sie sich in gestohlene Kleider, Schals und sogar Bandagen, um sich irgendwie vor der klirrenden Kälte zu schützen.

Zehn Tage vor Weihnachten verschlechterten sich die Wetterbedingungen zusätzlich. Von Norden blies jetzt ein eisiger Wind, der Boden war fest gefroren, Paulus' Männer begannen zu hungern.

Um ihre Kameraden zu retten, unternahmen deutsche Einheiten einen verzweifelten Versuch, den russischen Ring zu durchbrechen, Codename: Unternehmen Wintergewitter. Doch die Rote Armee war zu stark und so blieb die Rettungsaktion buchstäblich im Schnee stecken.

An den Rändern des Kessels stellten die Russen riesige Lautsprecher auf. Manchmal kam aus ihnen das Ticken einer Uhr sowie die Ankündigung, dass alle sieben Sekunden ein Deutscher getötet werde. Manchmal war auch fröhliche Tanzmusik zu hören, während eine tiefe Stimme verkündete: »Stalingrad, das Massengrab der deutschen Armee.«

Dann kam Heiligabend. Es war kälter als je zuvor. In ihren eiskalten Panzern und Unterständen hielten die Deutschen Kerzenstummel in Händen und sangen »Stille Nacht«.

Viele hatten die Bunker mit abgebrochenen Zweigen geschmückt, die an einen Weihnachtsbaum erinnern sollten. Als ein Offizier sah, wie sich seine Männer mit brennenden Kerzen um die Zweige scharten und Weihnachtslieder sangen, musste er den Kopf abwenden, um seine Tränen zu verbergen.

Selbstbewusstsein und Siegesgewissheit waren verschwunden. Das hier waren keine Superhelden, sondern ganz normale Männer: gefangen, hungernd und fern der Heimat.

■

Am Neujahrstag ließ Hitler seinen Truppen in Stalingrad eine Nachricht zukommen.

Sie sollten »unerschütterlichen Glauben« daran haben, dass er alles Menschenmögliche tue, um sie dort rauszuholen. Eines Tages werde ihr Sieg zu den ruhmreichsten Heldentaten der deutschen Geschichte gehören.

Es war ein reines Hirngespinst. Paulus' Männer im Kessel hatten weder Nahrung noch Treibstoff, dafür umso mehr Läuse, nachdem sie sich wochenlang nicht gewaschen hatten. Während sie schliefen, huschten Ratten über ihre kalten Körper. Erst beim Aufwachen merkte einer der Soldaten, dass sie ihm zwei Zehen weggefressen hatten.

Am 6. Januar 1943 sandte Paulus einen Hilferuf nach Berlin: »Armee hungert und friert. Haben keine Munition und können die Panzer nicht mehr bewegen.«

Vier Tage später zog sich die Schlinge der Roten Armee zusammen. Das Ende war nah.

Als die Russen vordrangen, sahen sie überall Leichen entlang den Straßen liegen. »Es sind erfrorene Deutsche«, schrieb der russische Schriftsteller und Journalist Wassili Grossman. »Ihre Körper sind unversehrt. Wir haben sie nicht getötet. Das hat die Kälte getan.«

Innerhalb des Kessels war aus Hoffnung Verzweiflung geworden. Paulus' Männer starrten mit leerem Blick vor sich hin und schluchzten in sich hinein.

Die russischen Befehlshaber forderten Paulus auf, sich zu ergeben. Doch am 22. Januar erhielten sie Hitlers unnachgiebige Antwort: »Kapitulation ausgeschlossen. Truppen kämpfen bis zum Ende.«

Das Opfer von Stalingrad, sagte er, habe es möglich gemacht, dass deutsche Armeen an anderer Stelle zum Gegenangriff übergehen konnten. »Die Sechste Armee hat dadurch ihren historischen Beitrag für den größten Abschnitt der deutschen Geschichte geleistet.«

Es war Irrsinn und Paulus wusste das. Erneut bat er um

Erlaubnis, kapitulieren zu dürfen. Erneut erteilte ihm Hitler eine Absage.

Am 31. Januar beförderte Hitler Paulus in einer letzten verzweifelten Geste zum Generalfeldmarschall, dem höchsten Rang, den das deutsche Militär zu vergeben hatte. Sie wussten beide, dass ein deutscher Feldmarschall noch nie kapituliert hatte.

»Das ist eine Aufforderung zum Selbstmord«, sagte Paulus düster. Doch er dachte nicht daran, Hitler, einem simplen österreichischen Gefreiten, diesen Gefallen zu tun und sich zu erschießen.

Ein paar Stunden später trat der hagere und aschfahle Feldmarschall aus dem Untergeschoss eines ausgebombten Kaufhauses ins Freie. Dort wartete ein Wagen auf ihn, der ihn zum Generalstab der Roten Armee bringen würde, dessen Hauptquartier etwa achtzig Kilometer entfernt lag.

Die blutigste Schlacht in der Geschichte der Menschheit war beendet. Hitlers riskantes Spiel war gescheitert.

Die Russen hatten mehr als eine Million Männer verloren, doch sie hatten Stalingrad verteidigt. Die Achsenmächte hatten ebenfalls rund eine Million Soldaten verloren, doch dazu auch noch die Schlacht.

In seinem Hauptquartier nahm Hitler die Nachricht von Paulus' Kapitulation mit bedrohlichem Schweigen entgegen.

Später tobte er, er sei von einem Feigling betrogen worden. Paulus hätte sich erschießen und die Sechste Armee hätte bis zum letzten Mann kämpfen müssen.

Am 3. Februar 1943 strahlte der deutsche Rundfunk eine

Sondersendung aus. Doch selbst in dieser Situation wurde dem deutschen Volk nicht die Wahrheit gesagt.

Von Kapitulation war nicht die Rede. Der Sprecher erklärte, Paulus' Männer hätten sich für das Vaterland geopfert. »Sie starben, damit Deutschland leben kann.«

Die Menschen in Deutschland konnten es nicht glauben. Nach so vielen Siegen war es für sie unvorstellbar, dass eine so unfassbare große Armee nicht mehr existierte.

So viele hatten Ehemänner, Freunde, Brüder, Söhne und Enkel verloren, die in Paulus' Armee gedient hatten. Und zum ersten Mal flüsterten sie sich zu, dass der Krieg vielleicht doch verloren gehen würde.

Doch in der Wolfsschanze starrte eine gebeugte, bleiche und graue Gestalt über die Karte, mit zitternden Händen, die Augen blutunterlaufen, das Gesicht von Hass verzerrt.

Adolf Hitler war zu weit gegangen und hatte zu viel Blut vergossen, um jetzt noch umzukehren.

15

Geheimsache Enigma

Im eiskalten Wasser des Nordatlantik glitt ein geschmeidiger dunkler Schiffskörper durch die Tiefe.

Am Morgen des 9. Mai 1941 war die *U-110* seit fast einem Monat im Einsatz. Jetzt näherte sich das deutsche U-Boot nahe der grönländischen Küste seinem Angriffsziel – einem Geleitzug alliierter Schiffe.

Im Dunkel des U-Boots hatte die Crew ihre Gefechtsstation eingenommen. Nach Wochen in ihrer grauen Metallbehausung, ohne Frischluft, ohne Tageslicht und mit einer einzigen Toilette, waren sie blass, ungewaschen und unrasiert.

Doch jetzt, da sie dem Feind entgegenglitten, pochte das Blut in ihren Ohren. Sie waren stolz, zur Besatzung eines deutschen U-Boots zu gehören und unter dem schonungslosen Marine-admiral Karl Dönitz zu kämpfen.

Außerdem wussten sie, dass sie mit jedem alliierten Schiff, das sie versenkten, dem Sieg in einer der zermürbendsten Schlachten des Zweiten Weltkriegs – der Atlantikschlacht – einen Schritt näher kamen.

Der Kampf um die Vorherrschaft auf See begann schon am allerersten Tag des Krieges. Als Inselreich war Großbritannien auf Warenlieferungen befreundeter Staaten, zum Beispiel aus Kanada und den USA, angewiesen.

In Friedenszeiten entluden Handelsschiffe aus der ganzen Welt Jahr für Jahr zwanzig Millionen Tonnen Nahrungsmittel in britischen Häfen – die Hälfte des Fleischs, das auf der Insel verzehrt wurde, den Großteil an Käse und Zucker und fast sämtliches Obst.

Deshalb versuchte das deutsche Militär von Anfang an, diese Versorgung zu unterbinden. Wann immer Dönitz' »graue Wölfe« ein britisches oder kanadisches Handelsschiff erblickten, versuchten sie, dieses zu versenken.

Um ihre Schiffe zu schützen, ließen die Alliierten sie in Konvois fahren und von britischen Kriegsschiffen bewachen. Da solche Konvois aber sehr langsam waren, bestand eine erhöhte Gefahr durch feindliche U-Boote.

Die Bedingungen an Bord waren strapaziös. Die Besatzungen waren prasselndem Regen und tobenden Stürmen ausgesetzt. Wenn das Schiff rollte und schlingerte, blieb fast niemand von der Seekrankheit verschont. Zudem lebten die jungen Seeleute in ständiger Angst vor der tödlichen Gefahr, die aus der Tiefe kam.

Wenn ein Torpedo einschlug, blieb ihnen kaum Zeit, um sich zu retten. Winston Murphy und Victor Brown, zwei Freunde aus Jamaika, arbeiteten auf dem britischen Handelsschiff *Refast*, als es in der Dämmerung vor der kanadischen Küste getroffen wurde.

Winston löste sofort den Alarm aus, doch als seine Kameraden zum Rettungsboot auf der Steuerbordseite rannten, flutete bereits das Wasser durch das Leck in der Flanke.

Während die *Refast* im eiskalten Wasser zu sinken begann, schwang Victor verzweifelt ein Beil, um die Taue zu kappen, mit denen das Rettungsboot am Deck befestigt war. Im letzten Moment gelang es ihm, Winston und dreißig anderen, sich auf das Boot zu retten.

Tausende von Seeleuten hatten weniger Glück, ertranken im eiskalten Atlantik oder verbrannten unter Deck. Doch Admiral Dönitz verschwendete an die Opfer keinen Gedanken. Er war ein fanatischer Nazi, der Hitler in sklavischer Loyalität ergeben war und nur eines im Sinn hatte – möglichst viele alliierte Schiffe zu versenken.

Ab dem Sommer 1940 verfolgte der Admiral eine neue Strategie, die sogenannte Rudeltaktik. Die deutschen U-Boote warteten bis zum Einbruch der Dunkelheit und griffen feindliche Konvois mit mehreren Booten gleichzeitig an. Für die Briten war das Ergebnis niederschmetternd.

Im Juli versenkten deutsche U-Boote achtunddreißig Schiffe, im September neunundfünfzig und im Oktober dreiundsechzig.

In London war Churchill erneut in großer Sorge. Er räumte sogar ein, »mehr Angst zu haben« als während der Luftschlacht um Großbritannien.

Jede Woche brachte neue Hiobsbotschaften vom Atlantik. Und

Churchill wusste, dass die Briten würden hungern müssen, wenn die U-Boote nicht gestoppt wurden.

■

Jetzt, gegen Mittag, bereitete sich die *U-110* auf ihren Angriff vor.

Kommandant Fritz-Julius Lemp rief seine Männer zur Gefechtsstation. Alles war bereit.

»Feuer!«, rief er.

Als der erste Torpedo durchs Wasser schoss, bebte der Boden unter ihren Füßen. Ein zweiter Torpedo folgte, dann ein dritter.

Doch als sie einen vierten abschossen, ging irgendetwas schief.

Das Rohr war blockiert und für einen Moment wurde das U-Boot heftig hin und her geworfen.

Erst als Lemp es wieder unter Kontrolle gebracht hatte, sah er das britische Kriegsschiff, das ihnen mit voller Fahrt entgegenkam. »Abtauchen!«, schrie er.

Das U-Boot senkte sich sofort nach unten – aber nicht schnell genug. Ein erster Treffer erschütterte das Deck, dann ein zweiter. Ein kreischendes Geräusch zerriss die Luft, als würde das Deck in zwei Hälften gerissen. Dann ging das Licht aus.

Stille.

Die Notbeleuchtung erwachte flackernd zum Leben. Die Besatzung hörte nichts als ihr eigenes Keuchen.

»Wir schaffen das«, sagte Lemp. »Oder glaubt ihr etwa, ich lass mich erwischen und einfach versenken?«

In Wahrheit war die *U-110* schwer beschädigt. Die Steuerruder des U-Bootes waren gebrochen und die Batteriezellen gerissen, worauf sich Chlorgas im Boot bildete.

Lemp war sofort klar, dass sie keine Chance mehr hatten. Manövrierunfähig stiegen sie an die Oberfläche. Das ganze Boot zitterte. »Alle das Boot verlassen«, sagte Lemp mit beherrschter Stimme.

Doch als sie nach draußen taumelten, wurde ihnen sofort klar, dass sie keineswegs gerettet waren. Zwei Kriegsschiffe hielten direkt auf sie zu. Kugeln pfiffen durch die Luft.

Als die ersten Männer ins Wasser sprangen, rief der Funker Lemp etwas zu. Er wollte wissen, ob er zurücklaufen und die Chiffriermaschine holen solle, mit der sie ihre Nachrichten verschlüsselten.

»Keine Zeit!«, rief Lemp zurück. »Boot sinkt schon.«

Auf dem britischen Zerstörer *HMS Bulldog* rief der Kapitän der Besatzung seine Befehle zu.

»Schnell an Bord!«, drängte er. »Nehmt die Signalhefte mit und alles, was euch nützlich erscheint.«

David Balme, Zweiter Leutnant zur See, war erst zwanzig, hatte aber seit seiner Kindheit eine Marineakademie besucht und wusste, was zu tun war.

Im nächsten Moment ruderte er mit sieben weiteren Männern dem havarierten U-Boot entgegen.

Als David die drei Leitern hinunterkletterte, die in den Bauch des U-Boots führten, zitterten seine Hände vor Angst.

Wenn die Deutschen das U-Boot mit Sprengstoff präpariert hatten, war er ein toter Mann. Und wenn noch welche von ihnen an Bord waren, während er beide Hände am Geländer hatte, würde es ihm auch schlecht ergehen.

Es war entsetzlich, erinnerte er sich später. »Der schlimmste Moment meines Lebens.«

Er kletterte die Leitern hinunter und betrat den Kontrollraum. Im bläulichen Zwielicht konnte er niemanden entdecken, doch hörte er ein unheilvoll zischendes Geräusch.

Für einen Moment fühlte er sich einsam und voller Angst. Doch dann sammelte er sich. Die anderen waren schon auf dem Weg nach unten, und sie hatten keine Zeit zu verlieren.

In aller Eile rafften sie die Signalbücher und Dokumente zusammen. Dann hörte er einen aufgeregten Ruf aus dem Nebenraum.

Einer der Männer hatte eine »seltsame Maschine« entdeckt. »Sie sah aus wie eine Schreibmaschine«, berichtete er später, »doch wenn man auf die Tasten drückte, geschah etwas anderes.«

David wusste sofort, dass es eine Maschine war, mit der man Nachrichten verschlüsseln konnte, und natürlich würde er sie mitnehmen.

Auch ein paar Souvenirs ließen sie mitgehen: deutsche Ferngläser und Lemps vergessene Dienstmütze. Dann verließen sie das sinkende Schiff.

Die *Bulldog* war auf dem Weg nach Hause. Drei Tage später, nachdem sie in Schottland angelegt hatten, übergaben sie die seltsame Maschine einem Mitarbeiter des britischen Geheimdiensts.

Dessen Augen weiteten sich und ein breites Grinsen zog seinen Mund auseinander. »Seit Beginn des Krieges«, erklärte er, »versuchen wir schon, einen dieser Apparate in die Finger zu kriegen.«

■

Auf den ersten Blick sah das Gerät wie eine alte Schreibmaschine in einem Kasten aus. In Wahrheit gehörte es zu den wertvollsten Geheimnissen des deutschen Militärs.

Die nach dem Ersten Weltkrieg konstruierte Enigma-Maschine (»Enigma« ist ein griechisches Wort und bedeutet so viel wie »Rätsel«) erlaubte es, geschriebene Nachrichten in einen kaum zu entschlüsselnden Code zu übertragen. Die einzelnen Schritte waren unfassbar kompliziert, doch die Grundidee war einfach.

Wenn man eine Nachricht tippte, wurde der elektrische Kontakt durch drei rotierende Walzen umgeleitet. Jedes Mal, wenn eine Buchstabentaste gedrückt wurde, erlosch eine Glühlampe über einem *anderen* Buchstaben. Während man also den Text verfasste, entstand zugleich eine durcheinandergewürfelte unlesbare Version dieses Textes.

Ein U-Boot-Kapitän konnte also eine Nachricht verfassen, die codierte Version notieren und diese an den Empfänger übermitteln. Sofern dieser dieselben Einstellungen verwendete, konnte er den Text entschlüsseln und den Originalwortlaut lesen.

Den Enigma-Code zu entschlüsseln war eine kaum lösbare Aufgabe. Würde es den Alliierten dennoch gelingen, dann würde sie das in die Lage versetzen, geheime Botschaften der Deutschen abzufangen, was ihnen in der Atlantikschlacht einen gewaltigen Vorteil verschaffen könnte.

Der erste Durchbruch gelang einer Gruppe von polnischen Mathematikern. 1938 bauten sie eine Maschine, die sie *Bomba* nannten, vermutlich nach ihrem Lieblingseis. Mithilfe dieser Maschine waren sie fürs Erste in der Lage, die codierten Nachrichten zu entschlüsseln.

Doch schon bald bauten die Deutschen raffiniertere Enigma-Maschinen und die Arbeit ging wieder von vorne los. In diesem Moment kommen die Kryptoanalytiker von Bletchley Park ins Spiel.

Bletchley Park war ein nordwestlich von London gelegenes Herrenhaus im viktorianischen Stil und die Zentrale der britischen Codeknacker. Dass es eher nach einem Hotel als nach einem wichtigen Gebäude des Geheimdienstes aussah, war die perfekte Tarnung.

In Bletchley Park arbeiteten Tausende der brillantesten Köpfe des britischen Königreichs daran, die deutschen Codes zu entschlüsseln. Viele von ihnen waren Mathematiker und Naturwissenschaftler, doch nicht alle.

Wer dafür bekannt war, ein hervorragender Schachspieler oder Rätsellöser zu sein, erhielt womöglich einen Brief und wurde zu einem Gespräch eingeladen. Im Januar 1942 nahm die Regierung sogar Kontakt zum Gewinner eines Kreuzworträtselwettbewerbs des *Daily Telegraph* auf, der später in Bletchley Park landete.

Manche der Codeknacker waren exzentrische Persönlichkeiten, was auch für den 26-jährigen Mathematiker Alan Turing aus Cambridge galt.

Turing war ein sonderbar wirkender, einsamer Mann, der sich nach eigener Aussage mit dem Enigma-Code beschäftigte, »weil es ja sonst keiner tut und ich die Sache für mich allein habe«.

Er hasste den Small Talk mit anderen, verstand ihre Witze nicht und lächelte nervös, wenn diese lachten. Seinen Trinkbecher kettete er an einen Heizkörper, damit ihn niemand sonst benutzte. Und im Frühling trug er beim Fahrradfahren eine Gasmaske, um seinen Heuschnupfen in den Griff zu bekommen.

Auf der anderen Seite war er ein Genie. Sollte es irgendjemandem gelingen, die Enigma-Codes zu entschlüsseln, dann war es Turing – da waren seine Kollegen ganz sicher.

Im Frühjahr 1940 konstruierte Turings Team eine eigene Entschlüsselungsmaschine, die sie in Anlehnung an den polnischen Apparat als »Bombe« bezeichneten. Doch dies war nur der erste Schritt. Ohne die Maschinen und Signalbücher der eroberten deutschen U-Boote hätten sie wohl weiter im Dunkeln getappt.

Für Turings Team war die Enigma-Maschine von der *U-110* ein Geschenk des Himmels. Und als sie wenig später in den Besitz von Dokumenten eines weiteren deutschen Schiffs, der *München*, kamen, waren sie schon nach wenigen Stunden in der Lage, die deutschen Nachrichten zu entschlüsseln.

Die Folgen waren außerordentlich. Dank der abgefangenen Nachrichten änderten alliierte Schiffe ihren Kurs, um deutschen U-Booten zu entgehen. In der zweiten Hälfte des Jahres 1941 gelangten immer mehr Konvois sicher ans Ziel.

Doch zu Beginn des Jahres 1942 fügten die Deutschen ihren Enigma-Maschinen eine vierte Walze hinzu, was die Entschlüsselung komplizierter machte als je zuvor – und Turing und seinem Team erneut jede Menge Kopfzerbrechen bereitete.

Die Atlantikschlacht ging in eine neue, noch tödlichere Phase. Im Verlauf des Sommers versenkten die deutschen U-Boote jeden Monat über hundertfünfzig Schiffe.

Jede britische Familie merkte, dass die Lebensmittellieferungen zurückgingen. Es wurde strenger rationiert als je zuvor, was unter anderem für Reis, Seife, Dosentomaten und Würstchen galt.

Nach drei Jahren des Mangels sahen die Menschen grau, abgemagert und erschöpft aus. In Anbetracht der leeren Küchenschränke war ihre Stimmung am Boden.

In London las Churchill einen vertraulichen Bericht, demzufolge die Menschen entmutigt seien und die Lage für aussichtslos hielten. Es gebe eine immer stärkere Untergangsstimmung. Oder, wie es im Bericht formuliert wurde: Es gebe mehr und mehr »Anzeichen von Defätismus«.

Die deutsche U-Boot-Flotte entfaltete weiterhin ihre zerstörerische Kraft, und die Alliierten brauchten dringend eine Wende in der Atlantikschlacht.

Im Herbst war es endlich so weit.

■

Am Morgen des 30. Oktober 1942 erblickte ein britisches Flugzeug im Mittelmeer vor der ägyptischen Küste ein deutsches U-Boot. Sofort informierte es die britischen Schiffe in dieser Gegend, von denen fünf Zerstörer mit der Verfolgung des U-Boots begannen. Sechzehn Stunden lang versuchte die *U-559* zu entkommen, wurde jedoch immer wieder zum Auftauchen gezwungen.

Das war die Gelegenheit, von der Mark Thornton, Kapitän der *HMS Petard*, seit Monaten geträumt hatte – und er würde sie nicht verstreichen lassen.

Seinen Männern schien er von der Idee besessen zu sein, ein U-Boot zu erbeuten. Er war gewiss ein ungewöhnlicher Kapitän, der teils recht sonderbare Vorstellungen von der Führung eines Schiffes besaß.

Darauf bedacht, seine Crew auf Trab zu halten, zündete er schon mal mitten in der Nacht einen Knallkörper oder richtete einen Wasserschlauch auf seine Männer, während sie zu ihren Gefechtsständen liefen. Manchmal kletterte er auch auf den Ausguck, band sich am Mast fest und warf mit Teetassen nach seinen Leuten, damit sie nicht zu nachlässig wurden.

Doch seine Methoden funktionierten. Weil sich wohl niemand mit einem Kapitän anlegen wollte, der sich wie ein Wahnsinniger benahm, leistete die Besatzung ganze Arbeit.

Nun, im schwindenden Tageslicht, ließ Thornton seinen Blick

über das Wasser schweifen. Er wusste, dass die *U-559* ganz in der Nähe sein musste, und war entschlossen, sie nicht entkommen zu lassen.

Etwa um 22 Uhr wurde seine Hartnäckigkeit belohnt.

Von mehreren Wasserbomben getroffen, entwich die Luft aus dem Boot. Wasser drang in den Schiffskörper ein, die *U-559* stieg an die Oberfläche und wurde von der Besatzung verlassen.

Das war Thorntons Gelegenheit. Als sie in ihr kleines Beiboot stiegen, wussten seine Männer, was zu tun war: Leutnant Tony Fasson, Vollmatrose Colin Grazier, der junge Sonarbediener Ken Lacroix und der 16-jährige Tommy Brown, der normalerweise in der Messe, dem Speiseraum der Seeleute, arbeitete.

Es war stockdunkel. Im Innern des manövrierunfähigen U-Boots waren die Lichter erloschen, doch sie spürten, dass das Wasser Zentimeter für Zentimeter anstieg.

Fasson hielt eine Taschenlampe in der Hand und benutzte sein Gewehr, um die Schranktüren in der Kapitänskabine einzuschlagen. Nichts. Dann erblickte er einen Schlüssel und schloss ein Schubfach auf. Codebücher. Rasch drückte er sie Tommy Brown in die Hand.

Die wertvollen Bücher an seine Brust gedrückt, kletterte Tommy die Leiter hinauf. Als er zurückkam, mühte sich Fasson mit einer schweren Kiste ab.

»Das Wasser um uns stieg immer höher«, erinnerte sich Tommy, »und ich sagte dem Leutnant, dass an Deck ein wildes Geschrei war.«

Tommy stieg erneut die Leiter nach oben, hinter ihm rangen Fasson und Grazier mit der Maschine.

Als Ken Lacroix nach oben kam, wurde er von einer riesigen Welle getroffen und wäre fast rückwärts die Leiter hinabgefallen. Irgendwie gelang es ihm, seinen Körper ganz durch die Luke zu schieben, während ihm klar wurde, dass das U-Boot immer schneller sank.

Die Brecher überspülten inzwischen das ganze Deck. Tommy warf einen panischen Blick durch die Luke. »Kommt rauf, sofort!«, schrie er ins Dunkel.

Für einen Moment sah er die bleichen Gesichter von Fasson und Grazier tief unter sich. Dann ging ein Ruck durch das Boot, und er wusste, dass es zu spät war.

Sekunden später sprang der ausgepumpte und durchnässte Brown ins Beiboot. Das U-Boot war zwischen den tosenden Wellen fast verschwunden.

Auch Lacroix hatte es mitsamt den Codebüchern geschafft. Doch von Fasson und Grazier war nichts mehr zu sehen.

»Wo sind die anderen?«, fragte jemand.

»Keine Chance«, keuchte Brown. »Sie waren immer noch unten …«

Eine Zeit lang schrien sie die Namen ihrer Freunde in die Nacht und hofften auf ein Wunder. Doch ihre Stimmen wurden von Wind und Wellen fortgetragen. Schließlich befahl Thornton, das Beiboot an Bord zu holen. Er hatte zwei Männer verloren, die unter albtraumhaften Umständen ertrunken waren.

Doch er hatte bekommen, wonach er gesucht hatte – die Bücher, die den britischen Codeknackern ein für alle Mal helfen würden, die deutschen Enigma-Nachrichten zu entschlüsseln.

■

Zu Beginn des Jahres 1943 wurde Dönitz von Hitler zum Großen Flottenadmiral und Oberbefehlshaber der deutschen Kriegsmarine befördert. Sein Auftrag war denkbar einfach: die Atlantikschlacht so schnell wie möglich für sich zu entscheiden.

Und der Großadmiral tat, was er konnte: In den ersten drei Wochen des Monats März versenkten seine U-Boote Dutzende britische Schiffe und töteten Hunderte Menschen.

Dennoch hatte die Atlantikschlacht ihren Wendepunkt erreicht.

Mithilfe der Codebücher der *U-599* gelang es den Codeknackern von Bletchley Park, die Enigma-Maschinen mit den vier Walzen zu entschlüsseln. Jetzt wussten sie jederzeit, wo sich die deutschen U-Boote befanden und wie sie ihnen aus dem Weg gehen konnten.

Schließlich stand die neue Technologie bereit. Und da die Amerikaner in großer Zahl neue Kriegsschiffe und -flugzeuge bauten, um die Nazis zu bekämpfen, kam das Ende bemerkenswert schnell.

Als der März in den April überging, wurde die technologische Überlegenheit der Alliierten immer deutlicher. Nahezu über Nacht wurden aus Jägern Gejagte. Britische und amerikanische

Kriegsschiffe sorgten gemeinsam dafür, dass immer weniger feindliche U-Boote unterwegs waren.

Anfang Mai verlor Dönitz jeden Tag ein U-Boot. Falls das so weiterging, würde er bald keines mehr haben.

Am 19. April erhielt der Großadmiral die niederschmetternde Nachricht, dass die *U-954* mit der gesamten Besatzung gesunken war, darunter auch sein 21-jähriger Sohn Peter.

Wie üblich zeigte Dönitz keine Emotionen, doch er war zutiefst getroffen.

Fünf Tage später, während die Verluste immer größer wurden, fasste er den unausweichlichen Entschluss und befahl allen Schiffen, sich aus dem Nordatlantik zurückzuziehen.

Die Schlacht war vorbei. Dönitz hatte sie verloren.

■

Turing und seine Kollegen, deren einzige Waffe ihr Gehirn war, hatten einen der größten Erfolge im Verlauf des Krieges errungen. Da die Vorgänge in Bletchley Park aber streng geheim bleiben mussten, konnten sie niemandem davon erzählen.

Auch Jahre später führten sie immer noch ein Schattendasein. Im Gegensatz zu den Männern, die an Land, auf See und in der Luft kämpften, wurden sie in den Zeitungen nie gefeiert.

Jahrelang verloren die Geschichtsbücher über Enigma kein Wort. Viele wussten nicht einmal von der Existenz dieser Codeknacker.

Wer sie jedoch kannte, für den waren sie genauso Helden wie

die Seeleute, die ihr Leben riskiert hatten, um die Codebücher und Maschinen aus sinkenden U-Booten zu retten.

Als Ken Lacroix im Buckingham Palace für seinen Einsatz auf der *U-559* ausgezeichnet wurde, flüsterte ihm der König zu: »Wir dürfen immer noch nichts sagen, oder?«

»Nein, ist immer noch geheim«, antwortete Lacroix.

Der König lächelte. »Herzlichen Glückwunsch«, sagte er und streckte die Hand aus.

16

Wir werden nicht schweigen

An einem sonnigen Tag im Mai 1942 blickte ein Mädchen mit traurigen braunen Augen gedankenverloren aus dem Fenster ihres Zugabteils.

Sophie Scholl war zwanzig Jahre alt, sah aber viel jünger aus. Sie trug einen schlichten braunen Rock und einen rosafarbenen Pullover und hatte sich ein Gänseblümchen hinter das Ohr gesteckt.

Die grünen Felder wichen Wohnhäusern, Fabriken und Bürogebäuden. Dies war München, die Stadt, in der die NSDAP gegründet worden war.

Der Zug kam zischend zum Stehen. Auf dem Bahnsteig scharten sich die Menschen um die Türen. Sophie hob ihren Koffer von der Gepäckablage.

Als sie ausstieg, sah sie sogleich ihren Bruder Hans, der versprochen hatte, sie abzuholen. Er war drei Jahre älter als sie, schlank und gut aussehend, mit freundlichen, klugen Augen.

Hans, Sophie und ihre Geschwister wuchsen zunächst in einer Kleinstadt auf, in der ihr Vater, der aus seiner Abneigung für die Nazis keinen Hehl machte, Bürgermeister war. Robert Scholl hatte seinen Kindern stets beigebracht, für die eigenen Überzeugungen einzustehen.

Als sie einmal einen Spaziergang am Fluss machten, sagte er etwas zu ihnen, das sie nie vergessen sollten. Er wolle nur eines, erklärte er mit leiser Stimme: dass sie frei und mit erhobenem Haupt durchs Leben gingen, auch wenn es manchmal schwerfiele.

Sophie hatte stets versucht, den Worten ihres Vaters gerecht zu werden. Sie war eine ernsthafte junge Frau, die gern zeichnete und las und sich der Natur verbunden fühlte.

Nach der Schule arbeitete sie in einem Kinderhort, träumte jedoch bereits davon, die Universität in München zu besuchen, wo ihr Bruder Hans Medizin studierte.

Im Frühjahr 1942 wurde dieser Traum Wirklichkeit. Endlich waren die Geschwister Hans und Sophie wieder vereint.

Wenige Wochen später erschien das erste Flugblatt.

■

Am Anfang waren es vier Stück. Sie wurden etwa alle zehn Tage gedruckt und in der Universität verteilt. Manche wurden auch in Telefonzellen hinterlegt, andere in Briefumschläge gesteckt und an Lehrer, Professoren und Geschäftsleute verschickt.

Niemand wusste, wer die Flugblätter schrieb. Doch in einem Land, in dem jeder Witz über die Nazis gefährlich war, wusste jeder, was der oder die Urheber riskierten.

»Ist es nicht so«, hieß es im ersten Flugblatt, »dass sich jeder ehrliche Deutsche heute seiner Regierung schämt?« Die Nazis hätten die schrecklichsten Verbrechen begangen und das müsse man auch aussprechen.

Das zweite Flugblatt ging noch weiter: Hunderttausende Juden seien »in diesem Land auf bestialischste Art ermordet« worden. Die Deutschen hätten vor der Niedertracht der Nazis viel zu lange die Augen verschlossen. Doch jetzt, da ihr wahrer Charakter offenbar geworden war, sei es »die heiligste Pflicht eines jeden Deutschen … diese Bestien zu vertilgen«.

Das dritte Flugblatt bezeichnete das nationalsozialistische Regime in Deutschland als »die Diktatur des Bösen«. Und das vierte Flugblatt ging noch weiter als alle bisherigen: »Jedes Wort, das aus Hitlers Munde kommt, ist Lüge«, hieß es dort. »Wenn er Frieden sagt, meint er den Krieg.« Sogar wenn Hitler von Gott spreche, meine er in Wahrheit »die Macht des Bösen, den gefallenen Engel, den Satan«.

Es schloss mit einer Warnung: »Wir schweigen nicht, wir sind Euer böses Gewissen; die Weiße Rose lässt Euch keine Ruhe!«

Bald suchte die Gestapo, die »Geheime Staatspolizei«, nach den Verantwortlichen. Doch diese hatten keine Spuren hinterlassen – als wären die Flugblätter aus dem Nichts gekommen.

Doch so unerwartet die Flugblätter erschienen waren, so schnell waren sie auch wieder verschwunden. Gegen Ende des Sommers waren sie nur noch eine verblassende Erinnerung.

Dann kam das neue Jahr. Die Armee in Stalingrad war eingekesselt. Die Stimmung war auf dem Tiefpunkt. Und plötzlich gab es ein fünftes Flugblatt der Weißen Rose.

»Deutsche!«, hieß es da. »Sollen wir auf ewig das von aller Welt gehasste und ausgestoßene Volk sein?« Und ganz am Ende: »Unterstützt die Widerstandsbewegung, verbreitet die Flugblätter!«

Die Gestapo-Offiziere schäumten vor Wut. Das fünfte Flugblatt war viel weiter verbreitet worden als alle vorherigen. Tausende von Kopien waren in mehreren großen Städten des Reichs verteilt worden – in Berlin, Köln, Stuttgart und Wien.

Die Schlacht um Stalingrad ging verloren. Deutschland trauerte. Im Geheimen arbeitete die Weiße Rose an ihrem sechsten Flugblatt:

»Der Tag der Abrechnung ist gekommen«, schrieben sie.

»Der Tag der Abrechnung der deutschen Jugend mit der verabscheuungswürdigsten Tyrannis, die unser Volk je erduldet hat … Es gilt den Kampf jedes Einzelnen von uns um unsere Zukunft, unsere Freiheit und Ehre.«

Doch der Kampf der Weißen Rose war fast beendet.

■

Am 18. Februar 1943 machte ein Hausmeister der Ludwig-Maximilians-Universität München eine seltsame Entdeckung. Um kurz vor 11 Uhr betrat ein junges Paar mit einem kleinen Koffer das Hauptgebäude der Universität.

Zuerst dachte er sich nichts dabei. Doch ein paar Minuten später sah er, wie die beiden die Treppe zur Empore hinaufliefen, eine Handvoll Flugblätter auf die Brüstung legten und ihnen einen Stoß gaben.

Als die Flugblätter nach unten segelten und sich auf dem Boden der Eingangshalle verteilten, schnappte er ungläubig nach Luft. »Halt, stehen bleiben!«, rief er. »Sie sind verhaftet!«

Das junge Paar wollte weglaufen, doch er war bereits bei ihnen und hielt sie fest. »Sie sind verhaftet!«, rief er erneut. Wie erstarrt blieben die beiden stehen – als hätten sie bereits aufgegeben.

Nach wenigen Minuten kam die Gestapo. Der Ermittlungsleiter Robert Mohr schaute die beiden Studenten neugierig an.

Sie hatten einen ordentlichen Haarschnitt und drückten sich sehr gut aus. Offenbar kamen sie aus einer guten Familie. Er notierte sich ihre Namen: Hans und Sophie Scholl. Der Hausmeister musste sich geirrt haben. Diese höflichen jungen Leute schienen so ruhig und gefasst zu sein, sie konnten unmöglich hinter der Weißen Rose stehen.

Dennoch wies er seine Leute an, die beiden in die Münchner Gestapo-Zentrale zu bringen. Plötzlich zog Hans ein Stück Papier aus seiner Tasche, stopfte es sich in den Mund und versuchte, es runterzuschlucken.

In diesem Moment wusste Mohr, mit wem er es zu tun hatte.

In den nächsten Tagen erfuhr er die ganze Wahrheit. Hans und Sophie waren Teil einer kleinen Gruppe gleichgesinnter Studenten. Auch durch ihren christlichen Glauben geprägt, hassten sie die Nazis und träumten von einer besseren Welt. Doch jetzt waren sie geschnappt worden und wurden zum Tode verurteilt.

Mohr versuchte Sophie dazu zu bewegen, die Seiten zu wechseln. Sie war jung. Wenn sie sämtliche Schuld ihrem Bruder in die Schuhe schob und um Vergebung bat, würde sie der Vollstreckung des Todesurteils vielleicht entgehen.

Aber das kam für sie nicht infrage. »Ich würde es genauso wieder tun«, sagte sie. »Ich bereue meine Handlungsweise nicht und will die Folgen, die mir aus meiner Handlungsweise erwachsen, auf mich nehmen.«

Am Tag ihrer Hinrichtung schaute sie aus dem vergitterten Fenster ihrer Gefängniszelle und sagte gedankenverloren: »So ein herrlicher Tag, und ich soll gehen …«

Am Nachmittag des 22. Februar durften sich die Eltern Scholl im Gefängnis von ihren Kindern verabschieden. Robert Scholl umarmte seinen Sohn Hans. »Du wirst in die Geschichte eingehen«, flüsterte er ihm zu.

Dann wurde Sophie hereingebracht. Ihre Mutter hatte ein paar Kekse für sie dabei, die sie dankbar entgegennahm.

»Gell, Sophie: Jesus«, sagte ihre Mutter.

Sophie lächelte. »Ja. Aber du auch«, entgegnete sie mit sanfter Stimme.

Wieder in ihren Zellen, sprachen Sophie und Hans Scholl ihr letztes Gebet.

Um 17 Uhr war es so weit. Sophie ging schweigend und mit ruhigen Schritten zur Guillotine.

Dann Hans. Bevor er seinen Kopf auf den Richtblock legt, ruft er: »Es lebe die Freiheit!«

Dann fiel das Beil.

■

Die Prozesse, die mit der Weißen Rose in Verbindung standen, erstrecken sich bis zum Sommer 1943. Studenten, Professoren, Pfarrer und Politiker: Vor der Brutalität der nationalsozialistischen Gerichtsbarkeit war niemand sicher. Für manche war der Mut der Weißen Rose ein Zeichen, dass selbst im Herzen von Hitlers Reich, inmitten der gewaltigen Zerstörungsmaschinerie, es Deutsche gab, die es wagten, die Wahrheit auszusprechen.

Eine junge Dichterin schrieb, sie habe das Wirken von Sophie und Hans Scholl und ihren Freunden mit einer plötzlichen Hoffnung erfüllt, wie ein »heimliches Licht, das sich im ganzen Land ausbreitet«. Zum ersten Mal wusste sie, dass sie nicht allein war.

Die meisten Deutschen waren Hitler jedoch weiterhin treu ergeben und glaubten an seine Visionen. Seit zehn Jahren führte er sie nun schon ins Dunkel; und es war zu spät zum Umkehren.

Nach dem Desaster von Stalingrad wusste freilich jeder, dass die Chancen schlecht standen, den Krieg noch zu gewinnen. Und für die normale Bevölkerung war das Leben härter denn je.

Lebensmittel waren rationiert und viele deutsche Familien mussten auf Fleisch, Obst, Gemüse und Butter verzichten. Selbst Schuhe waren Mangelware, weshalb viele Kinder mit klobigen schweren Holzschuhen vorliebnehmen mussten.

Im Sommer 1943 wurde die Lage immer bedrückender. Alliierte Bombenflugzeuge brachten Tod und Zerstörung über deutsche Städte, als wäre das die Rache für die Verheerungen des deutschen Blitzkriegs.

In der Nacht vom 16. zum 17. Mai startete die britische Luftwaffe ihren bisher gewagtesten Angriff. Sie benutzten eigens zu diesem Zweck entwickelte Roll- oder Rotationsbomben, um zwei Talsperren im Ruhrgebiet zu zerstören. Bergwerke wurden überflutet, Fabriken, Straßen, Eisenbahnlinien und Brücken wurden beschädigt oder zerstört, was der Moral in der Bevölkerung einen weiteren schweren Schlag versetzte.

Zwei Monate später nahm die Royal Air Force die Stadt Hamburg ins Visier und bombardierte sie Nacht für Nacht. Die Spreng- und Brandbomben entfachten einen Feuersturm im Zentrum der Stadt, in dem Zehntausende Menschen verbrannten. Krankenhäuser, Schulen, Kirchen und Theater wurden in Schutt und Asche gelegt, ebenso der Hamburger Zoo.

Immer mehr Deutsche verloren den Glauben an ihre Regierung. Hitler und seine Gefolgsleute »lügen das Blaue vom Himmel herunter«, schrieb ein Hamburger Offizier, dessen Haus ebenfalls zerstört worden war.

Auch aus Italien kamen dramatische Nachrichten. Anfang Juli waren britische, amerikanische und kanadische Truppen an den Stränden Siziliens gelandet. Nach schweren Kämpfen hatten sie die Mittelmeerinsel im August unter ihre Kontrolle gebracht. Italien stand am Rande des totalen Chaos.

Seine Generäle überzeugten den italienischen König, sich von Mussolini abzuwenden. Der König ließ Mussolini gefangen nehmen und zu einem verlassenen Hotel in den italienischen Bergen bringen. Hitler ließ seinen italienischen Verbündeten daraufhin von einem Fallschirmjäger-Bataillon befreien und über Wien nach München in Sicherheit bringen.

Inzwischen waren die Alliierten auf dem italienischen Festland gelandet und rückten in Richtung Rom vor.

Doch die schlimmsten Nachrichten aus deutscher Sicht kamen aus dem Osten. Nach dem Fall von Stalingrad standen die deutschen Truppen auf einer weit über tausend Kilometer langen Frontlinie, die sich vom Finnischen Meerbusen bis zum Schwarzen Meer erstreckte, der Roten Armee gegenüber.

Im Juli 1943 ordnete Hitler nahe der Stadt Kursk eine letzte Großoffensive gegen die Sowjetunion an. Was folgte, war die größte Panzerschlacht aller Zeiten mit fast vier Millionen Soldaten sowie Zehntausenden von Panzern und schweren Waffen.

Die Deutschen waren nicht nur in der Unterzahl, sondern trafen auf einen bestens vorbereiteten Gegner. Hitlers nach Osten rollende Panzer stießen immer wieder auf tiefe Gräben, Stacheldraht, Panzersperren und Flammenwerfer.

Hitler hatte das Spiel verloren. Mitte August gerieten seine Soldaten immer mehr ins Hintertreffen und hatten bereits 100.000 Männer und fast tausend Panzer verloren.

Einer der Soldaten erinnerte sich daran, ein Schlachtfeld hinterlassen zu haben, in dem »jeder Baum und jeder Strauch zerfetzt war … übersät mit verstreuten Bruchstücken der Artillerie, mit ausgebrannten Panzern und abgeschossenen Flugzeugen«. Als wäre dies »das Ende der Welt«.

Am Ausgang des Krieges gab es keinen Zweifel mehr. Von den

Stränden Italiens bis zur russischen Steppe – überall waren die Deutschen auf dem Rückzug.

Und in dieser Situation, am 10. August 1943, gelangte ein junger Aristokrat namens Claus von Stauffenberg gemeinsam mit einer Gruppe von deutschen Offizieren zu der Überzeugung, dass es genug war.

Auch zuvor hatte es schon Widerstandsgruppen in Deutschland gegeben. Selbst Attentate auf Hitler waren geplant worden, aber diese waren gescheitert oder gar nicht erst durchgeführt worden, weil sie nicht Erfolg versprechend schienen, solange der größte Teil der Bevölkerung hinter Hitler stand. Nun aber waren die Verschwörer der Überzeugung, dass der Krieg verloren sei. Falls Deutschland keinen Frieden mit England und den USA schließe, werde es von Stalins Roter Armee zerstört werden.

Das nationalsozialistische Regime musste gestürzt werden. Und die Verschwörer waren sich darin einig, dass dies nur mithilfe des Ersatzheeres, das in Berlin stationiert war, gelingen konnte.

Im Fall eines Aufstandes der Zivilbevölkerung oder der Kriegsgefangenen sollte das Ersatzheer kriegswichtige Punkte in Berlin und anderen großen Städten besetzen und gegen die Aufständischen vorgehen. Ausgelöst sollte dies durch das Codewort »Operation Walküre« werden. Die Verschwörer wollten sich dies zunutze machen und die »Operation Walküre« für ihre Zwecke umfunktionieren.

Doch erst einmal musste Hitler getötet werden. Und der

richtige Mann dafür schien der Wehrmachtsoffizier Claus Schenk Graf von Stauffenberg zu sein.

■

Claus von Stauffenberg schien in jeder Hinsicht ein Vorzeigedeutscher zu sein. Er war groß gewachsen und attraktiv, war ein Patriot und hatte eine vorzügliche Erziehung genossen. Die Wurzeln seiner adeligen Familie reichten bis ins Mittelalter zurück.

Obwohl Stauffenberg stolz darauf war, in der deutschen Armee dienen zu dürfen, wuchsen im Laufe des Krieges seine Zweifel an Hitler, und als er hörte, dass die SS jüdische Frauen und Kinder tötete, wusste er, dass etwas gegen diese Barbarei unternommen werden musste.

Im April 1943 wurde seine Panzerdivision in Nordafrika von alliierten Flugzeugen angegriffen. Er wurde schwer verwundet, verlor sein linkes Auge, die rechte Hand sowie zwei Finger der linken Hand, doch er überlebte.

Während seines Genesungsurlaubs in Deutschland kam er in Kontakt mit dem deutschen Offizier Henning von Tresckow, der ihn in die Umsturzpläne der »Operation Walküre« einweihte.

Stauffenberg fragte sich, ob eine solche Aktion überhaupt noch Sinn hatte. War der Krieg nach der Katastrophe von Stalingrad nicht sowieso verloren?

Tresckow nickte. »Der Krieg ist so gut wie verloren«, sagte er. »Aber wie wird die Geschichte über uns Deutsche urteilen, wenn nicht mal eine Handvoll Männer den Mut aufbringen, diesem Kriminellen ein Ende zu bereiten?«

Stauffenberg teilte diese Auffassung. Er liebte sein Land. Und wie Tresckow hoffte er, der Welt mit der Operation Walküre beweisen zu können, dass immer noch Reste eines redlichen und menschlichen Deutschlands existierten.

Monate vergingen, während die Verschwörer auf ihre Gelegenheit warteten. Tresckow wurde an die Ostfront beordert und Stauffenberg zum Befehlshaber des Ersatzheeres in Berlin ernannt.

Dann spielte ihnen plötzlich das Schicksal in die Karten. Stauffenberg wurde für den 20. Juli 1944 in Hitlers Hauptquartier im Osten, die sogenannte Wolfsschanze, bestellt, um über die geplante Neuaufstellung von Truppen zu berichten. Das war ihre Chance.

Am Morgen des 20. Juli hob Stauffenbergs Flugzeug von Berlin ab. Es sollte ein drückend heißer Tag werden. Im Waldgebiet um die schwer gesicherte Wolfsschanze herum herrschte eine drückende, düstere Atmosphäre.

Überall gab es Wachleute der SS mit ihren knurrenden Hunden. Stauffenbergs Auto musste drei, mit elektrischen Zäunen ausgestattete Sperrkreise passieren, ehe er um 11.30 Uhr mit seinem treuen Adjutanten, Oberleutnant Werner von Haeften, die Lichtung erreichte, auf der sich das Herz der Wolfsschanze befand. Es war Teil eines Bunkersystems mit sechs bis acht Meter dicken Betonwänden, um feindlichen Angriffen standhalten zu können.

Stauffenberg fragte, ob er sich kurz ein neues Hemd anziehen könne, sein jetziges sei völlig durchgeschwitzt. Sein Adjutant müsse ihm, dem Kriegsversehrten, dabei helfen.

Im nächsten Moment arbeiteten die beiden in einem Nebenraum fieberhaft daran, die beiden Sprengsätze zu präparieren, die in Stauffenbergs Aktentasche waren. Sie wollten gerade den zweiten Sprengsatz scharf machen, als es an der Tür klopfte.

Die Besprechung habe schon angefangen, sagte die Stimme. Stauffenberg und Haeften wechselten rasche Blicke. Sie wussten, dass Hitler es hasste zu warten. Ihnen lief die Zeit davon, und jetzt mussten sie beten, dass ein präparierter Sprengsatz ausreichen würde.

Um kurz nach 12.30 Uhr betrat Stauffenberg, seine Aktentasche an die Brust gepresst, den Konferenzraum und nahm seinen Platz am großen Eichentisch ein. Auf dem Tisch war eine Karte ausgebreitet, die den Verlauf der Ostfront zeigte.

Stauffenberg schaute sich um. Hitler hatte seine Generäle um sich versammelt. Und in der Mitte stand er selbst.

Der Führer sah alt und müde aus, das Gesicht blass, die Haare zunehmend grau, seine linke Hand zitterte. Doch als sein Blick auf Stauffenberg fiel, war sein Blick so kalt und unbarmherzig wie immer.

Stauffenberg stellte seine Tasche beiläufig unter dem Tisch ab. Die Generäle sprachen weiter. Stauffenberg wartete.

Als ihm der Moment günstig erschien, flüsterte er seinem Nebenmann zu, er müsse mal eben telefonieren.

Sekunden später hatte er den Raum verlassen und eilte zu seinem Fahrzeug, wo Haeften schon auf ihn wartete. Die Bombe musste jeden Moment hochgehen.

Haeften stieg ein. Stauffenberg zündete sich eine Zigarette an.

Die Uhr tickte. 12.42 Uhr. Nichts geschah.

Dann gab es eine kolossale Explosion, die den Erdboden erschütterte. Eine riesige Staubwolke stieg über der Lichtung auf.

Stauffenberg sprang in den Wagen. Eine halbe Stunde später saßen die beiden Männer wieder im Flugzeug und waren auf dem Rückweg nach Berlin.

Als sie am späten Nachmittag landeten, war die Operation Walküre ausgelöst worden. Überall in der Stadt nahmen die Befehlshaber des Ersatzheeres ihre Befehlsstände ein. Unterdessen wurde die Meldung verbreitet, dass Hitler tot sei.

Doch um 18 Uhr kam eine Nachricht aus der Wolfsschanze, die alles veränderte.

Hitler war nicht tot, sondern hatte nur leichte Verletzungen erlitten. Seine Trommelfelle waren geplatzt, doch im Gegensatz zu vier getöteten Offizieren war er offenbar von den massiven Beinen des Holztischs geschützt worden.

In seinem Büro führte Stauffenberg mehrere hektische Telefongespräche, um sich einen Überblick über die Lage zu verschaffen und seine Verbündeten hinter sich zu scharen, doch mit jeder Minute sanken seine Hoffnungen.

Kurz vor 23 Uhr hörte er Schüsse und das Trampeln schwerer Stiefel auf dem Gang. Es war vorbei. Der Putsch war gescheitert.

Kurz nach Mitternacht wurden Stauffenberg und Haeften in den Innenhof des Gebäudes geführt. Dort, von den Scheinwerfern eines Lkw erhellt, stand das Erschießungskommando bereit.

Doch trotz der bitteren Enttäuschung über ihren Fehlschlag, flehten sie nicht um Gnade. Wie Sophie und Hans Scholl gingen sie mit dem Wissen in den Tod, das Richtige getan zu haben.

Als die Soldaten ihre Gewehre hoben, zuckte Stauffenberg mit keiner Miene und rief: »Es lebe das heilige Deutschland!« Dann fielen die Schüsse.

■

Hitlers Rache war gnadenlos. In der Wolfsschanze tobte er, er werde die schändlichen Verräter »unbarmherzig ausrotten«.

In den nächsten Tagen wurden Hunderte von Offizieren verhaftet und hingerichtet, ihre Frauen und Angehörigen ins Gefängnis geworfen und ihre Kinder in Heime verschleppt.

An der Ostfront nahm sich Henning von Tresckow das Leben, ehe er den Nazis in die Hände fallen konnte. »Ich bin mehr denn je davon überzeugt, das Richtige getan zu haben«, sagte er kurz vor seinem Tod zu einem Freund. »Ich halte Hitler nicht nur für den Erzfeind Deutschlands, sondern der ganzen Welt.«

Nicht einmal der Wüstenfuchs war vor Hitlers Rache sicher. Hitler wurde von seinen Spitzeln zugetragen, Rommel sei zwar nicht persönlich in den Putsch eingeweiht gewesen, habe aber vielleicht dennoch davon gewusst und den Glauben an den Führer verloren.

Im Herbst 1944 fuhr ein Wagen an Rommels Haus vor. Zwei Männer in Generalsuniformen stiegen aus und verlangten, den Helden von Tobruk zu sprechen

Rommel bat sie in sein Arbeitszimmer, wo sie ihn darüber informierten, dass Hitler ihn wegen Hochverrats zur Rechenschaft ziehen wolle. Er könne dem Prozess aber entgehen, wenn er zuvor die tödliche Zyankalikapsel schlucken würde, die sie mitgebracht hatten.

Wenn Rommel das Gift einnahm, würden die Nazis der Öffentlichkeit erzählen können, dass er bei einem Angriff tödlich verletzt worden sei. Er würde als deutscher Kriegsheld begraben werden und seine Frau eine hohe Rente erhalten.

Als treusorgender Ehemann und Vater sah Rommel nur eine Möglichkeit. Er ging die Treppe hinauf und sprach mit seiner Frau. Danach überbrachte er die Nachricht seinem 15-jährigen Sohn Manfred. »Ich hab gerade deiner Mutter erklärt, dass ich in einer Viertelstunde tot sein werde«, sagte er mit ruhiger Stimme.

»Wir gingen gemeinsam aus dem Haus«, erinnert sich Manfred Rommel. »Die beiden Generäle standen am Gartentor. Wir gingen langsam den Kiesweg hinunter, der unnatürlich laut knirschte.«

Vater und Sohn gaben sich die Hand. Dann stieg Rommel mit den Generälen ins Auto. Als es losrollte, sah er sich nicht um.

Wenige Minuten später war der Wüstenfuchs tot.

17

Der Kampf um den Pazifik

In den ersten Wochen des Jahres 1943 regte ein munteres Lied die Fantasie vieler Amerikaner an.

Der Schuhputzer am Hauptbahnhof von New York summte es vor sich hin. Verkehrspolizisten in Chicago pfiffen es. Und Tausende von Fabrikarbeiterinnen im ganzen Land kannten jede Zeile des Songs. Denn von ihnen handelte er ja schließlich.

Das Lied hieß »Rosie the Riveter« und wurde von den Four Vagabonds gesungen. Es handelt von einem Mädchen namens Rosie, das mit ihrer Nietpistole (Riveter) am Fließband steht und mithilft, amerikanische Flugzeuge für die Luftwaffe zu bauen.

Rosies Freund Charlie ist Soldat bei der Marine, und sie ist fest entschlossen, ihren Beitrag für die amerikanische Rüstungsindustrie zu leisten. Sie wischt sich das Schmieröl von der verschwitzten Augenbraue, »schreibt Geschichte und arbeitet für den Sieg«.

Mit seinem leichten eingängigen Swing war es das Lied des Jahres. Während es in den Charts immer weiter nach oben kletterte, beauftragte die *Saturday Evening Post* den bekannten Maler und Illustrator Norman Rockwell, ein Rosie-the-Riveter-Titelbild zu entwerfen.

Rockwell zeichnete eine Rosie mit muskulösen Armen, die gerade ein Sandwich isst. Ihre Füße ruhen achtlos auf einer Ausgabe von Hitlers »Mein Kampf«. Hinter ihr weht eine große amerikanische Fahne.

Im ganzen Land wurde Rockwells Bild zum Symbol einer nationalen Anstrengung, in der Millionen von Männern und Frauen Seite an Seite gegen die Aggressoren aus Deutschland und Japan kämpften.

Vor dem Angriff auf Pearl Harbor waren die meisten erwachsenen Amerikanerinnen Hausfrauen, da viele Unternehmen sich weigerten, verheiratete Frauen einzustellen. Doch jetzt forderte Präsident Roosevelt sie dazu auf, zu den Werkzeugen zu greifen, die ihre Männer zurückgelassen hatten, um die Panzer und Bombenflugzeuge zu bauen, die für den Sieg unerlässlich waren.

»Je mehr Frauen arbeiten«, hieß es auf einem Plakat der Regierung, »desto eher werden wir gewinnen«.

Ein anderes Poster zeigte eine hübsche junge Frau mit Pferdeschwanz, die einen Schraubenschlüssel in der Hand hielt. Sie träumt von ihrem Schatz, der weit entfernt auf einem Schlachtfeld kämpft. »Das Mädchen, das er zurückgelassen hat«, ist dort zu lesen, »steht immer noch hinter ihm«.

In wahren Leben gab es plötzlich jede Menge Rosies. Eine von ihnen war Rose Will Monroe, die für eine Flugzeugfabrik in

Michigan arbeitete und mit ihrer Nietpistole amerikanische Bomber zusammenbaute.

Ihr Ehemann, von dem sie zwei Töchter hatte, war früh gestorben. Doch Rose konnte schon immer mit Werkzeug umgehen und so wollte auch sie ihren Beitrag für die Allgemeinheit leisten.

Dann war da die 19-jährige Rosalind Palmer, die bei einer Flugzeugfabrik in Connecticut angestellt war. Als Tochter eines Geschäftsmanns, die eine teure Privatschule besucht hatte, war sie kaum eine typische Fabrikarbeiterin.

Doch wie andere junge Amerikanerinnen war sie zutiefst empört über den japanischen Angriff auf Pearl Harbor. Jede Nacht setzte sie ihre Schutzbrille auf, um zu zeigen, dass sie genauso geschickt wie ein Mann war.

Nicht zu vergessen Rosina Bonavita aus dem kleinen Peekshill im Staat New York. Sie arbeitete in einer Wäscherei. Doch als ihr Verlobter Jimmy in den Pazifikkrieg geschickt wurde, wollte Rosina ihn irgendwie unterstützen.

Also meldete sie sich im benachbarten Tarrytown, wo in einer Flugzeugfabrik Bomber gebaut wurden. Zwar hatte sie noch nie in einer Fabrik gearbeitet, erwies sich aber als äußerst talentiert.

Im Juni 1943 stellte sie mit ihrer Kollegin Jennie Fiorito sogar einen nationalen Rekord auf. Im Laufe einer Nacht fertigten sie einen ganzen Flügel des Avenger Bombers an, bohrten fast tausend Löcher und setzten 3345-mal ihre Nietpistole an.

Die Tageszeitungen bezeichneten sie als Heldinnen und

Roosevelt persönlich schrieb ihnen einen Dankesbrief. Doch waren sie nur zwei von etwa 20 Millionen Amerikanerinnen, die in dieser Zeit die Ärmel hochkrempelten und sich an die Arbeit machten.

Die meisten von ihnen blieben an ihren Heimatorten, so wie Josie Lucille Owens, die als Schweißerin arbeitete, oder wie Susie King Tailor, die zur Nieterin ausgebildet wurde. Indiana Hunt-Martin hingegen schloss sich dem Frauenkorps der US-Armee an, wurde nach England geschickt und sortierte dort die Briefe der US-Soldaten, während Prudence Burn Burrell als Krankenschwester der Pazifik-Streitkräfte ihren Dienst tat.

Für viele von ihnen wurde die Zeit des Krieges zum Wendepunkt ihres Lebens.

Inez Sauer beispielweise hatte noch nie in ihrem Leben gearbeitet. Sie verbrachte ihre Tage in einem großen Haus, wo sie mit ihren Freundinnen Karten spielte.

Doch nach Pearl Harbor wollte auch sie etwas für ihr Land tun und sah die Anzeige einer Bomberfabrik nahe Seattle, die um Mitarbeiter warb. »Meine Mutter war geschockt«, erinnerte sie sich. »Niemand aus unserer Familie hatte je in einer Fabrik gearbeitet.«

Doch Inez ließ sich zur Werkzeugmacherin ausbilden, arbeitete sieben Tage die Woche und bekam nur an Weihnachten einen Tag frei.

Eines späten Abends stattete Präsident Roosevelt der Fabrik einen Besuch ab, um ihr seine Unterstützung zu signalisieren.

Inez war aufgeregt. »Das spornte uns so an«, berichtete sie, »dass wir noch härter arbeiteten als zuvor.«

Sie wusste, dass sie nie wieder zu ihrem alten Leben würde zurückkehren können. Vorher hatte sie in einer Blase gelebt, fernab vom richtigen Leben.

»In der Fabrik«, sagte sie, »fand ich eine Freiheit und Unabhängigkeit, die mir völlig neu war. In dieser Zeit bin ich erst richtig erwachsen geworden.«

■

Als die amerikanische Rüstungsindustrie Fahrt aufnahm, beschlossen japanische Generäle, dass die Zeit für weitere Angriffe gekommen war.

Die amerikanische Rüstungsoffensive machte ihnen zunächst keine Sorgen. Ihre Truppen hatten viele Schlachten gewonnen und die japanische Fahne wehte über einem Großteil Asiens. Die Amerikaner schienen ihnen nicht hart genug für einen längeren Krieg zu sein.

Doch zunächst sollten die Admiräle von Kaiser Hirohito ihren Job im Pazifik beenden. Durch eine Invasion auf Neuguinea und den Salomoninseln wollten sie Neuseeland und Australien von Amerika isolieren.

Im Mai 1942 griffen sie Port Moresley an, eine wichtige australische Militärbasis an der Küste von Neuguinea. War Port Moresley erst einmal gefallen, konnten sie Australien selbst ins Visier nehmen.

Die Japaner wussten jedoch nicht, dass es amerikanischen Spezialisten gelungen war, ihre Funksprüche zu entschlüsseln. Und als sie in die glitzernden Gewässer des Korallenmeers unterwegs waren, warteten die Schiffe der amerikanischen Kriegsmarine schon auf sie.

Viele amerikanische Soldaten betrachteten dies als Chance, sich für den japanischen Angriff auf Pearl Harbor zu rächen. Doch die Schlacht im Korallenmeer sollte zu einer Seeschlacht werden, wie es sie noch nie gegeben hatte.

Obwohl beide Seiten auch Kreuzer und Zerstörer in Stellung gebracht hatten, sollten ihre Flugzeugträger, von denen aus Jagdflieger und Sturzbomber starteten, die entscheidende Rolle spielen. Wer den Luftraum kontrollierte, der würde auch den Seekrieg gewinnen.

Die Kämpfe hielten drei Tage lang an. In der Luft kreischten die Kriegsflugzeuge, die ihre Torpedos abwarfen.

Am entscheidenden Morgen rief Leutnant Jack Powers auf der USS *Yorktown* seine Piloten zusammen und erklärte mit ernster Stimme: »Denkt daran, Jungs, unsere Leute zu Hause zählen auf uns.« Er war entschlossen, der Gegenseite einen entscheidenden Schlag zu versetzen, und wenn er dazu direkt auf einem japanischen Flugdeck landen musste.

Mit seinen neunundzwanzig Jahren war Jack einer der erfahrenen Piloten. Er hatte eine ganz normale Kindheit in New York gehabt und war von seinen Mitschülern mal zum »typischen amerikanischen Jungen« gewählt worden.

Jetzt, im Cockpit seines Sturzbombers, schienen diese Tage unendlich weit weg zu sein. Nun galt es nur noch, das Ziel zu treffen: den großen Flugzeugträger *Shokaku*, den Stolz der Kaiserlich Japanischen Marine.

Als Jack den Flugzeugträger in der Ferne erkannte, setzte er zum Sturzflug an und wurde sofort unter Beschuss genommen. Immer tiefer stieß er nach unten …

Das Deck der *Shokaku* tauchte vor ihm auf, nur noch wenige Hundert Meter entfernt.

Im letzten Moment warf Jack die Bombe ab. Eine gewaltige Explosion erschütterte die *Shokaku*. Jacks Flugzeug wurde in Rauch gehüllt, schoss weiter nach unten und wurde – ein Opfer des eigenen Angriffs – nie mehr gesehen.

Monate später erklärte Präsident Roosevelt in einer Radioansprache, dass Jack Powers posthum mit einer Ehrenmedaille ausgezeichnet werde. »Wir alle«, erklärte der Präsident seinen Zuhörern, »sind die Leute zu Hause, für die Leutnant Powers gekämpft und sein Leben riskiert hat. Er sagte, wir könnten auf ihn zählen. Und er hat recht behalten.«

Im Korallenmeer lieferten sich beide Seiten einen erbitterten Kampf. Und zum ersten Mal war den Japanern Einhalt geboten worden.

Nach schweren Verlusten beendeten sie ihre Offensive. Dank Jack Powers und seiner Kameraden war Australien in Sicherheit.

Der wütende Admiral Yamamoto entwarf einen Plan, um die Amerikaner in einen Hinterhalt zu locken. Zunächst wollten die

Japaner die Midwayinseln einnehmen, den weit im Westen liegenden Vorposten der USA im Pazifik.

Dadurch hoffte Yamamoto, die amerikanische Flotte auseinanderzuziehen und durch Angriffe von vier japanischen Flugzeugträgern aus endgültig zu vernichten.

Doch erneut durchkreuzten die Amerikaner seine Pläne. Durch abgefangene und entschlüsselte Funksprüche wussten sie genau, was Yamamoto vorhatte. Und während seine Flotte zu den Midwayinseln unterwegs war, planten sie einen eigenen Hinterhalt.

In der Nacht vom 3. auf den 4. Juni 1942 trafen die Amerikaner ihre letzten Vorbereitungen. Sie wussten, was auf dem Spiel stand. Falls ihre Falle nicht zuschnappte, konnte die Pazifikschlacht binnen weniger Stunden verloren sein.

Auf der USS *Yorktown* waren die Piloten lange wach und spielten Karten, um ihre Nerven in den Griff zu bekommen. Als sie sich schließlich hinlegten, sagte einer von ihnen mit leiser Stimme: »Das Schicksal der Vereinigten Staaten ruht jetzt auf zweihundertvierzig Piloten.«

Die Schlacht von Midway, eine der größten Seeschlachten in der Geschichte, begann noch vor dem Morgengrauen. Es sollte ein schwüler Tag werden und die Anspannung war mit Händen zu greifen.

Auf den japanischen Flugzeugträgern stießen Yamamotos Flieger bereits auf den Sieg an. Hunderte Seemeilen von ihnen entfernt schlangen die amerikanischen Piloten schnell noch Toast und Spiegeleier hinunter.

Um 4.30 Uhr stiegen ihre ersten Flugzeuge in den Himmel und hielten auf die japanischen Schiffe zu. Wenige Stunden später starteten die amerikanischen Torpedobomber ihre erste Angriffswelle.

Zuerst sah es so aus, als hätten die Amerikaner sich verrechnet. Die japanischen Kampfflugzeuge waren zu schnell für sie und holten eine amerikanische Maschine nach der anderen vom Himmel.

Um 10 Uhr herum schien die Schlacht um Midway zu einem der größten Desaster in der amerikanischen Geschichte zu werden. Doch in den nächsten Minuten wendete sich das Blatt, worauf die gesamte Pazifikschlacht einen anderen Verlauf nehmen sollte.

Es war fast 10.30 Uhr, als bei den verbliebenen amerikanischen Piloten, die in höchster Bedrängnis waren, ein wenig Hoffnung aufkeimte. Eine Staffel von Douglas-SBD-Dauntless-Bombern schoss auf die feindlichen Flugzeugträger zu.

»Sie glitzerten in der Sonne wie ein wunderschöner silberner Wasserfall«, erinnerte sich einer der Piloten.

An Bord des Flugzeugträgers *Akagi* hörte Kapitän Mitsuo Fuchida, der den Angriff auf Pearl Harbor geleitet hatte, ein Dröhnen, das aus der Luft kam. »Als ich aufschaute«, berichtete er später, »sah ich drei feindliche Flugzeuge, die uns entgegenkamen. Unsere Maschinengewehre feuerten verzweifelt auf sie, aber es war zu spät.«

Das Flugdeck wurde von einer kolossalen Explosion erschüttert. Fuchida fand sich auf dem Boden wieder und sah geschockt, wie das gesamte Deck in Flammen stand. In diesem Moment wusste er, dass die *Agaki* verloren war.

Als am nächsten Tag die Nacht hereinbrach, war die Schlacht vorbei. Nach zwei Tagen des verbissenen Kampfes hatten die Japaner nicht nur die *Akagi*, sondern auch die *Kaga*, die *Soryu* und die *Hiryu* verloren – vier der sechs Flugzeugträger, die sechs Monate zuvor Pearl Harbor angegriffen hatten.

Die Amerikaner hatten Hunderte, die Japaner Tausende ihrer Männer verloren. Der Versuch der Japaner, eine Vorherrschaft auf See zu erreichen, war gescheitert und ihr Nimbus der Unbesiegbarkeit ein für alle Mal zerstört.

Doch obwohl so viel Blut geflossen war, wollten die Japaner ihre Ziele noch nicht aufgeben. Die Amerikaner mussten also dazu übergehen, sich Insel für Insel vorzunehmen, sich durch Dschungel und Sümpfe zu kämpfen, um den Gegner allmählich niederzuringen.

Dieses sogenannte Inselspringen begann ein paar Monate später auf einer kleinen Insel der Salomonen, die über dreitausend Kilometer von der australischen Küste entfernt liegt. Ein Ort von unvergleichlicher Naturschönheit, in dessen Urwäldern Fledermäuse und Krokodile, Opossums und Papageien zu Hause sind.

Doch für ein halbes Jahr sollte sich dieses Paradies in ein Schlachtfeld verwandeln. Der Name der Insel ist Guadalcanal.

■

Sid Phillips vergaß nie, wo genau er sich befunden hat, als er vom japanischen Überfall auf Pearl Harbor hörte.

Er war in seinem Drugstore in Mobile, Alabama, und trank einen Milchshake, als eine Frau in den Laden stürmte und rief: »Stell das Radio an!« Daraufhin sollte sich sein Leben grundsätzlich ändern.

Sid war siebzehn Jahre alt und hatte keine Sorgen in dieser Welt. Als ihm also sein bester Freund vorschlug, am nächsten Tag in die Navy einzutreten, sagte er einfach: »Okay.«

Und als ihnen ein Sergeant am nächsten Tag riet, sich sogleich bei einem Marinekorps zu melden, wenn sie etwas erleben wollten, beherzigten sie auch diesen Vorschlag.

Am 7. August 1942 fuhr Sids Landungsfahrzeug den Strand von Guadalcanal entgegen.

Als er die amerikanische Flagge in der warmen Morgenbrise flattern sah, hatte Sid einen Kloß im Hals. »Tja, das Salz in der Luft lässt die Augen tränen«, bemerkte ein anderer Soldat grinsend.

Ihre Waffen waren geladen. Sie wussten, dass Tausende japanische Soldaten auf Guadalcanal waren. Jeden Moment konnten hier die Kugeln fliegen.

»Wir waren fest entschlossen, mindestens einen von ihnen zu erwischen, bevor sie uns den Garaus machten«, schrieb Sid. »Wir nahmen uns zusammen, als das Boot am Strand anlegte, und wussten, dass es um Leben und Tod ging.«

Doch die Japaner waren nirgends zu sehen. Die einzigen

Menschen am Strand waren ihre amerikanischen Kameraden, die kurz vor ihnen gelandet waren und nun im Sand saßen und Kokosnüsse aßen.

Für Sid war es ein Moment der Erleichterung. Wenn er das in der Sonne glitzernde kristallklare Wasser betrachtete, hätte er sich am liebsten eingeredet, dass die Japaner sich einfach davongemacht hatten. Vielleicht würde das Ganze ja doch ein gemütlicher Urlaubstrip werden.

Doch die Realität sollte ihn sehr schnell einholen. Im Laufe des Vormittags wurde es heißer und heißer. An Land war kein Luftzug zu spüren, nur die sengende Sonne. Es gab wenig Trinkwasser, dafür umso mehr Skorpione und Schlangen.

Fünf Tage nach Landung nahmen sie einen feindlichen Soldaten fest. Er erzählte ihnen, dass im Dschungel Hunderte seiner Landsleute wären, halb verhungert und verzweifelt und zur Aufgabe bereit.

An diesem Abend nahm ein amerikanischer Marineoffizier namens Frank Goettge ein Boot und fuhr ein Stück an der Küste entlang, um sich einen Eindruck zu verschaffen, wo sich die Japaner aufhalten könnten. Falls der japanische Soldat die Wahrheit gesagt hatte, konnten sie die Insel vielleicht ohne Blutvergießen in Besitz nehmen.

Doch Goettge kehrte niemals zurück. Als er mit seiner Patrouille an Land ging, wurden sie von Maschinengewehrfeuer niedergemäht. Die Japaner kamen zwischen den Bäumen hervor. »Sie haben unsere Leute einfach in Stücke gehackt«, berichtete einer der Überlebenden. »Ich sah ihre Schwerter in der Sonne blitzen.«

Nur drei der fünfundzwanzig Männer, die Goettge begleiteten, überlebten das Massaker. Für die Amerikaner war es eine bittere Lektion.

Die Japaner mochten zahlenmäßig unterlegen sein, dachten aber nicht ans Aufgeben. Wenn sie Gefangene machten, wurden diese gefoltert und geköpft. Und wenn sie selbst angriffen, kämpften sie bis zum letzten Mann.

Für Sid Phillips und seine Kameraden waren die nächsten Monate ein Albtraum. Von der Sonne verbrannt, abgemagert, unter Hunger und Durst leidend, taumelten sie durch den dampfenden Urwald.

Die Ameisen und Moskitos schienen sie bei lebendigem Leib auffressen zu wollen. Ihre Uniformen waren verdreckt und durchgeschwitzt, ihre blutenden Füße von entzündeten Blasen übersät. Sie hatten schreckliche Magenkrämpfe, doch kein Klopapier und nichts, womit sie sich hätten waschen können.

»Wir waren am Rande des Zusammenbruchs«, erinnerte sich Sid. »Der Dschungel war so dicht, dass man sich überhaupt nicht orientieren konnte. Wir lagen auf dem Boden und lauschten den verdammten Geräuschen des Dschungels.«

Nachts hörten sie das höhnische Gejohle der Japaner. Manchmal schrien sie durch den Urwald: »Heute werdet ihr alle sterben! Blut für den Kaiser!«, bevor sie zum Angriff übergingen.

Die Marinesoldaten waren zwar eine bestens geschulte Eliteeinheit, doch täglich brachen Männer unter der großen Belastung zusammen. Der Rest der Welt schien weit weg zu sein. Alles, was zählte, war Guadacanal, ein unendlicher Albtraum von dampfender Hitze, Durst und Terror.

Eines Abends, als Sid schon Monate auf der Insel verbracht hatte, sah er, dass auf dem Meer eine große Schlacht stattfand. Alle paar Minuten wurde aus einem der Schiffe ein explodierender Feuerball.

Doch konnte er die amerikanischen und japanischen Schiffe nicht voneinander unterscheiden. Sid wusste nur eines: »dass sich in diesem Moment unser Schicksal entschied und dass auf beiden Seiten Tausende von Seeleuten getötet wurden«.

Er hatte recht. Es war der 15. November 1942, und die Kaiserliche Japanische Marine unternahm einen letzten Versuch, ihre Truppen auf der Insel mit Nachschub zu versorgen.

Doch der Versuch schlug fehl. Unter dem Dauerfeuer der Amerikaner bliesen die japanischen Generäle schließlich zum Rückzug.

Auf sich allein gestellt hatten die japanischen Truppen auf Guadalcanal keine Chance mehr. Der Sieg der Amerikaner war nur noch eine Frage der Zeit.

Wenige Tage nachdem er die große Seeschlacht beobachtet hatte, machte sich bei Sid Phillips und seinen Kameraden große Erleichterung breit. Monatelang hatten sie an der Front alles gegeben. Jetzt konnten die frischen amerikanischen Truppen, die auf Guadacanal an Land gingen, den Rest erledigen.

Am 22. Dezember bestieg Sid ein Landungsfahrzeug, das ihn in Sicherheit brachte. Er fühlte sich »komplett verausgabt und erschöpft«, gleichzeitig »glücklich, am Leben zu sein und die ganze Nacht ungestört schlafen zu können«.

Die verbliebenen Japaner auf Guadacanal kämpften einen aussichtslosen Kampf. Fast zwanzigtausend Männer hatten sie bereits verloren, und täglich kamen unzählige dazu, die an Hunger und Krankheit oder durch amerikanische Kugeln starben. Das Ende der Kämpfe war nah.

An Silvester gab Kaiser Hirohito dem Ersuchen seiner Admiräle statt, ihre Truppen von der Insel evakuieren zu dürfen. Guadacanal war, wie ein Offizier bemerkte, zum »Friedhof der japanischen Armee« geworden.

Am 7. Februar 1943, sechs Monate nach Beginn der Kampfhandlungen, waren die Japaner endgültig geschlagen.

Die amerikanischen Soldaten hatten die Schlacht im Pazifik für sich entschieden – nun sollte sich das Blatt auch in anderen Teilen der Welt zugunsten der Alliierten wenden.

TEIL 5

ENDSPIEL

18

Die Alliierten schlagen zurück

Am Abend des 4. Juni 1944 saß eine Gruppe von Männern in Militäruniformen in einem englischen Landhaus beim Essen und wartete auf Nachrichten.

Auf der anderen Seite des langen Verdunkelungsvorhangs heulte der Wind in den Bäumen. Regen prasselte gegen die hohen Fenster der alten Bibliothek.

Es war 21.30 Uhr, als sich die Tür öffnete und ein hagerer blasser Mann hereinkam.

Gruppenhauptmann James Stagg war der Chefmeteorologe der Operation Overlord, der alliierten Invasion in der Normandie. Seit Tagen studierte er den Himmel, um den richtigen Moment für den Angriff zu berechnen.

Die in Militäruniformen gekleideten Männer beugten sich gespannt vor. Sie wussten genau, dass von Staggs Bericht das Schicksal Hunderttausender Männer, wenn nicht gar das Schicksal der ganzen Welt abhing.

Stagg machte nicht viele Worte. Am Montagnachmittag würde das Wetter allmählich besser werden, ab Dienstag der stürmische

Wind abflauen. Eine bessere Chance würde sich so schnell nicht wieder ergeben.

Der amerikanische Oberbefehlshaber Dwight D. Eisenhower saß gedankenversunken in seinem Lehnstuhl. »Es ist ein gewagtes Spiel«, sagte er schließlich, »aber das bestmögliche Spiel.«

Er blickte zu seinem Nebenmann hinüber, der sich tiefer in seinen Soldatenmantel hineindrückte. »Spricht irgendwas gegen Dienstag?«, fragte er ihn.

Bernard Montgomery streckte den Rücken, sah Eisenhower durchdringend an und sagte mit fester Stimme: »Let's go!«

Eisenhower nickte. »Okay … let's go!«

■

Roosevelt und Churchill hatten eine Invasion in Frankreich seit zwei Jahren in Erwägung gezogen. Sie wussten aber, dass diese Operation ein enormes Risiko bedeutete.

Entlang der Küsten des Atlantiks, des Ärmelkanals und der Nordsee hatten die Deutschen einen Gürtel von Festungen, Bunkern und Gefechtsständen geschaffen – den sogenannten Atlantikwall. Diesen Wall zu durchbrechen, war eine Herkulesaufgabe, aber sie mussten es versuchen.

Federführend bei dieser Operation sollte Dwight D. Eisenhower sein, ein umgänglicher und erfahrener General, der aus einer Kleinstadt in Kansas stammte. Und mit Montgomery an seiner Seite plante Eisenhower alles mit methodischer Sorgfalt.

Im Sommer 1944 waren mehr als eine Million Amerikaner

und eine halbe Million Kanadier über den Atlantik transportiert worden, um sich im Süden Englands zu einem riesigen Feldlager zusammenzuschließen.

Mit ihrem lässigen Charme und ihren unbegrenzten Vorräten an Kaugummi, machten die Neuankömmlinge auf ihre englischen Gastgeber einen nachhaltigen Eindruck. Wann immer eine abendliche Tanzveranstaltung geplant wurde, taten die einheimischen Mädchen alles dafür, um dabei sein zu dürfen.

Doch die Jungs aus Nordamerika waren aus einem einzigen Grund nach England gekommen. Tausende und Abertausende Flugzeuge, Lkws und Panzer, schwere Waffen und bewaffnete Bulldozer wurden in diesem Moment für ihren Einsatz vorbereitet.

In der Zwischenzeit hatten Eisenhowers Strategen fünf Strandabschnitte an der Normandie ausgewählt, die für die Invasion am besten geeignet erschienen. Die beiden ganz im Westen gelegenen erhielten die Decknamen Utah und Omaha und wurden den Amerikanern zugeschlagen. Gold und Sword sollten von britischen Soldaten eingenommen werden, Juno von den kanadischen.

Jeder einzelne Abschnitt war von enormer Wichtigkeit. Um die Deutschen von den Stränden der Normandie abzulenken, stellten die Alliierten in Schottland und an der schmalsten Stelle des Ärmelkanals bei Dover Attrappen von Panzern, Flugzeugen, Artilleriegeschützen und anderem Kriegsmaterial aus Holz oder Gummi als Ablenkungsmanöver auf. Dann kamen Doppelagenten zum Einsatz, die den Deutschen die falsche Information zuspielten, dass die Alliierten bei Calais landen wollten.

Die tatsächliche Operation sollte Hunderte Kilometer weiter westlich in der Normandie stattfinden: Alliierte Bomber sollten die deutsche Verteidigungslinie massiv angreifen, während Fallschirmtruppen das Hinterland absichern würden.

Daraufhin würde die Flotte mit ihren schweren Waffen Löcher in den Atlantikwall schlagen und mehr als 150.000 Soldaten würden die Strände stürmen.

Es hätte nicht mehr auf dem Spiel stehen können. Falls die Landung glückte, wären die Alliierten dem Sieg einen großen Schritt näher gekommen. Falls sie missglückte, würden vielleicht Jahre vergehen, bis sich ihnen eine vergleichbare Gelegenheit bot.

Anfang Juni wartete Eisenhower gespannt auf die Wettervorhersage. Der Erfolg hing von klarem Himmel und ruhiger See ab. Doch um das Hauptquartier in Portsmouth stürmte es immer noch so heftig, als stehe der Wettergott auf der Seite der Deutschen.

Am Abend des 4. Juni 1944 kam James Stagg in die alte Bibliothek und überbrachte die Nachricht, die Eisenhower so gern hören wollte.

Er hatte sich entschieden. Die Landung würde am Dienstag, dem 6. Juni, um 6.30 Uhr beginnen: Der D-Day stand unmittelbar bevor.

■

Am Montagnachmittag regnete es immer noch aus einem stahlgrauen Himmel.

Im Feldlager auf der Hochebene Salisbury Plain nippte der 19-jährige Denis Edwards nervös an seinem Tee. Er und seine Kameraden von der Leichten Infanterie Oxfordshire und Buckinghamshire waren von ihrem Major John Howard seit Monaten unbarmherzig gedrillt und auf ihren Einsatz vorbereitet worden.

Howard, der sonst Polizeiwachtmeister in Oxford war, verlangte seinen Leuten alles ab. Sein Motto war einfach: »Nur der Sieg zählt.«

Doch jetzt kam eine gigantische Herausforderung auf sie zu. Im Schutze der Nacht, bevor auch nur ein einziger Soldat der Alliierten seinen Fuß auf den Strand der Normandie gesetzt hatte, würden sie in sechs motorlosen – und damit lautlosen – Gleitflugzeugen über den Ärmelkanal transportiert werden.

Nach der Landung auf feindlichem Gebiet sollten sie sich zu zwei wichtigen Brücken vorkämpfen, die später die Namen Pegasus und Horsa erhielten, und dort so lange wie möglich die Stellung halten.

Howard wusste genau, dass jede einzelne Etappe mit einem großen Risiko verbunden war. Falls die Landung missglückte, säßen seine Männer auf feindlichem Gebiet in der Falle, was Tod oder Gefangenschaft bedeutete.

Jetzt, während er und seine Männer im Regen warteten, wollten sie nur, dass es endlich losging.

Bald würde die Nacht hereinbrechen. Um 22 Uhr hörten sie Howards raue Stimme: »Okay, Jungs, alle in die Flugzeuge!«

Dennis kletterte an Bord, sein Gesicht mit verbranntem Kork

geschwärzt. Sie scherzten und zogen sich auf, doch er spürte »eine wachsende Angst«, die er geflissentlich zu verbergen versuchte.

Noch einmal erschien Howards zerfurchtes Gesicht in der Türöffnung. »Wir werden diese verdammten Brücken einnehmen«, sagte er, »und wir werden sie halten.« Er lächelte grimmig. »Bis nachher, Jungs, aber kommt nicht zu spät.«

Um kurz vor elf spürte Dennis, dass der Motor des Schleppflugzeugs ansprang und sie zum Abheben bereit waren. Es lief ihm kalt den Rücken runter. Als sie in die Luft stiegen, schloss er voller Angst die Augen.

Er fühlte sich wie ein Gefangener auf dem Weg zum Schafott. »Das war's«, dachte er.

Um Mitternacht überquerten die Gleitflugzeuge die französische Küste. Unter ihnen war alles schwarz.

Dann hörte man eine Serie lauter Geräusche, als die Schleppseile ausgeklinkt wurden. Nun gab es kein Zurück mehr.

Die Gleitflugzeuge schossen nach unten, auf den Abgrund zu. »Unterhaken!«, rief der Pilot.

Denis hakte sich bei seinem Nebenmann unter. Sein Herz schlug ihm bis zum Hals. Durch das Fenster sah er, wie ihnen die Felder entgegenrasten. Binnen Sekunden konnte alles vorbei sein.

Dann gab es ohrenbetäubendes Kreischen, als würde das Gleitflugzeug auseinandergerissen. Dennis wurde aus seinem Sitz geschleudert. Um ihn her sprühte es Funken. Die ganz Welt stürzte zusammen. Das war das Ende …

Stille.

Ganz langsam kehrte das Leben in Dennis zurück. Er war unverletzt. Sie hatten es geschafft.

Er kroch ein paar Meter vom Gleitflugzeit weg. Seine Kameraden rappelten sich auf und umfassten ihre Gewehre. Vor ihnen im Dunkeln lag die Brücke – so wie geplant.

Dann hörte sie eine vertraute Stimme. »Gut gemacht, Jungs! Auf geht's!«

▪

Während Howards Männer zur Pegasus-Brücke marschierten, bahnten sich siebentausend Schiffe ihren Weg durch den Ärmelkanal. Es war ein Spektakel ohnegleichen, die größte Armada der Weltgeschichte.

Ihren Blick auf den Horizont gerichtet, trauten viele Soldaten ihren Augen nicht. »So weit das Auge reichte, war das Wasser mit Schiffen und Landungsfahrzeugen übersät«, erinnerte sich ein britischer Offizier.

Für die Kommandobrigade der britischen Armee hatte der Einsatz mit einer besonderen Nachricht begonnen. Denn selbst an Kriegszeiten gemessen hatte sie einen ganz besonderen Chef.

Simon Fraser war der 15. Lord Lovat und der 25. Chief des berühmten Fraser-Clans in Schottland. Seine Familie hatte die Chiefwürde über Jahrhunderte weitervererbt und einer seiner Vorfahren hatte der Legende nach einen Drachen getötet.

Groß gewachsen, selbstbewusst und blendend aussehend

machte der 33-jährige Fraser dem Ruf seiner Familie alle Ehre. Seine Offiziere empfanden ihn manchmal als »schonungslos und arrogant«, bewunderten aber auch seine Lässigkeit, die ihn selbst während der Kampfhandlungen nicht verließ.

Als ihr Landungsfahrzeug nun in den Solent, einen Nebenarm des Ärmelkanals, einbog, forderte er den jungen Dudelsackpfeifer Bill Millin auf, ein paar traditionelle Lieder zu spielen. »Ich hörte, wie die Truppen auf den anderen Schiffen in Jubel ausbrachen«, erinnerte sich ein Beteiligter. »Der ganze Solent hallte davon wider.«

»Alle lachten und riefen durcheinander«, berichtete ein anderer. »Was für ein unglaubliches Gefühl! In diesem Moment hat wohl niemand so etwas wie Furcht verspürt.«

»Nie habe ich England so geliebt wie in diesem Moment«, schrieb später ein weiterer Soldat. Eine bemerkenswerte Aussage, wenn man bedenkt, dass Fraser und Millin beide Schotten waren.

Während sie bei strömendem Regen durch die Dunkelheit schaukelten, war vielen dann doch mulmig zumute, und manche mussten gegen die Seekrankheit ankämpfen.

Unter Deck drängten sie sich im Dunkeln zusammen und hörten, wie das deutsche Gewehrfeuer allmählich lauter wurde.

Lord Lovat hingegen schlief wie ein Baby. »Schlafen kann ich überall«, bemerkte er einmal, »solange ich mit mir im Reinen bin.«

In dieser Nacht dürfte er mit sich im Reinen gewesen sein. Er wusste genau, was seine Vorgesetzten von ihm erwarteten, und in wenigen Stunden würde er es in die Tat umsetzen.

■

»Alle Truppen in Bereitschaft!«, kam eine Stimme aus dem Lautsprecher. »Alle Truppen in Bereitschaft!«

Es war stockdunkel. An Bord der Wasserfahrzeuge machten sich alle für die Landung bereit.

Unter den zweihundert jungen Männern der 116. Infanterie-Kompanie A machte sich eine fast übermütige Stimmung breit. »Manche lasen auch in der Bibel, vermissten ihre Mütter und das vertraute Essen zu Hause.«

»Wir sehen uns am Strand!«, riefen sie einander zu. »Und nehmt euch vor den französischen Mädchen in Acht! Bis bald in Berlin!«

Doch als ihr Landungsfahrzeug dem Strand von Omaha Beach entgegenschaukelte, ein grauer Strich in schwarzer Nacht, wuchs dann doch die Anspannung. Das große Abenteuer bekam plötzlich beängstigend realistische Züge.

6 Uhr. Alle schwiegen jetzt. Dicht an dicht standen sie im knöcheltiefen Meerwasser. Ihre Uniformen waren von der Gischt schon durchfeuchtet.

Um genau 6.30 Uhr knirschte der steinige Boden unter dem Rumpf. Die Rampe krachte ins Wasser, und wie sie es trainiert hatten, sprangen die Männer der Kompanie A ins Wasser.

In diesem Moment eröffneten die deutschen Soldaten das

Feuer. Eine Salve nach der anderen peitschte gnadenlos über den Strand und das Wasser hinweg.

Die Kompanie A hatte keine Chance. Innerhalb kürzester Zeit waren alle Soldaten tot.

Für ihre Kameraden in den anderen Landungsfahrzeugen ein albtraumhaftes, schier unerträgliches Erlebnis.

Starr vor Schreck ließen sie sich im flachen Wasser treiben. »Wir waren zu geschockt, um uns zu bewegen«, erinnerte sich einer von ihnen. »Es war wie eine Massenparalyse.«

Plötzlich wurde er von etwas getroffen. »Zuerst dachte ich, es sei eine Kugel«, schrieb er.

Die zweite Gruppe von Soldaten kam um 7 Uhr am Strand an. Unter ihnen war Harold Baumgarten, ein Teenager aus New York City.

Auf seine Jacke hatte er einen Davidstern gemalt, das Zeichen, das die Juden in Deutschland tragen mussten. An seinem Handgelenk trug er die Armbanduhr seines Vaters. Doch jetzt, da schwarzer Rauch über den Strand trieb, war seine Heimat schrecklich weit weg.

Weiter vorne hörte er das Gewehrfeuer und die Schreie der Sterbenden. Omaha Beach war in Rauch und Flammen gehüllt, die dem Meer entgegenschlugen.

Eine deutsche Granate landete pfeifend in einem benachbarten Boot. Holzsplitter und Fleischfetzen fegten über Harold hinweg. Er hatte Blut in den Augen und in der Nase, ja sogar in seinem Mund.

Doch er hatte jetzt keine Zeit, um darüber nachzudenken, denn plötzlich waren sie am Ziel. »Lasst die Rampe runter!«, schrien die Männer. »Los geht's!«

Dann waren sie von einem Kugelhagel umgeben. Harolds Nebenmann wurde sofort getroffen und starb auf der Rampe. Viele Männer um ihn her ertranken, weil sie mit ihrem schweren Marschgepäck nach unten gezogen worden.

Schreie und Schluchzen, das Pfeifen der Kugeln und das Krachen der schweren Geschütze gellten in seinen Ohren. Am Strand sah er Kameraden ziellos umherirren, manche lagen auch im Sand und riefen nach ihren Müttern.

Harold taumelte. Dann, wie aus dem Nichts, explodierte eine Granate direkt vor ihm, und er spürte einen brennenden Schmerz im Gesicht.

»Ich fühlte mich, als hätte mir jemand einen Baseballschläger ins Gesicht geschlagen«, erinnerte er sich. »Meine linke Wange war aufgerissen worden, ein Teil meines Unterkiefers verschwunden, und meine Zähne und mein Gaumen lagen mir auf der Zunge.«

Als er auf die Knie fiel, zuckte ein einziger Gedanke durch seinen Kopf: Wann werde ich sterben?

Unter qualvollen Schmerzen kroch er den Betondamm entlang, bis er seinen toten Freund im flachen Wasser treiben sah.

»Ich fing an zu heulen«, schrieb Henry später. »Tränen liefen mir übers blutige Gesicht und färbten sich rot. Das war einer der traurigsten Momente meines Lebens.«

Doch er machte weiter. Wenn er jetzt aufgab, sagte er sich, würde er dem Andenken an seinen gefallenen Freund nicht gerecht werden.

Er flüsterte ein jüdisches Gebet.

»Höre, Israel! Der Herr ist unser Gott, der Herr allein.«

Und irgendwie, indem er sämtliche Kräfte mobilisierte, machte Harold Baumgarten weiter.

■

Es war jetzt 7.30 Uhr und schon waren die Strände der Normandie mit Blut überströmt. Doch inmitten dieser Tragödie gab es viele Beispiele von wilder Entschlossenheit und persönlichem Mut.

Am Juno Beach stürmte eine kanadische Einheit an den deutschen Bunkern vorbei, bis sie den kleinen Küstenort Bernières erreichte.

Am Gold Beach beobachteten britische Soldaten, wie ihr Sergeant Stanley Hollis den Strand hinaufrannte und ungeachtet aller Gefahren auf eigene Faust einen deutschen Bunker räumte.

Es war ein verzweifeltes, blutiges Unterfangen. Doch Meter für Meter kämpften sich die Soldaten über die Dünen voran, während die Landungsfahrzeuge in ihrem Rücken immer mehr Truppen und Panzer an Land brachten.

Auch am Omaha Beach wendete sich allmählich das Blatt. Während Schlachtschiffe die deutschen Linien unter Beschuss nahmen, konnten sich die amerikanischen Soldaten erst einmal in Sicherheit bringen – darunter auch der verwundete Harold Baumgarten.

Am Sword Beach gingen zur selben Zeit die von Lord Lovat befehligten Einheiten an Land. Ein Kriegsschiff wünschte ihnen per Lichtsignal alles Gute.

In seinem legendären weißen Pullover, dessen Rollkragen seine Initialen trug, hatte Lovat das Gefühl, seiner Bestimmung gerecht zu werden. Er hatte sich stets als Nachfahre der Freibeuter des Elisabethanischen Zeitalters betrachtet und jetzt war seine Stunde gekommen.

Seine Männer sangen, als die Landungsfahrzeuge den Strand erreichten. Manche stimmten die patriotische Hymne »Jerusalem« an, andere schmetterten alte Jagdlieder.

Doch Lovat hatte eine bessere Idee. Als die Rampe ins seichte Wasser klatschte, sprang er mit seinem Gewehr als Erster von Bord. Hinter ihm Bill Millin im Kilt, der immer noch seinen Dudelsack trug und wegen der Kälte mit den Zähnen klapperte.

Schwarzer Rauch waberte über den Strand. Kugeln zischten über das Wasser. Im nächsten Moment trieben viele leblose Männer im Wasser.

»Würdest du ein Lied für uns spielen?«, fragte Lovat beiläufig.

Zuerst dachte Millin, er hätte sich verhört. »An welches Lied denken Sie, Sir?«, rief er ungläubig.

»Wie wär's mit ›Road to Isles‹?«, schlug Lovat vor.

»Soll ich dabei auf und ab gehen, Sir?«, fragte Millin.

»Das wäre schön«, antwortete Lovat aufmunternd.

Während es also Granaten auf den Sword Beach regnete, marschierte Bill Millin mit seinem Dudelsack auf und ab, als wäre er einer der Dudelsackspieler am Edinburgh Castle.

Die deutschen Soldaten in den Dünen trauten ihren Augen nicht. Sie wussten zwar, dass die Briten ein wenig exzentrisch sein konnten, doch das hier war reiner Irrsinn.

Millins Kameraden wurden indes von Stolz erfüllt, als sie die vertrauten Töne hörten. »Es erinnerte uns an zu Hause«, sagte einer von ihnen, »und wir wussten wieder, warum wir für uns und unsere Liebsten kämpften«.

Lovat verlor trotz allem nicht seine Konzentration. Er wusste, dass seine Männer in umso größerer Gefahr waren, je länger sie sich am Strand aufhielten. »Schnell, beeilt euch!«, rief er.

Innerhalb weniger Minuten liefen seine Männer den Strand hinauf und kämpften sich mit Granaten und Maschinengewehren ihren Weg durch die deutschen Linien.

»Als wir die Dünen am höchsten Punkt des Strands erreichten«, erinnerte sich einer von ihnen, »schaute ich auf und sah, dass Lovat ganz entspannt am Strand stand und sich einen Überblick über die Lage verschaffte.«

Lovat nickte ruhig, schwang seinen schottischen Spazierstock und wandte sich zum Gehen. Er hatte eine Verabredung an der Pegasus-Brücke und er wollte nicht zu spät kommen.

Er führte seine Männer über die Kornfelder und marschierte mit entschlossenen Schritten der Brücke entgegen. Aus der Ferne hörten sie bereits das Maschinengewehrfeuer.

Lovat nickte Bill Millin zu. »Okay«, sagte er gelassen, »fang wieder zu spielen an.«

■

An der Pegasus-Brücke hielten die Männer von John Howard schon seit zwölf Stunden die Stellung. Da sie noch keine Nachricht von den Stränden hatten, wussten sie nicht, ob die Alliierten inzwischen gelandet waren oder nicht.

Denis Edwards und seine Freunde waren erschöpft, ihre Gesichter mit Blut und Schweiß bedeckt, ihre Augen brannten vom Rauch, der in der Luft hing, und ihre Ohren dröhnten vom Donner des Kampfes. Sie hatten das Ihrige getan. Doch wenn nicht bald Verstärkung kam, waren sie verloren.

»Verdammt noch mal, wo bleiben die denn?«, murmelte Howard in sich hinein. Dann hörte er plötzlich inmitten der Schüsse ein unverkennbares Musikinstrument, dessen Töne immer lauter wurden. Ein Dudelsack – war das möglich?

»Ruhe!«, schrie Howard. »Ruhe!«

Dann rief jemand: »Sie kommen!«

Und da waren sie – angeführt von einer groß gewachsenen schlanken Person mit weißem Pullover und Gehstock, der aussah, als würde er in den Highlands einen Wochenendspaziergang machen.

Nie hatten Howards Männer eine größere Erleichterung empfunden. »Wir schrien und jubelten und schossen vor Freude in die Luft«, erinnerte sich einer von ihnen.

»Dann legten alle ihre Gewehre hin und fielen sich um den Hals«, schrieb ein anderer. »Manchen liefen Tränen über die Wangen, ehrlich wahr. Vielleicht sogar bei mir.«

Kurz darauf schüttelten sich Howard und Lovat die Hände. »Gut, dich zu sehen, alter Junge«, sagte Howard mit breitem Grinsen.

»Die Freude ist ganz auf unserer Seite«, entgegnete Lovat.

Er warf einen Blick auf seine Armbanduhr und legte die Stirn in Falten. »Tut mir leid, dass wir drei Minuten zu spät sind.«

Dann nahm er noch einmal Howards Hand, drückte sie fest und fügte hinzu: »Heute wird Geschichte geschrieben.«

■

Auf der anderen Seite des Ärmelkanals breitete sich neue Hoffnung aus. Menschen in ganz England waren vom Dröhnen der alliierten Bomber geweckt worden. Als sie morgens zur Arbeit gingen, sprachen sie von nichts anderem.

Um die Mittagszeit informierte Winston Churchill das Unterhaus über den Stand der Dinge. Alliierte Streitkräfte waren erfolgreich in Frankreich gelandet. Bisher war alles nach Plan verlaufen. Nachdem er seine Rede beendet hatte, gab es donnernden Applaus.

Die Neuigkeit verbreitete sich wie ein Lauffeuer. In einer Flugzeugfabrik saßen Tausende von Mitarbeitern in der Kantine, um ein Mittagskonzert zu hören.

»Plötzlich«, erinnerte sich eine Mitarbeiterin, »betrat der

Direktor die Bühne, worauf die Musik verstummte. »Meine Damen und Herren«, sagte er mit ruhiger Stimme, »wir sind in Frankreich gelandet.«

In der nachfolgenden Stille erhob sich eine einzelne zitternde Stimme, die »Land of Hope and Glory« anstimmte. Im nächsten Moment fielen alle in den Gesang ein, der zu einem mächtigen Chor anschwoll …

Manchen Frauen, deren Söhne und Männer bei den Streitkräften waren, liefen beim Singen Tränen über die Wangen, während die Männer versuchten, ihre Emotionen zu kontrollieren.

Zur selben Zeit kämpften sich die Alliierten in der Normandie ins Inland voran. Am späten Nachmittag waren 160.000 Soldaten an den Stränden gelandet. Und als die Dunkelheit hereinbrach, segelten Hunderte Gleitflugzeuge über den Kanal und brachten Panzer, Artillerie, Benzin, Munition und weitere Truppen auf die andere Seite.

Es war ein unglaublicher, ermutigender Anblick. Als sich am Himmel Hunderte von Fallschirmen öffneten, vergossen viele Beobachter am Boden Tränen der Freude und Erleichterung.

Die Soldaten, die am Tag der Invasion gekämpft hatten, konnten sich ein wenig ausruhen. Ein Hauptmann hatte das Tonbandgerät seiner Schwester mitgenommen und spielte seinen Männern, die ausgestreckt auf den Feldern lagen, seine Lieblingslieder vor.

Am nächsten Morgen ging der amerikanische Journalist und Kriegsberichterstatter Ernie Pyle zum letzten Mal den Omaha Beach entlang.

Oberhalb des Strands erblickte er eine Gruppe von deutschen Soldaten, die in Gefangenschaft geraten war. Sie blickten aufs Meer hinaus, wo sich »die größte Armada, die die Welt je gesehen hatte«, näherte.

Die Deutschen, schrieb Pyle, »sagten kein Wort zueinander. Das was auch nicht nötig. Der Ausdruck ihrer Gesichter ist für mich unvergesslich. In ihm lag die letzte entsetzte Akzeptanz ihres eigenen Schicksals.«

■

In den nächsten elf Wochen kämpften sich die Soldaten von General Eisenhower durch die sonnenbeschienenen Felder der Normandie.

Es war ein grausamer Kampf. Am Himmel dröhnten die Bomber, die Panzer hinterließen tiefe Spuren in der Erde, auf den Feldern lagen die leblosen und entstellten Körper. Doch allmählich machten die Alliierten, deren Panzer auf Paris zurollten, Fortschritte.

Auch aus dem Osten kamen gute Nachrichten. Im Sommer hatte Stalin eine massive Offensive angeordnet, um Hitlers Truppen aus der Sowjetunion zu vertreiben.

Zwei Wochen nach dem D-Day durchbrachen mehr als zwei Millionen russische Soldaten die Frontlinie der Achsenmächte. Unter glühender Sonne wurde eine halbe Million deutsche Soldaten getötet oder gefangen genommen.

Ende Juli hatte Hitler nahezu alle eroberten Gebiete auf russischem Boden wieder verloren. Innerhalb weniger Wochen hatte die Rote Armee ihren Widersacher buchstäblich überrollt und rückte nun auf Warschau vor.

Hitlers Verbündete distanzierten sich plötzlich von ihm. Im August wechselte Rumänien die Seite und schloss sich den Alliierten an. Bulgarien folgte diesem Beispiel.

Am 25. August 1944 kam schließlich der Tag, auf den so viele französische Männer und Frauen so lange gewartet hatten. Als die alliierten Truppen Paris erreichten, befand sich der deutsche General Dietrich von Choltitz in einem quälenden Dilemma.

Hitlers Befehl war klar. Wenn die Alliierten angriffen, sollte Paris vollständig zerstört werden und dürfe keinesfalls dem Feind in die Hände fallen.

Nie zuvor hatte Choltitz seinem Führer die Gefolgschaft verweigert. Doch in diesem Moment traf er einen folgenreichen Entschluss. Er würde Paris nicht zerstören lassen.

Am Nachmittag unterzeichnete von Choltitz die Kapitulationserklärung.

Die Leute liefen auf die Straße, sangen und schwenkten französische Fahnen. Endlich war Paris wieder frei.

Über die Boulevards, auf denen vier Jahre zuvor deutsche Soldaten mit ihren Stahlhelmen marschiert waren, zogen nun stolze junge Amerikaner.

Und gegenüber dem Eiffelturm, wo sich Hitler hatte fotografieren lassen, standen nun alliierte Soldaten und betrachteten die wehende Trikolore.

19

Die Höhle des Ungeheuers

Am 1. Januar 1945 begrüßten auch die Deutschen das neue Jahr.

Zwölf Jahre zuvor hatten sie die politische Macht in die Hände eines österreichischen Postkartenmalers gelegt. Er hatte ihnen die Weltherrschaft versprochen und seine Armeen hatten das Hakenkreuz nahezu in jeden Winkel Europas getragen.

Doch der Traum Adolf Hitlers lag in Scherben. Im Sommer 1944 waren über eine Million deutsche Soldaten gefallen oder in Gefangenschaft geraten. Die meisten seiner Eroberungen hatte Hitler wieder verloren, unter anderem Frankreich, Belgien und den größten Teil Italiens.

Im Deutschen Reich hatte sich Hoffnung in Verzweiflung verwandelt. Tag für Tag, Nacht für Nacht, brachten britische und amerikanische Bomber Tod und Verderben.

Für den normalen deutschen Bürger war es eine furchtbare Zeit der Entbehrungen und Verluste. »Niemand lacht mehr«, schrieb eine Frau im zerstörten Hamburg. »Niemand hat mehr ein leichtes Herz … wir alle warten auf den letzten Akt.«

Und bis zum letzten Akt sollte es nicht mehr lange dauern.

Weit im Osten, an der Weichsel, trafen vier Millionen Soldaten der Roten Armee ihre letzten Vorbereitungen.

Für sie war es ein persönliches Anliegen. In den letzten drei Jahren hatten Hitlers Truppen mehr als zwanzig Millionen russische Männer, Frauen und Kinder getötet.

Unter Führung ihres erfolgreichen Generals Georgi Schukow – dem Mann, der Moskau und Leningrad gerettet hatte – hegten viele von ihnen Rachegelüste. »Denkt dran«, wurde ihnen eingeschärft, »dass ihr jetzt in die Höhle des faschistischen Ungeheuers eindringt!«

In den frühen Stunden des 13. Januars stürmte die russische Armee über die Weichsel. Ihr erstes Ziel war das an der Ostsee gelegene Ostpreußen.

Als die Panzer durch die Städte und Dörfer rollten, war niemand vor der Wut der Soldaten sicher. Sie brannten Häuser und Kirchen nieder, stahlen Bücher und Gemälde, Uhren und Porzellan, Radios und Armbanduhren.

Jetzt bekam die deutsche Bevölkerung die Rache derer zu spüren, die unter Hitlers Verbrechen gelitten hatten. In den nächsten acht Wochen flohen acht Millionen verängstigte Menschen bei eisigen Temperaturen vor den russischen Soldaten.

Auch in Berlin machten bald schreckliche Berichte von der russischen Vergeltung die Runde. Von Hitler war in diesen Tagen nichts zu hören. Er war von der Bildfläche verschwunden, und manche fragten sich, ob er noch am Leben sei.

Doch am 30. Januar, dem zwölften Jahrestag seiner Reichskanzlerschaft, kam seine knisternde Stimme aus allen deutschen Radios.

Er klang alt und schwach, gab aber die altbekannten Hasstiraden von sich. Die Deutschen seien Opfer der jüdischen Weltverschwörung und es müsse bis zum Endsieg gekämpft werden.

Die Menschen kannten dieses Gerede allzu gut, doch nur wenige glaubten noch daran.

Selbst Melita Maschmann, die 1933, am Tag von Hitlers Wahlsieg, den Fackelaufmarsch in Berlin erlebt hatte, war inzwischen ernüchtert.

Als Jugendliche hatte sie sich dem Bund Deutscher Mädel angeschlossen und glaubte hingebungsvoll an ihren Führer. Doch nun, schrieb sie, zeige die Wochenschau »einen alternden gebückten Mann mit wirrem Blick und von Wut verzerrter Stimme«.

Und zum ersten Mal fragte sie sich, ob alles vergebens gewesen sei.

▪

Adolf Hitler ging es nicht gut. Von Kopfschmerzen geplagt und mit unkontrollierbar zitterndem linken Arm »schrumpfte er zusammen wie ein alter Mann«, schrieb sein Weggefährte Albert Speer. »Sein Teint war blass, sein Gesicht geschwollen … seine Glieder zitterten. Er ging in gebeugter Haltung, mit schleppenden Schritten. Selbst seine Stimme zitterte und hatte ihre alte Autorität verloren.«

Allen war klar, dass Deutschland verloren war. Doch der »Führer« dachte nicht ans Aufgeben. Er hatte eine Verabredung mit dem Schicksal, und er war fest entschlossen, nicht auszuweichen.

Am 15. Januar hatte er das im Taunus gelegene Führerhauptquartier Adlerhorst, in dem er sich in den letzten Wochen aufgehalten hatte, verlassen und war in sein Berliner Hauptquartier, die neue Reichskanzlei, zurückgekehrt. Nachdem deren Wohnräume am 3. Februar durch einen amerikanischen Luftangriff zerstört worden waren, zog sich Hitler in seinen weitläufigen Führerbunker zurück, der sich unter dem Garten der alten Reichskanzlei befand.

Dort führte er eine seltsame, fieberhafte Existenz. Er stand erst gegen Mittag auf, um einen Medikamentencocktail zu sich zu nehmen. Seinen Offizieren hielt er lange, oft zornbebende Vorträge und ging erst bei Anbruch des Tages wieder zu Bett.

Gefangen in dieser düsteren Unterwelt verlor er den Bezug zur Realität. Während sich die Rote Armee Berlin näherte, verbrachte er Stunden damit, Wiederaufbaupläne für die österreichische Stadt Linz zu entwerfen, wo er zur Schule gegangen war.

Nach dem Endsieg wollte er aus Linz die prächtigste Stadt Europas machen – mit der größten Kunstgalerie der Welt im Herzen der Stadt, die Gemälde eroberter Staaten zeigen sollte.

Während Hitler seinen Hirngespinsten nachhing, zogen die Alliierten die Daumenschrauben an.

In der Nacht auf den 13. Februar nahmen britische Bomber Dresden ins Visier, das Juwel von Sachsen und eine der großen deutschen Industriestädte mit über hundert Fabriken. Das machte die Stadt für die alliierten Oberbefehlshaber zu einem geeigneten Ziel.

»Als die Bomben zu fallen begannen«, schrieb ein Zeitzeuge, war die ganze Stadt rasch ein »Flammenmeer«. Ein anderer, an ausgebrannten Kirchen vorbeistolpernd, berichtete von verkohlten Leibern, »die so klein waren, dass sie nur noch wie Kleiderbündel erschienen«.

Eingeschlossen in den Feuersturm starben in dieser Nacht über fünfundzwanzigtausend Menschen. In seinem Bunker ballte Hitler die Fäuste, rasend vor Zorn. Viele seiner Feinde waren der Meinung, dass er nun das erntete, was er selbst gesät hatte.

Die Rote Armee kam der deutschen Hauptstadt mit jedem Tag näher, während eine historische Stadt nach der anderen – Warschau, Budapest, Danzig, Königsberg – den Russen in die Hände fiel.

Sie plünderten und brandschatzten und hinterließen ihre eigene Spur der Verwüstung. »Hast du schon einen Deutschen getötet?«, stand auf einem Armeeplakat. »Dann tue es jetzt!«

Und wie in so vielen Kriegen wurde den Frauen grausame Gewalt angetan. Der Schriftsteller und Kriegsreporter Wassili Grossman schrieb vom »Horror in den Augen von Frauen und Mädchen«.

Als die Nachrichten von diesen Grausamkeiten in Berlin die Runde machten, beteten viele Deutsche, dass die westlichen Alliierten den Russen zuvorkommen mögen. Doch während

Eisenhower seine Truppen langsam und mit Bedacht vorrücken ließ, trieb General Schukow seine Männer zu einem halsbrecherischen Tempo an.

Am 13. März machte Hitler ein letztes Mal einen Truppenbesuch. Die Offiziere waren geschockt, wie eingefallen und starr sein Gesicht war.

Sie dürften nicht aufgeben, beschwor er sie, und keinen Zentimeter zurückweichen.

Auf der Rückfahrt nach Berlin sprach er kein Wort und schien in seinen eigenen Gedanken gefangen zu sein. Vermutlich fasste er den Beschluss, den Führerbunker nie wieder zu verlassen.

In seiner Verblendung waren die Zukunft Deutschlands und sein persönliches Schicksal ein und dasselbe. Mit einem Friedensschluss würde er sein Land verraten. Er wollte Deutschland mit sich in den Abgrund reißen. Alles sollte zerstört werden: Brücken, Fabriken, Eisenbahnlinien, Straßen. Wenn Deutschland fiel, durfte nichts von ihm übrig bleiben.

»Die Nation hat gezeigt, dass sie schwach ist«, fauchte er, »und die Zukunft gehört ganz und gar den starken Völkern im Osten.«

»Ich bin betrogen worden«, murmelte er, »und kann mir jetzt ebenso gut eine Kugel durch den Kopf jagen.«

Doch eine Kapitulation kam nicht infrage. »Wir werden nicht aufgeben … wir können untergehen, aber dann werden wir die Welt mit uns reißen.«

■

In Berlin wurde es Frühling. Die Menschen hungerten. Viele Einwohner hatten weder Wasser noch Gas oder Strom, konnten sich also nicht waschen, hatten weder Licht noch Wärme.

Während die Luftschutzsirenen ausnahmsweise schwiegen, trat eine Frau auf die Straße, um ein wenig frische Luft zu schnappen. Der Himmel im Osten war voller roter Flecken, »als hätte jemand Blut darüber gekippt«.

»Vor uns«, schrieb sie, »kauerte in der Schwärze der Nacht die endlose Stadt, als wolle sie in die Erde zurückkriechen. Und wir sind voller Angst ...«

Am 13. April glaubte Hitler noch einmal daran, dass sich das Blatt zu seinen Gunsten wenden könnte. Das Telefon klingelte, und am anderen Ende war sein engster Vertrauter, der fanatische Reichspropagandaminister Joseph Goebbels.

»Gute Nachrichten, mein Führer«, verkündete er. »Roosevelt ist tot ... Das ist der Wendepunkt.«

Goebbels sagte die Wahrheit. In seinem Haus in Warm Springs hatte der Präsident der Vereinigten Staaten einen schweren Schlaganfall erlitten. Die Ärzte konnten nichts mehr für ihn tun.

Nach Roosevelts Tod übernahm sein Stellvertreter Harry Truman die Amtsgeschäfte. Doch kaum jemand hatte den kleinen bebrillten Mann bisher als geborene Führungsfigur betrachtet.

Als Sohn eines Farmers aus dem Landesinneren war er Mitinhaber eines Herrenausstattungsgeschäfts in Kansas City gewesen, doch der Betrieb hatte Pleite gemacht.

Hitler frohlockte in seinem Bunker. »Da ist das Wunder, von dem ich immer gesprochen habe!«, rief er aus. »Wer hat recht behalten? Der Krieg ist noch nicht verloren!«

Doch der großspurige Hitler hatte seine Feinde stets unterschätzt. Wie Millionen amerikanischer Bürger war Harry Truman entschlossen, so lange zu kämpfen, bis der Krieg gewonnen war.

Schon am nächsten Tag verbreitete sich die Nachricht, dass die Rote Armee Wien eingenommen hatte. Die historische Metropole, in der Hitler als Postkartenmaler einst hochfliegende Pläne gehabt hatte, befand sich nun in der Hand seines Todfeinds.

Doch General Schukow trieb seine Truppen weiter und am Abend des 15. April standen sie vor den Toren Berlins.

Um 3 Uhr in der Früh begann der alles entscheidende Angriff – und zwar mit einem so gigantischen Bombardement, dass der Himmel selbst in Flammen zu stehen schien.

»Wir mussten uns die Ohren zuhalten, damit unsere Trommelfelle nicht platzten«, schrieb ein russischer Oberst. »Die Panzer begannen zu brüllen, und Scheinwerfer glitten über den Frontabschnitt, um die Deutschen zu blenden. Dann riefen plötzlich alle durcheinander: ›Nach Berlin!‹«

In der Stadt selbst glaubte kaum jemand daran, dem erwarteten Angriff standhalten zu können. Da kaum noch Soldaten da waren, warfen die Nazis jetzt sogar 14-Jährige in die Schlacht.

»Unter den zu großen Stahlhelmen schauen Kindergesichter hervor«, schrieb eine entsetzte Beobachterin. »Sie sind höchstens fünfzehn und sehen so schmächtig aus.«

Die Nazis schickten Kinder in den Tod. »Das darf man nicht tun«, stellte sie fest. »Dass wir es dennoch tun, ist ein klares Zeichen von Irrsinn.«

Doch in ihrem Bunker lebte die Nazi-Elite selbst in einer irrealen Traumwelt.

Am Freitag, dem 20. April 1945, war Hitlers Geburtstag. Im Garten der alten Reichskanzlei begrüßte er eine Gruppe von Hitlerjungen: nervöse und blasse Jungen in übergroßen Uniformen.

Als der Reichskanzler mit finsterem Lächeln an der Jungenreihe entlangschritt, zitterte sein linker Arm so stark, dass er ihn auf dem Rücken hielt.

Im Bunker hatten ihm seine engsten Gefolgsleute ewige Treue geschworen. Nun beschworen sie ihn, aus der Stadt zu fliehen.

Doch Hitler sagte Nein, immer noch überzeugt davon, die Russen würden an den Toren Berlins die größte Niederlage ihrer Geschichte erleben.

Es *war* Irrsinn. Keine seiner Offiziere glaubte ihm mehr. Vermutlich glaubte er es nicht einmal selbst.

Doch es gab eine Vertraute, die weiterhin treu an seiner Seite stand – Eva Braun, die in den letzten zwölf Jahren Hitlers heimliche Geliebte gewesen war. Ihre Existenz war vor der Öffentlichkeit stets verschwiegen worden, doch nun, in den letzten Tagen, gab es keinen Grund mehr dazu.

Eva Braun war ihm stets treu ergeben gewesen. »Wir können schon das Gewehrfeuer von der Front hören«, schrieb sie einer Freundin. »Doch gerade in diesem Moment bin ich so glücklich, in seiner Nähe zu sein … Ich glaube unerschütterlich daran, dass alles gut ausgehen wird.«

An diesem Abend organisierte sie ein Fest mit Champagner und Musik. Ein ums andere Mal spielte sie den Schlager »Glutrote Rosen«.

Doch obwohl bis in die Nacht getanzt wurde, war vielen die Realitätsverweigerung dieses Abends allzu bewusst. »Es war schrecklich«, schrieb Hitlers Sekretärin Traudl Junge. »Ich habe es nicht ausgehalten und bin zu Bett gegangen.«

▪

Am nächsten Morgen wurde Hitler durch schweres Geschützfeuer geweckt. »Was geht hier vor?«, rief er verärgert.

Als ihm ein Offizier erklärte, dass sich die Rote Armee in unmittelbarer Nähe befand, war Hitler sichtlich geschockt.

Auf den Straßen Berlins häuften sich die Toten. Schon am frühen Morgen hatten die Menschen Schlange gestanden, um sich ihre Ration an Nahrungsmitteln und Wasser aushändigen zu lassen. Als die russischen Granaten flogen, waren sie eine leichte Beute.

Im Bunker schwankte Hitler zwischen wildem Optimismus und dunkler Verzweiflung. Doch als seine Generäle berichteten, dass es keine Hoffnung mehr gebe, verlor er völlig die Kontrolle über sich. Eine halbe Stunde lang tobte und schrie er so laut, dass seine Stimme durch den Bunker hallte. Seine Kommandeure hätten ihn betrogen, er sollte sie alle umbringen lassen.

Dann begann er zu schluchzen. Der Krieg war vorbei. Alles war verloren. Jetzt blieb ihm nur noch, seinem Leben ein Ende zu setzen.

Seine Generäle schwiegen betreten, während ihr Führer in Tränen ausbrach. »In diesem Moment ist etwas in mir zerbrochen«, äußerte einer von ihnen später.

An diesem Abend brach im Bunker das reine Chaos aus. Manche von Hitlers Gefolgsleuten schienen sich unter Alkoholeinfluss das Leben nehmen zu wollen, andere hatten dies schon getan.

Eva Braun blieb bei ihm. »Du weißt, dass ich dich nie verlassen werde«, sagte sie. »Ich werde an deiner Seite bleiben.«

Seine Sekretärinnen wollten sich ihr anschließen. Hitler lächelte. »Wenn doch meine Generäle so tapfer wären wie du«, sagte er. Dann bot er ihnen Blausäurekapseln an, damit sie ihn in den Tod begleiten konnten.

In den nächsten Tagen überrollte die Rote Armee unbarmherzig jeden Widerstand und war am 26. April nur mehr zwei Kilometer vom Führerbunker entfernt.

Am Samstagnachmittag hing dichter Rauch über der alten Staatskanzlei. Draußen kämpfte eine Handvoll Jungen und Männer verzweifelt gegen das Unausweichliche an.

Als die ersten Panzer die nächstgelegene U-Bahn-Station erreichten und das Feuer eröffneten, bebten die Wände des Bunkers.

Drinnen warteten Hitlers Sekretärinnen auf das Ende. »Die

Zeit zog sich in die Länge«, schrieb Traudl Junge, »während draußen alles drunter und drüber ging.«

Am späten Abend bat Hitler sie in den Konferenzraum. Er wolle sein politisches Testament machen. Ihre Hände zitterten vor Aufregung.

»Endlich werde ich hören, worauf wir alle seit Tagen gewartet haben«, dachte Traudl Junge. »Eine Erklärung all der Vorgänge, ein Bekenntnis … die ganze Wahrheit, ausgesprochen von einem Mann, der nichts mehr zu verlieren hat.«

Doch als Hitler zu sprechen begann, waren es doch wieder nur die alten Lügen: die Bosheit der Juden, die internationale Verschwörung gegen ihn, der Verrat seiner eigenen Leute, der seinen heroischen Kampf zunichtegemacht habe. Sie hatte das alles schon tausend Mal gehört.

Danach gesellten sie sich wieder zu den anderen. Es war schon nach Mitternacht, doch Hitler hatte sich noch etwas Besonderes ausgedacht.

Im Konferenzraum heiratete er Eva Braun, die ihm in all den Jahren die Treue gehalten hatte. Die Braut trug ein schwarzes Seidenkleid. Hitlers Hand zitterte so stark, dass er Mühe mit seiner Unterschrift hatte.

Für eine Weile tranken sie Champagner und sprachen von den goldenen Zeiten, als ihnen die Welt zu Füßen gelegen hatte. Etwa um vier Uhr früh gingen Hitler und seine Braut zu Bett.

■

Am nächsten Tag, es war der 29. April, warteten sie ab. Über ihren Köpfen krachte es so laut, dass ihnen klar sein musste, dass ihr Ende unmittelbar bevorstand.

Am Nachmittag erreichte sie die Nachricht aus Italien, dass Benito Mussolini von Rebellen gefangen genommen, hingerichtet und sein Leichnam kopfüber an einer Tankstelle aufgehängt worden sei.

Hitler wollte nicht ein ähnliches Schicksal erleiden. Kurz zuvor hatte er seinen Arzt gebeten, eine der Blausäurekapseln an seinem geliebten Schäferhund Blondi auszuprobieren, der sofort gestorben war.

Der nächste Monat begann erneut mit einem heftigen Bombardement. Das Zentrum Berlins lag in Schutt und Asche. Die russischen Soldaten waren jetzt in Feuerdistanz zur Reichskanzlei.

Im Bunker erklärten die verbliebenen Generäle, unmöglich bis zum Abend durchhalten zu können. Eva Braun nahm Traudl Junge zur Seite und gab ihr einen Umhang mit Fuchskragen, den die Ehefrau des Führers nie mehr tragen würde.

Hitler aß mit seinen Sekretärinnen zu Mittag, bevor sich seine letzten Getreuen von ihm verabschiedeten. Er war nun vollkommen ruhig und in Gedanken. In den letzten Tagen hatte es keine Tobsuchtsanfälle mehr gegeben. Auch dafür war es jetzt zu spät.

Um 15.30 Uhr zogen sich Hitler und seine Frau in sein Arbeitszimmer zurück. Die anderen warteten schweigend vor der geschlossenen Tür. Die Atmosphäre war zum Zerreißen gespannt.

Nach etwa zehn Minuten öffnete einer seiner Leibwächter die Tür.

Eva Braun war auf dem Sofa zusammengesunken und roch nach Blausäure. Neben ihr Adolf Hitler mit einem klaffenden Loch in der Schläfe, aus dem das Blut lief. Zu seinen Füßen lag eine Pistole.

Er war tot.

■

Hitlers Leibwächter verloren keine Zeit. Sie wickelten die beiden Leichname in Decken ein, trugen sie in den Garten der Reichskanzlei, übergossen sie mit Benzin und zündeten sie an.

Am folgenden Abend wurde um 21.30 Uhr im Radio verkündet, dass der Führer »bis zum letzten Atemzug kämpfend« gefallen sei und Großadmiral Dönitz zu seinem Nachfolger bestimmt habe.

Selbst in diesem Moment, da ihre Welt in Scherben lag, konnten sich die Nazis nicht dazu durchringen, die Wahrheit zu sagen.

An diesem Abend beobachtete eine Jugendliche auf den Straßen Hamburgs, wie die Nachricht von der Bevölkerung aufgenommen wurde. »Seltsam«, schrieb sie, »niemand weinte oder schien traurig darüber zu sein, dass ihr geliebter Führer, den diese Idioten fast wie einen Gott verehrt haben, nicht mehr am Leben war … Seltsam …«

Am Morgen des 2. Mai ergaben sich die Berliner Befehlshaber

der Roten Armee unter General Schukow, der zweieinhalb Jahre zuvor Stalingrad gerettet hatte.

Es war ein kalter und trüber Tag. »Nichts war zu hören«, schrieb eine Frau, »weder Menschen noch Tiere, weder Autos noch Straßenbahnen, nur diese drückende Stille.«

Die großen Gebäude waren nur mehr rauchende Ruinen. Berlin war eine Geisterstadt geworden, eine Kapitale des Todes.

Der Kriegsberichterstatter Wassili Grossman nahm »ein Wirrwarr von Eindrücken« wahr, vor allem aber »Feuer und Rauch, Rauch, Rauch.«

Er ging in den Zoo, der voller toter Tiere war. An einem Käfig, in dem ein toter Gorilla lag, sprach er mit einem Mann, der sich vierzig Jahre lang um die Affen gekümmert hatte.

»War der Gorilla gefährlich?«, fragte Grossman neugierig.

»Nein, er hat nur laut gebrüllt«, antwortete der Mann. »Menschen sind viel gefährlicher.«

■

In Eisenhowers Hauptquartier in Frankreich unterzeichnete Generaloberst Alfred Jodl, von Karl Dönitz dazu autorisiert, die bedingungslose Kapitulation der deutschen Wehrmacht. Am nächsten Tag wurde diese Zeremonie in Berlin in größerem Rahmen wiederholt.

Für die Deutschen war damit alles vorbei. Sie hatten schreckliche Verbrechen begangen und dafür einen furchtbaren Preis bezahlt.

»Unser schönes und stolzes Deutschland liegt vollkommen in Trümmern«, schrieb eine Frau. »Und das alles nur, weil ein Mann sich in seinem Wahnsinn als von Gott auserwählt betrachtete.«

»Unser Führer, der uns so viel versprochen hat, hat erreicht, was vor ihm noch kein politischer Machthaber erreicht hat«, so eine andere Stimme. »Er hat ein Deutschland hinterlassen, das vollkommen zerstört ist, er hat seine Bewohner obdachlos gemacht, er hat sie aus ihrer Heimat vertrieben, er hat Millionen von Menschenleben auf dem Gewissen, kurz gesagt, er hat ein grausames Chaos angerichtet.«

Für die Menschen in Europa war der Krieg vorbei, für die Welt jedoch noch nicht. Die alliierten Streitkräfte wandten sich nach Osten, in Richtung Japan.

20

Enola Gay

Im Dschungel von Borneo wusste Owen Campbell, dass er nur noch wenige Tage zu leben hatte.

Seit über drei Jahren befand sich der junge australische Soldat nun schon in japanischer Kriegsgefangenschaft. Er war in der Schlacht um Singapur gefangen genommen worden und nach Sandakan auf der Insel Borneo gebracht worden. Dort wurde er gemeinsam mit Tausenden anderen Gefangenen von den Japanern gezwungen, einen Militärflugplatz zu bauen.

Die Wächter waren brutal. Wer Widerstand leistete, wurde erschossen. Wer krank wurde, war ebenfalls verloren und wurde seinem Schicksal überlassen. Owen betete jeden Tag dafür, dass die Alliierten den Krieg gewannen und er bald nach Hause zurückkehren konnte.

Doch im Sommer 1945 hielt sein Albtraum weiterhin an. Weit im Westen lag Hitlers Imperium in Trümmern. Tausende von Kilometern weiter östlich kämpften sich die Amerikaner, Insel für Insel, durch den Pazifik.

Doch die japanischen Truppen kontrollierten immer noch

weite Teile von Südostasien und auch über dem Osten Chinas wehte die Flagge der aufgehenden Sonne.

Im Kriegsgefangenenlager von Sandakan waren die Essensvorräte aufgebraucht. Ein Großteil der ausgehungerten, sonnenverbrannten Gefangenen war schwer krank. Und als die Alliierten begannen, den Dschungel zu bombardieren, verloren die Wächter ihre letzte Beherrschung.

Ende Mai wurde das Lager geschlossen. Die Häftlinge wurden in zwei Gruppen aufgeteilt. Fünfhundert von ihnen, die sich gerade noch auf den Beinen halten konnten, wurden mitgenommen. Die übrigen dreihundert dem sicheren Tod überlassen.

Owen Campbell gehörte zur ersten Gruppe. Neun Tage lang marschierte er durch den Dschungel. Sein Magen krampfte sich zusammen, Schweiß lief ihm in Strömen über das Gesicht. Er versank bis zur Hüfte im Sumpf und drohte von den Flüssen fortgerissen zu werden.

Stündlich sank ein Gefangener zusammen und wurde oft an Ort und Stelle erschossen. Die meisten wurden einfach ihrem Schicksal überlassen. Doch Owen hielt sich irgendwie auf den Beinen.

Am zehnten Tag hörten sie ein Dröhnen über ihren Köpfen. Alliierte Flugzeuge hatten sie ausgemacht.

Als die Flugzeuge ihnen entgegenkamen, warfen die japanischen Wächter ihr Marschgepäck ab und versuchten sich zu verstecken. Das war Owens Chance.

Er machte sich an einem der Rucksäcke zu schaffen, riss

Packungen mit Reis, Lachs und getrocknetem Fisch heraus – perfekt. Dann schlug er sich mit wild pochendem Herzen ins Gestrüpp.

Vier weitere Australier folgten seinem Beispiel. Das Glück war auf ihrer Seite. Im Zwielicht des Dschungels konnten die japanischen Wächter sie nicht mehr finden.

Einer der Flüchtigen hatte einen ramponierten Kompass. Sie entschieden, in Richtung Norden zu gehen, der Küste entgegen. Doch sie kamen nur quälend langsam voran. Und als der erste Tag zum zweiten und der zweite zum dritten wurde, fühlte sich Owen so elend wie nie zuvor.

Am vierten Tag teilten sie sich auf. Drei Männer gingen voraus. Owen blieb mit Ted Skinner zurück, der ebenfalls schwer krank war.

Fünf Tage lang versteckten sich Owen und Ted im Dschungel, ihre rissigen Hemden völlig durchgeschwitzt, ihre Mägen ausgehöhlt. Am neunten Tag fühlte sich Owen in der Lage, nach Süßwasser zu suchen. Als er zurückkam, rief er nach Ted.

Doch er bekam keine Antwort. Ted war tot.

Zwei weitere Tage stapfte Owen allein durch den Urwald. Dann gelangte er zu einem Fluss und hörte die australischen Stimmen seiner Freunde.

Doch die Erleichterung währte nicht lange. Kurz darauf sahen sie ein paar Fischer in einem Holzboot und riefen ihnen einen Gruß zu. Doch zu seinem Schrecken erblickte Owen im nächsten Moment einen japanischen Soldaten, der auf dem Boden des

Bootes gelegen haben musste. Der Soldat hob sein Gewehr und eröffnete das Feuer.

Zwei Australier wurden sofort getötet. Owen und der andere Überlebende, Jack Austin, schlugen sich panisch in die Büsche.

Doch auch Jack war inzwischen ernstlich krank. Drei Tage lang versteckten sie sich am Fluss und lebten von Fischabfällen, dann hörte auch Jack auf zu atmen.

Nun war Owen wieder auf sich allein gestellt. Er war weder mutiger noch stärker oder klüger gewesen als seine Freunde. Er hatte nur mehr Glück gehabt als sie. Doch früher oder später würde auch sein Glück aufgebraucht sein.

Elf Tage lang taumelte er allein weiter, halb verrückt vor Hitze, Hunger und Einsamkeit. In seinen Fieberfantasien waren seine Freunde noch bei ihm und redeten mit ihm, während er sich vorwärtsschleppte.

Am 3. Juli hatte er plötzlich Blickkontakt mit zwei Fischern in einem Kanu. Er stieß einen verzweifelten Schrei aus, ehe er in Ohnmacht fiel.

Die beiden Männer nahmen sich seiner an, wuschen ihn, gaben ihm frische Kleider sowie etwas zu essen und zu trinken.

Nachdem er sich drei Wochen später einigermaßen erholt hatte, brachten sie ihn mit ihrem Kanu zu einer australischen Einheit, die im Geheimen hinter den japanischen Linien operierte.

Am nächsten Tag wurde Owen Campbell mit einem Wasserflugzeug zu einem amerikanischen Flugzeugträger gebracht. Sein Glück hatte ihn nicht verlassen.

Ted, Jack und die anderen waren tot, doch er hatte überlebt. Von den über zweitausend Kriegsgefangenen in Sandakan war er einer von nur sechs Überlebenden.

■

Während auf den Straßen Londons und New Yorks Hitlers Ende überschwänglich gefeiert wurde, schien der Sieg über Japan noch fern zu sein.

Owen Campbell war dem Tod entkommen, doch Tausende Männer und Frauen waren in japanischen Gefangenenlagern weiterhin unmenschlichen Bedingungen ausgesetzt. Und die Alliierten wussten, dass die Japaner bis zu ihrem letzten Atemzug kämpfen und sich niemals ergeben würden.

Im April 1945 starteten die Amerikaner einen Angriff auf die japanische Insel Okinawa. Da ihre Truppenstärke mehr als doppelt so groß wie die des Feindes war, hofften sie auf einen schnellen Sieg.

Doch die Japaner kämpften mit geradezu unmenschlicher Entschlossenheit. Die Schlacht um Okinawa dauerte zweiundachtzig Tage lang und war ein einziges Blutbad.

Etwa 12.000 Amerikaner wurden getötet, weitere 50.000 verwundet. Auf der Seite der Verteidiger ließen mehr als zwei Drittel der 110.000 japanischen Soldaten ihr Leben.

Im Weißen Haus war Harry Truman entsetzt über diese Opferzahlen. Und er wusste, dass die Generäle von Kaiser Hirohito angeordnet hatten, alle 100.000 Kriegsgefangenen zu töten, sobald amerikanische Soldaten ihren Fuß auf japanische Erde setzen würden.

Trumans Generäle setzten den Präsidenten ihrerseits davon in Kenntnis, dass eine Invasion Japans Hunderttausende, vielleicht Millionen von Toten bedeuten würde. Henry L. Stimson, der amerikanische Kriegsminister, warnte, dass diese letzte Schlacht schlimmer als die Schlacht um Berlin werden und Japan völlig zerrstören würde.

Für Truman, der im Ersten Weltkrieg gekämpft hatte, waren die veranschlagten Opferzahlen auf amerikanischer Seite inakzeptabel. Stimson schlug ihm daraufhin unter vier Augen eine andere Lösung vor.

Schon im April, am Tag von Trumans Amtseinführung, hatte Stimson ihm gegenüber erklärt, dass man seit drei Jahren an der Entwicklung einer geheimen Superwaffe von völlig neuer, »fast unvorstellbarer Zerstörungskraft« arbeite.

Das sogenannte Manhattan-Projekt wurde unter höchster Geheimhaltung in der Wüste von New Mexico vorangetrieben. Geleitet wurde es von dem amerikanischen Physiker Robert Oppenheimer mit dem Ziel, die erste Atombombe der Welt zu bauen.

Oppenheimers Team wusste, dass eine Spaltung von Atomkernen – den kleinsten Bausteinen des Universums – eine gigantische Energie freisetzen und zu Explosionen von bisher unvorstellbarem Ausmaß führen würde. Nun, drei Jahre nach Beginn des Forschungsprojekts, waren sie fast am Ziel.

Am 16. Juli 1945 wurde die neue Superwaffe in der Hitze der Wüste zum ersten Mal gezündet.

Der Himmel war noch dunkel, als der Countdown begann. Dann breitete sich eine Druckwelle aus, die 160 Kilometer weit zu spüren war.

Niemals in der Geschichte der Menschheit hatte es solch eine Explosion gegeben. »Es gab einen gleißenden Blitz, dessen Intensität die der Mittagssonne bei Weitem überstieg«, schrieb einer der Wissenschaftler.

Das ganze Team hielt den Atem an. Sie wussten, dass die Welt nicht mehr dieselbe war wie zuvor.

Oppenheimer zitierte gar aus einer der heiligen Schriften des Hinduismus: »Jetzt bin ich zum Tod geworden, dem Zerstörer der Welten.«

Harry Truman, der bescheidene Ladenbesitzer aus der amerikanischen Provinz, stand also vor dem ultimativen Dilemma: Die Waffe funktionierte. Aber würde er sie auch einsetzen?

Truman wusste, dass durch den Abwurf einer einzigen Atombombe eine unvorstellbare Zahl japanischer Männer, Frauen und Kinder sterben würde. In seinem Tagebuch nannte er sie »die schrecklichste Bombe in der Geschichte der Welt«.

Später räumte er ein, es sei die schwierigste Entscheidung seines Lebens gewesen. Dennoch hatte er kaum einen Zweifel, wie sie ausfallen würde.

Er dachte an das Leid, dass die japanischen Soldaten den Chinesen zugefügt hatten, und an das Blutbad von Pearl Harbor. Er dachte an die unmenschlichen Bedingungen in den japanischen Gefangenenlagern und an die hungernden, gefolterten Häftlinge der Alliierten, die dort ausharren mussten.

Er betrachtete die Japaner als mitleidlose und unbarmherzige Gegner. Er war sich sicher, dass sie bis zum letzten Atemzug kämpfen und Tausende und Abertausende junge Amerikaner töten würden.

In seinen Augen blieb ihm keine Wahl. Wenn die neue Superwaffe so viele amerikanische Menschenleben retten konnte, dann musste er sie einsetzen.

Truman gab den Befehl.

Zwölf Tage später, am 6. August 1945, hoben drei amerikanische Bomber von der kleinen Pazifikinsel Tinian ab und flogen am nächtlichen Himmel gen Norden.

Japans größte Insel Honshu liegt über dreitausend Kilometer weit entfernt. In der Küstenstadt Hiroshima, einem der größten Industriezentren des Kaiserreichs, lagen die Einwohner in ihren Betten und schliefen.

Der Überbringer des Todes war auf dem Weg, und er hatte einen Namen: Paul Tibbets.

■

Paul Tibbets hatte im Alter von zwölf Jahren seinen ersten Einsatz als »Bomber« gehabt.

Sein Vater war ein Kaufmann, der mit Süßigkeiten und Schokolade handelte. Eines Tages bot er seinem Sohn Paul die Chance seines Lebens an: den Flug mit einem draufgängerischen Piloten, um für die Schokoladetafeln der Curtiss Candy Company zu werben. Paul konnte sein Glück kaum fassen und kletterte hinter dem Piloten ins Cockpit. Wenig später stiegen die beiden hinauf in den blauen Himmel Floridas, die Sonne glitzerte auf den Tragflächen der Maschine. Und während sich die Strände von Miami unter ihnen ausbreiteten, wurden die Menschen immer kleiner.

Als das Flugzeug ganz ruhig in der Luft lag, kam Pauls großer Moment. Er lehnte sich hinaus, wie sie es verabredet hatten, und ließ seine »Bomben« fallen: Dutzende Tafeln Schokolade, an denen jeweils ein kleiner Fallschirm befestigt war.

Paul war begeistert. Die Spannung, der endlose Himmel, der Thrill des Fliegens. Sein Vater stellte sich ihn als zukünftigen Arzt vor, doch von diesem Tag an, erzählte Paul später, »wusste ich, dass ich Pilot werden würde«.

Auch achtzehn Jahre später, in seinem Bombenflugzeug über dem Pazifik, hatte er an seiner Profession keine Zweifel.

Nach zahlreichen Einsätzen über Frankreich, Deutschland und Nordafrika war er ein kampferprobter Pilot – viele hielten ihn für einen der besten Piloten der gesamten US Air Force.

Natürlich wusste er, dass Tausende Menschen sterben würden. Doch wie sein Präsident war auch er überzeugt davon, das Richtige zu tun.

Vor dem Abflug hatte er noch aus dem Cockpit winkend für die Fotografen posiert. Auf dem Rumpf stand in großen schwarzen Buchstaben der Name des Flugzeugs geschrieben.

Tibbets hatte ihm den Namen seiner Mutter gegeben, die ihn stets ermutigt hatte, an seinem Traum, Pilot zu werden, festzuhalten. Ihr Name war Enola Gay.

Die Uhr tickte. Die *Enola Gay* flog ihrem Ziel entgegen.

Im Bauch des Flugzeugs kroch ein Waffentechniker in den Bombenschacht. Dort befand sich die Atombombe mit dem Codenamen »Little Boy«, die er nun für den Abwurf vorbereitete.

Über der japanischen Küste graute der Morgen.

Sie waren noch eine halbe Stunde vom Ziel ihres Einsatzes entfernt. Ein weiteres Mitglied der Crew kroch in den Bombenschacht und ersetzte die drei grünen Sicherheitsstecker des Zündsystems durch drei rote Zündstecker.

Jetzt sahen sie Hiroshima vor sich, das aus einer langen Nacht erwachte. Es sollte ein schöner sonniger Tag werden.

Es war 8.15 Uhr. Und so wie Paul Tibbet als Kind Süßigkeiten über Miami abgeworfen hatte, war erneut sein großer Augenblick gekommen.

Die Besatzung der *Enola Gay* klinkte die Bombe aus.

Wie in Zeitlupe fiel »Little Boy« der Stadt entgegen. Tibbet drehte die Maschine sofort in Richtung Süden und versuchte, sich so schnell wie möglich von Hiroshima zu entfernen.

Dreiundvierzig Sekunden später kam es zur Explosion. Das Flugzeug wurde in gleißendes Licht getaucht und im nächsten Moment von einer mächtigen Druckwelle durchgeschüttelt.

Einer der Crewmitglieder beschreibt die Szene, die er sieht: »Eine riesige Rauchsäule steigt auf, sie hat einen glühend roten

Kern … überall flammt es auf wie aus einem riesigen Bett aus Kohlen. Ich beginne die Feuerherde zu zählen: eins, zwei, drei, vier, fünf, sechs … vierzehn, fünfzehn … es ist unmöglich. Es sind zu viele.«

Dann lenkte Tibbets das Flugzeug in Richtung Heimat und Hiroshima verschwand in der Ferne hinter einem gigantischen Atompilz. Er hatte immer noch keine Zweifel. Sein einziges Ziel sei es gewesen, sagte er später, »möglichst gut meinen Job zu erledigen, damit das Töten aufhören konnte«.

Doch sein Co-Pilot Robert Lewis schauderte, wenn er an die Stadt dachte, die sie zurückgelassen hatten: »O mein Gott«, dachte er, »was haben wir nur getan?«

■

Für Setsuko Nakamura sollte der 6. August ein großer Tag werden.

Sie war dreizehn Jahre alt und eines von dreißig Mädchen, die von ihrer Schule ausgewählt worden waren, Vorbereitungen für die Invasion der Alliierten zu treffen. Statt an diesem Tag ihre Schulklassen aufzusuchen, waren sie zum Hauptquartier ihrer Stadt gegangen, wo sie lernen sollten, die amerikanische Militärkommunikation zu entschlüsseln.

Dies war eine wichtige Aufgabe innerhalb des Krieges, und die Mädchen waren stolz, sie auszuüben. Von den Gefangenenlagern ihrer Armee wussten sie nichts. Sie liebten ihr Land und wollten ihrem Kaiser dienen.

Um Punkt acht strömten sie aufgeregt in den Versammlungsraum, wo sie bereits von einem Major erwartet wurden. »Dies ist ein großer Tag«, sagte er. »Heute könnt ihr dem Kaiser euren Patriotismus beweisen, also gebt euer Bestes!«

»Wir werden unser Bestes geben!«, antworteten sie im Chor.

Dann, wie aus dem Nichts, brach plötzlich die Welt auseinander.

Eben hatten sie noch den Worten des Majors gelauscht, jetzt wurden sie von einem bläulich-weißen Blitz geblendet, und Setsuko hatte einen Moment das Gefühl, als würde sie schweben, schwerelos, dem Himmel entgegen.

Dann wurde alles dunkel – sie verlor das Bewusstsein.

Als sie zu sich kam, schien die Nacht hereingebrochen zu sein. Sie konnte nichts sehen und nichts hören. Alles war pechschwarz und totenstill.

Etwas lag auf ihrer Brust. Ein Stück Holz. Sie konnte sich kaum bewegen und wusste, dass sie sterben würde.

Allmählich nahm sie leise Geräusche wahr. »Mutter, hilf mir«, schluchzte eine Stimme.

Mit letzter Kraft kroch sie vorwärts und spürte eine Hand auf ihrer Schulter.

Jemand schüttelte sie, dann hörte sie die Stimme eines Soldaten: »Gib nicht auf!«, sagte er. »Kriech dem Licht entgegen.«

In der Ferne sah sie einen schwachen Schimmer, und in diesem Moment wusste Setsuko Nakamura, dass sie leben wollte.

Als sie es schließlich nach draußen geschafft hatte, traute sie ihren Augen nicht.

Die Luft war von Rauch erfüllt. Und Hiroshima – Hiroshima war nicht mehr. Wo einst Gebäude standen, war nur noch Schutt und Asche.

Das Hauptquartier der Armee hinter ihr brannte. Drei andere Mädchen hatten es ebenfalls nach draußen geschafft, die anderen waren immer noch drinnen. Satsuko konnte nichts mehr für sie tun.

Irgendwie hielt sie sich auf den Beinen, taumelte durch dieses Abbild der Hölle. Sie sah gespenstergleiche Gestalten, denen die Kleider in Fetzen herunterhingen. Sie stolperte fast über die toten Körper, die sich auf den Straßen aneinanderreihten.

Schließlich erreichte sie einen großen Platz, auf dem sich die Überlebenden sammelten. Dort ließ sie sich zum ersten Mal auf den Boden sinken. Sie blieb den ganzen Tag hier und versorgte die Versehrten mit Wasser.

Als die Nacht hereinbrach, blieb sie im Dunkeln sitzen und starrte auf ihre brennende Stadt.

■

Setsuko Nakamura hatte ebenso Glück gehabt wie Owen Campbell. Sie hat den Abwurf der Atombombe über Hiroshima überlebt. Ebenso wie ihre Mutter und ihr Vater, die sie wenige Tage später fanden. Ihre Schwester hingegen, die dem Zentrum der Explosion sehr nahe gewesen war, starb an ihren Verbrennungen.

Etwa jeder dritte Einwohner von Hiroshima starb durch die

Atombombe, insgesamt 80.000 Menschen. Zehntausende Menschen wurden schwer verletzt und erlitten oft furchtbare Verbrennungen.

Die Stadt wurde nahezu ausgelöscht. Acht von zehn Gebäuden lagen in Schutt und Asche.

In Washington wandte sich Präsident Truman in einer Ansprache an die ganze Welt. Die Alliierten hätten eine Waffe entwickelt, die sich »die Urkraft des Universums zunutze gemacht« habe, »die Kraft, aus der die Sonne ihre Energie bezieht«. Falls sich Japan also nicht ergebe, »werde es einen Regen der Vernichtung geben, den die Welt noch nicht gesehen hat«.

In Tokio standen der Kaiser und seine Generäle unter Schock. Zwei Tage lang zögerten sie. Manche wollten um jeden Preis weiterkämpfen.

Am 9. August flog ein weiterer amerikanischer Bomber über den Pazifik. Um 11 Uhr wurde eine zweite Atombombe mit dem Codenamen »Fat Man« über der Stadt Nagasaki abgeworfen.

Wieder stieg ein riesiger Atompilz in den Himmel. Wieder starben Zehntausende Menschen. Jetzt gab es keinen Zweifel mehr: Truman ließ seinen Worten Taten folgen.

Am Nachmittag berief Kaiser Hirohito seine Generäle zu einer dringenden Sitzung ein. »Ich kann es nicht ertragen«, erklärte er, »mein unschuldiges Volk noch länger leiden zu sehen.«

Um die Mittagszeit des 15. August verlas der Kaiser im Radio seine Kapitulationserklärung.

Es war das erste Mal überhaupt, dass sich ein japanischer Kaiser an sein Volk wandte. Vielen kam seine Stimme höchst seltsam und seine Sprache so altmodisch vor, dass sie seiner Erklärung nur mit Mühe folgen konnten.

Doch die Botschaft war eindeutig. Japan war geschlagen, der Krieg verloren.

Nach all den Jahren des Mordens und der Opfer war es endlich vorbei.

21

Sieg

Reg Twigg hatte gerade sein Frühstück beendet, als er das Flugzeug hörte. Wie seine Mitgefangenen auch versuchte er an der Bahnstrecke des Todes in Deckung zu gehen, bevor die Bomben fallen würden.

»Aber es fielen keine Bomben«, erinnerte er sich später. »Kein Dröhnen. Keine Explosionen. Keine Erschütterungen des Bodens, die einen bis ins Mark trafen. Ich blickte auf. Alle blickten auf. Es regnete Papier. Tausende und Abertausende Flugblätter segelten vom Himmel auf uns nieder.«

Reg schnappte sich eines davon und las die Worte, auf die er und seine Freunde so lange gewartet hatten. »Die Japaner haben kapituliert. Ihr seid jetzt freie Männer und wir werden so schnell wie möglich mit euch in Kontakt treten.«

Er erinnerte sich, dass für einen Moment alle schwiegen. Dann war es, als hätte jemand plötzlich den Schalter umgelegt. Männer fielen auf die Knie und beteten. Männer lachten. Männer weinten. Wir fielen uns in die Arme und tanzten wie die Irren durch die Gegend.«

Zwei Monate später erblickte Reg, in einen grauen Militärmantel gehüllt, die Skyline von Liverpool. Mehr als vier Jahre war er aus England fort gewesen.

»Die Kälte traf uns wie ein Vorschlaghammer«, schrieb er. Doch als er die Gangway hinunterging, all die Menschen sah, die den Union Jack schwenkten, und die vertrauten Lieder hörte, die von den Bands gespielt wurden, hatte er »einen riesigen Kloß im Hals«.

»Man hatte uns nicht vergessen. Frauen und Freundinnen, Mütter und Väter waren gekommen, um ihre Liebsten in die Arme zu schließen. Viele Leute waren da, die uns nicht kannten und wir sie auch nicht … wir empfanden Stolz und Dankbarkeit und fühlten uns besonders.«

Während all des Händeschüttelns und Schulterklopfens dachte Reg an seine Kameraden, die tot im Dschungel lagen, statt neben ihm am Kai entlangzugehen.

»Sie hätten hier sein sollen. Sie hätten es verdient gehabt«, dachte er. Und für einen Moment waren sie es in seinen Gedanken.

Drei Tage später fuhr Regs Zug in den Bahnhof von Leicester ein. Es war schon fast dunkel, und auf dem Bahnsteig standen die Menschen in ihrer grauen Kriegsgarderobe, »Mütter und Ehefrauen in Tränen, kleine Kinder mit verwirrten Blicken, die sich fragten, wer dieser Mann war, der sich Papa nannte«.

Reg stieg in ein schwarzes Taxi. Ein Taxi hatte er sich nie zuvor leisten können, doch diesmal zahlte die britische Armee.

Kurz darauf stand er vor einer Haustür in der Burnside Road.

Er klopfte an und hörte, wie die Tür auf der anderen Seite entriegelt wurde.

Dann stand sein Vater plötzlich vor ihm, eingerahmt vom Licht des Türrahmens, und streckte die Hand aus.

Er war wieder zu Hause.

■

Jedes Land hat seine eigenen Erinnerungen an den Sieg. In den USA fanden die ausgelassensten Feierlichkeiten am 15. August, nach der Kapitulation Japans, statt.

In Washington skandierte eine begeisterte Menschenmenge vor Präsident Trumans Amtssitz, dem Weißen Haus: »We want Harry!« In New York platzte der Times Square von jubelnden Menschen aus allen Nähten.

In Großbritannien wird heute noch der 8. Mai, der Tag der deutschen Kapitulation, als VE-Day gefeiert, als »Victory in Europe«.

In London strömten Millionen begeisterte Menschen auf die Straßen, und König George lud Winston Churchill nach Buckingham Palace ein, um sich dort gemeinsam mit ihm auf dem Balkon zu zeigen.

Nachdem Churchill in seine Regierungsräume in Whitehall zurückgekehrt war, betrat er den Balkon des Gesundheitsministeriums, wo ihm eine weitere große Menschenmenge huldigte. »Gott segne Sie alle«, sagte er tief bewegt. »Dies ist unser Sieg!

»Nein«, riefen die Leute zurück. »Das ist *Ihr* Sieg!«

»In unserer langen Geschichte gab es nie einen größeren Tag als diesen«, erklärte Churchill. Alle, Männer und Frauen, haben ihr Bestes gegeben.«

Am späten Abend, nach dem Essen mit seiner Familie, hörte der Premierminister, dass immer noch Tausende auf den Straßen seien, in der Hoffnung, einen weiteren Blick auf ihn zu erhaschen.

Also trat der kleine gedrungene Mann mit der Statur einer Bulldogge ein weiteres Mal auf den Balkon. Als Junge hatte er davon geträumt, einst sein Land zu retten, und jetzt hatte er es getan.

»Meine lieben Freunde«, sagte Churchill, »das ist eure Stunde … dies ist ein Sieg für die gesamte britische Nation.«

»Wir waren die Ersten auf dieser uralten Insel, die das Schwert gegen die Tyrannei erhoben haben. Eine Zeit lang waren wir im Kampf gegen die größte Militärmacht aller Zeiten vollkommen auf uns allein gestellt. Ein ganzes Jahr lang waren wir allein.«

Noch in Jahrhunderten, fuhr er fort, werde man sich daran erinnern, was Großbritannien getan habe. »Verzweifelt nicht und beugt euch nicht Gewalt und Tyrannei. Schreitet voran und sterbt, wenn nötig, unbesiegt.«

Die Menge jubelte und Churchill winkte. Dann ging er zu Bett.

■

Doch unter den Jubel mischten sich auch Tränen.

In jedem Winkel der Erde hatten Millionen Eltern ihre Söhne und Töchter verloren. Unzählige Kinder verloren ihre Eltern.

In allen Ländern, die Soldaten ins Gefecht geschickt hatten oder in denen der Krieg unter der Bevölkerung gewütet hatte, wurden Erinnerungsstücke an die Verstorbenen in Kisten und Schubladen verstaut.

Im Laufe der Zeit verheilten die Wunden und aus den Ruinen erstanden neue Städte. Doch die Erinnerungen an den Krieg blieben stets lebendig.

Die meisten Opfer, die der Zweite Weltkrieg gefordert hat, waren nicht Soldaten, sondern Zivilisten – ganz normale Männer, Frauen und Kinder –, vor allem in den besetzten Ländern. Die Menschen in Ländern wie Russland, Polen und China mussten besonders viel erleiden.

Sie starben nicht nur durch Bomben oder Kugeln. In Britisch-Indien allein gingen zwei Millionen Menschen an der schrecklichen Hungersnot zugrunde. Auch im Herzen von China, in Vietnam und Indonesien verhungerten Millionen, und Hunderttausende in Griechenland und den Niederlanden erlitten dasselbe Schicksal.

Ein Verbrechen stellte alle anderen in den Schatten. Vor dem Krieg hatte es in Europa neun Millionen Juden gegeben. Zwei Drittel von ihnen wurden von Hitlers Terrorregime ermordet: etwa sechs Millionen Menschen – Babys und Kleinkinder ebenso wie Großmütter und Großväter.

Heutzutage gilt der Holocaust als größtes Verbrechen der Menschheitsgeschichte, als das schrecklichste Beispiel dafür, was Menschen einander antun können.

Und obwohl Hitler und einige seiner treusten Gefolgsleute sich das Leben genommen hatten, entgingen viele andere Führungspersönlichkeiten des Dritten Reichs ihrer Strafe nicht.

In Nürnberg, wo die NSDAP bis 1938 ihre Reichsparteitage abgehalten hatte, mussten sich vierundzwanzig Hauptkriegsverbrecher vor dem Internationalen Militärgerichtshof verantworten. Fast alle wurden schuldig gesprochen, die meisten von ihnen zum Tode verurteilt.

Auch in Japan wurden achtundzwanzig japanische Führungspersönlichkeiten vor Gericht gestellt, nur Kaiser Hirohito selbst wurde verschont. Auch hier wurden fast alle schuldig gesprochen. Es gab sieben Todesurteile, die anderen erhielten langjährige Haftstrafen.

Doch natürlich hatten die politischen und militärischen Anführer nicht allein gehandelt, sondern waren von Millionen deutscher und japanischer Bürger unterstützt worden, die den Unterschied zwischen Gut und Böse nicht mehr zu erkennen vermochten. Erst in der Niederlage mussten sich beide Länder der Wahrheit stellen. Die Last der Schuld wog schwer. Doch im Laufe vieler Jahre entwickelten die einst verfeindeten Staaten freundschaftliche Beziehungen zueinander.

Die Japaner versprachen, dem Krieg für alle Zeit abzuschwören – ein Versprechen, das sie bis heute gehalten haben. Und es gibt wohl kein anderes Land der Welt, das sich so lange und eingehend mit den eigenen Verbrechen beschäftigt hat wie Deutschland.

Heute beschäftigt sich jeder deutsche Schüler mit den Verbrechen des Nationalsozialismus. Und im Herzen Berlins, in unmittelbarer Nähe zum Reichstagsgebäude, befindet sich ein Mahnmal zum Andenken an die sechs Millionen ermordeten europäischen Juden.

■

Der Krieg war vorbei, doch das Rad der Geschichte drehte sich weiter.

Ein paar Wochen nach der deutschen Kapitulation hielten die Briten ihre ersten Parlamentswahlen seit Jahren ab. Zur allgemeinen Überraschung verloren die Konservativen um Winston Churchill. Obwohl viele Menschen ihn als Helden betrachteten, wandten sie sich der Labour Party zu, die ihnen den Bau neuer Häuser, Schulen und Krankenhäuser versprochen hatte und den Weg in eine friedliche Zukunft zu weisen schien.

An diesem Abend lag Churchill in der Badewanne und hing seinen Gedanken nach. Sein Fazit war glasklar: »Die Leute sind absolut berechtigt, zu wählen, wen sie wollen«, sagte er. »Das ist Demokratie. Dafür haben wir in all den Jahren gekämpft.«

Doch der Kampf um die Demokratie war noch nicht vorbei. Am Ende des Zweiten Weltkriegs kontrollierte die Rote Armee weite Teile Zentral- und Osteuropas – einschließlich Ländern wie Polen und die Tschechoslowakei, die so sehr unter der deutschen Besatzung gelitten hatten.

Bald war klar, dass Stalin diese Länder nicht wieder in ihre

Freiheit entlassen würde. Statt freie Wahlen zu ermöglichen, zwang er sie, kommunistische Regierungen zu akzeptieren, die der sowjetischen Linie folgten.

Deutschland wurde in zwei Hälften geteilt: Der westliche Teil, der von Amerikanern, Briten und Franzosen besetzt worden war, wurde ein freies Land und konnte über seinen eigenen Weg bestimmen. Der östliche Teil hingegen wurde ein Marionettenregime der Sowjetunion, ohne Meinungs- und Pressefreiheit und ohne freie Wahlen.

Stalin starb 1953, doch nichts änderte sich. Churchill zufolge war Europa durch einen »eisernen Vorhang« getrennt – auf der einen Seite der demokratische Westen, auf der anderen der kommunistische Osten. Hitlers alte Reichshauptstadt Berlin wurde durch eine hohe Mauer auseinandergerissen.

Die ehemaligen Alliierten gehörten jetzt verschiedenen Blöcken an, und manchmal sah es so aus, als wäre der nächste Weltkrieg nicht mehr fern, doch der erste Schuss fiel nie.

Da auch die Russen über Atomwaffen verfügten, wollte niemand das Risiko eines Kriegs von nie da gewesener Zerstörungskraft auf sich nehmen. Stattdessen standen sich beide Seiten im sogenannten Kalten Krieg argwöhnisch gegenüber.

Jahre vergingen, bis sich in der Sowjetunion, die einem Zusammenbruch nahe war, ein Wandel vollzog. Alle konnten sehen, dass der Kommunismus ein Fehler gewesen war, der die Menschen unterdrückte und verarmen ließ. In weiten Teilen Osteuropas gingen die Leute auf die Straße und verlangten nach Freiheit.

Im September 1989, ein halbes Jahrhundert nach Hitlers Überfall, konnten die Polen endlich ihre erste freie Regierung wählen. Nur wenige Länder hatten so viel Leid ertragen müssen wie Polen, und jetzt war endlich ein neuer Morgen angebrochen.

Zwei Monate später war es auch in Deutschland so weit. Die Menschen in der DDR waren es leid, in Angst leben zu müssen, und brachten die Mauer zu Fall, die beide deutschen Staaten voneinander getrennt hatte. Ein Jahr darauf, am 3. Oktober 1990, kam es zur deutschen Wiedervereinigung – ein gemeinsames friedliches und freies Land war entstanden.

■

Als Deutschland wiedervereint wurde, waren die Menschen, die den Zweiten Weltkrieg persönlich erlebt hatten, alt geworden. Die Jungen und Mädchen, die als Kinder in den Konflikt hineingezogen worden waren, hatten nun eigene Kinder.

In all den Jahren seit 1945 war viel passiert und die Erinnerung an den Krieg zunehmend in den Hintergrund getreten. Für viele der Menschen, denen wir in diesem Buch begegnet sind, gab es ein Happy End.

Max Schroeder, der erste Amerikaner, der am D-Day an Land gegangen war, kehrte zu seiner jungen Familie zurück. Er blieb in den Vereinigten Staaten, ging als Oberst in Rente und starb 2009 im Alter von neunzig Jahren.

Niusia Szewczykówna zog nach der Befreiung durch die Alliierten nach England, wurde Wissenschaftlerin und gründete eine Familie. Viele Jahre später kehrte sie nach Polen zurück und konnte ihre Eltern in die Arme schließen.

Oswald Krydner, der Fotograf, der während des Krieges in Großbritannien dem berühmten polnischen Geschwader 304 angehört hatte, kehrte zu seiner Frau zurück und verbrachte mit ihr den Rest seines langen Lebens in Südafrika.

Nina Masel, deren Klavierspiel vom Fliegeralarm unterbrochen wurde, trat der britischen Luftwaffe bei und arbeitete als Journalistin. Nach dem Krieg wurde sie unter ihrem Ehenamen Hibbin Filmkritikerin bei einer Zeitung. Sie starb 2004.

William Vincent kehrte aus Dunkerque nach Hause zurück. Viele Jahre später revanchierte er sich für den Einsatz der Freiwilligen, die die heimkehrenden Soldaten begrüßt hatten, in dem er sich selbst für eine Hilfsorganisation engagierte.

Charles Lightoller, der Kapitän der *Sundowner*, starb 1952. Sein Sohn Roger wurde in der letzten Woche des Krieges getötet, doch Gerald Ashcroft, der am D-Day ein Landungsfahrzeug befehligt hatte, bewahrte ihre Erinnerung, die in den Spielfilm »Dunkirk« Eingang gefunden hat.

Geoffrey Wellum blieb bis 1961 bei der Royal Air Force. Er heiratete seine Freundin aus der Zeit des Krieges, hatte drei Kinder mit ihr und starb 2018 im Alter von sechsundneunzig Jahren.

Nachdem Frankreich befreit worden war, heiratete Marie-Madeleine Fourcade einen Geschäftsmann, engagierte sich in der französischen Politik und wurde schließlich Mitglied des Europäischen Parlaments. Als sie 1989 starb, war sie die erste Frau, die im Pariser Invalidendom begraben wurde, wo sich auch das Grab Napoleons befindet.

Airey Neave, dem der Ausbruch aus Schloss Colditz gelungen war, zog als Abgeordneter der Konservativen ins britische Unterhaus ein. 1979 wurde er durch eine Autobombe irischer Terroristen getötet. Tony Luteyn, der mit ihm geflüchtet war, führte ein sehr viel ruhigeres Leben und starb 2003 in den Niederlanden.

Doris Miller wurde ein amerikanischer Nationalheld und war der erste Farbige, der das Navy Cross – die höchste Auszeichnung der amerikanischen Marine – erhielt. Er starb 1943, als sein Schiff von japanischen Torpedos versenkt wurde. Im Jahr 2020 wurde ein amerikanischer Flugzeugträger nach ihm benannt.

Donald Stratton musste ein Jahr lang im Krankenhaus bleiben, nachdem zwei Drittel seines Körpers verbrannt waren. Er kehrte zur amerikanischen Marine zurück, nahm weiterhin am Pazifikkrieg teil und starb 2020 im Alter von siebenundneunzig Jahren.

Vivian Bullwinkel verbrachte über drei Jahre in einem japanischen Gefangenenlager. Nachdem sie am Ende des Krieges befreit worden war, wurde sie Pflegedirektorin eines Krankenhauses in Melbourne. Sie starb 2020 als australische Nationalheldin.

Nach seinem Abenteuer auf der *U-110* war David Balme am Ende des Krieges der jüngste Lieutenant Commander der Royal Navy. Danach arbeitete er für sein Familienunternehmen und starb 2016, fünfundneunzig Jahre alt.

Tommy Brown starb gegen Ende des Krieges, als er seine Schwester aus einem brennenden Haus in Northumberland rettete. Ken Lacroix, seinem Kameraden auf der *U-559*, war hingegen ein langes Leben vergönnt.

Nach seiner langen Leidenszeit auf Guadalcanal kämpfte Sid Phillips in Neuguinea gegen die Japaner. Nach dem Krieg kehrte er nach Alabama zurück und wurde Arzt. Viele Jahre später ließ sich die amerikanische Fernsehserie »The Pacific« von seinen Erlebnissen während des Krieges inspirieren. Er starb 2015 im Alter von einundneunzig Jahren.

Simon Fraser alias Lord Lovat wurde wenige Tage nach dem D-Day schwer verwundet und nach England gebracht. Die letzten Worte, die er seinen Männern zurief, lauteten: »Nicht einen Schritt zurückweichen!« Nach seiner Genesung wurde er Staatssekretär im Kabinett Churchills. Nach dem Krieg zog er sich auf seinen Familiensitz in den Highlands zurück. Er starb 1995.

Bill Millin kämpfte bis zum Ende des Krieges und arbeitete später auf Lovats Familiensitz, bevor er Psychiatrischer Krankenpfleger wurde. Auf Lovats Beerdigung spielte er das Klagelied. Er starb im Jahr 2010. Heute steht am Sword Beach eine Statue von ihm, die ihn mit seinem Dudelsack zeigt.

Obwohl Harold Baumgarten fünf Mal verwundet wurde, überlebte er das Blutbad vom Omaha Beach. Er wurde von einem Hospitalschiff nach England gebracht, kehrte in die USA zurück und wurde Arzt. Die Anfangsszene des Spielfilms »Der Soldat James Ryan« geht auf seine persönlichen Kriegserfahrungen zurück. Er starb 2016 im Alter von einundneunzig Jahren.

Owen Campbell kehrte ausgelaugt und schwer krank nach

Australien zurück, erholte sich jedoch nach und nach. Als sein Leben 2003 endete, hinterließ er vier Kinder und vierzehn Enkel.

Paul Tibbets blieb noch zwanzig Jahre lang bei der amerikanischen Luftwaffe und starb 2007, zweiundneunzig Jahre alt. Den Atombombenabwurf von Hiroshima hat er nie bereut.

Setsuko Nakamura übersiedelte zuerst in die Vereinigten Staaten und dann nach Kanada. Sie engagierte sich zeit ihres Lebens für den Kampf gegen Atomwaffen und hielt auf der ganzen Welt Vorträge über ihre Erfahrungen.

Nach seiner Tortur als Zwangsarbeiter für die Burma-Thailand-Bahnstrecke kehrte Reg Twigg nach Hause zurück, wo er in einem Kaufhaus arbeitete. »Ich?«, schrieb er. »Ich habe einfach mein Leben weitergeführt und war jeden Tag dankbar dafür, genau das tun zu dürfen.« Er starb kurz vor seinem hundertsten Geburtstag im Jahr 2013.

Stalin starb 1953, nachdem er einen Schlaganfall erlitten hatte. Sein Nachfolger Nikita Chruschtschow bezeichnete ihn drei Jahre später öffentlich als Tyrannen und ließ alle Stalin-Denkmäler entfernen. Stalingrad wurde 1961 in Wolgograd umbenannt.

Der Name Adolf Hitler wurde zu einem Synonym des Bösen.

Winston Churchill starb 1965 im Alter von neunzig Jahren als Held für Millionen von Menschen auf der ganzen Welt.

Nachwort zur deutschen Ausgabe

Dies ist ein Geschichtsbuch, kein Roman. Alle darin genannten Personen haben wirklich existiert. Ihre Worte und Gedanken habe ich ihren Tagebüchern, Biografien und anderen Geschichtsbüchern entnommen. Ich habe versucht, sie nicht zu verfälschen, sondern nur hier und da kleine Änderungen vorgenommen, um sie klarer und prägnanter zu machen.

Mein Ziel war es, zu zeigen, dass Geschichte nicht trocken und langweilig sein muss. Darum habe ich versucht, so bunt wie möglich zu erzählen. Ich habe mich stets an die Fakten gehalten, doch bis heute sind sich die Historiker nicht in jedem Detail einig. Überall dort, wo das tatsächliche Geschehen umstritten ist, habe ich mich selbstverständlich für die spannendere Möglichkeit entschieden.

In meinen Büchern für Erwachsene habe ich, wie ich es üblich ist, zu jedem Zitat eine genaue Quelle angegeben. Wenn ich das auch bei diesem Buch gemacht hätte, wäre es jedoch zweimal so dick geworden – und zehnmal langweiliger. Deshalb habe ich darauf verzichtet.

Man kann sein ganzes Leben mit der Lektüre über den Zweiten Weltkrieg verbringen. Ich schulde vor allem folgenden

Autoren Dank: Max Hastings, Ian Kershaw, Antony Beevor, Richard Evans, John Toland, Rana Mitter, Hugh Sebag-Montefiore, Colin Smith, Bo Lidegaard, Andrew Roberts, Juliet Gardener, Jonathan Dimbleby, Lynne Olson, Patrick Bishop … und schon geht mir der Platz aus. Meine Entschuldigung und mein Dank geht an alle anderen, die hier nicht genannt werden können.

Manche Leserinnen und Leser werden gemerkt haben, dass dieses Buch aus einem »britischen Blickwinkel« erzählt ist. Dafür gibt es einen einfachen Grund: Ich *bin* Brite. Ein deutscher Historiker würde die Geschichte des Nationalsozialismus und des Zweiten Weltkriegs höchstwahrscheinlich anders erzählen. Nun, da dieses Buch auch auf Deutsch erscheint, wird sich vielleicht manch einer fragen, warum ich einige Dinge weggelassen und andere aufgenommen habe. Aber das ist ganz in Ordnung so: Wenn es um Geschichte geht, gibt es nie einen eindeutig »richtigen« oder »besten« Weg, die Dinge zu erzählen. Und natürlich gilt das ganz besonders bei Kriegen – da ist es zwangsläufig, dass die Menschen die Dinge völlig unterschiedlich sehen. Und so hoffe ich, dass meine deutschen Leserinnen und Leser mir meine »Britishness« verzeihen und Freude daran haben, die Dinge einmal aus einer anderen Perspektive zu betrachten.

Die ersten Entwürfe zu diesem Buch wurden von Arthur Sandbrook und Conolly Norman gelesen und bearbeitet, beide acht Jahre alt. Alle Fehler gehen definitiv auf ihr Konto.

Ich danke von Herzen meinem Lektor Simon Winder und meinem Agenten James Pullen, die mir stets mit Rat und Tat zur

Seite standen. Ein herzlicher Dank geht auch an Eva Hodgkin, die mein Manuskript mit großer Sorgfalt und Genauigkeit gelesen hat, sowie an Jane Robertson für ihre Geduld beim Durcharbeiten des Textes. Danke an alle Mitarbeiter der Wylie Agency, von Penguin und Particular Books. Vielen Dank, Catherine, für dein Studium der Kriegsfilme, die Ausflüge ins Museum und all die Wochenschauen, die wir gemeinsam beim Tee angeschaut haben. Und vor allem danke ich dir, Arthur, der mir die Idee zu diesem Buch gegeben hat. Es ist für dich.

Autor

Dominic Sandbrook ist Historiker, Autor, Kolumnist und Fernsehsprecher. Er hat Bücher über die politische Geschichte Amerikas geschrieben und steht kurz vor der Vollendung eines mehrbändigen Geschichtsbands über Großbritannien in der Nachkriegszeit. Sein jüngstes Buch *Who Dares Wins* wurde in den Medien wiederholt als Buch des Jahres bezeichnet. Sandbrook hat für zahlreiche BBC-Fernsehserien die Drehbücher geschrieben und als Sprecher fungiert. Er ist Gastprofessor am King's College London, hat eine monatliche Kolumne im *BCC History Magazine* und schreibt für *The Daily Mail* und *The Sunday Times.*

Übersetzer

Knut Krüger, geboren 1966, arbeitete nach seinem Germanistik-Studium im Buchhandel und Verlagswesen. Er ist heute freier Autor, Lektor und Übersetzer für englische und skandinavische Literatur. Lebt mit seiner Frau und seinen drei Kindern in München.

In der Reihe »Weltgeschichte(n)« sind bei cbj außerdem erschienen:
König der Könige: Alexander der Große (17906)
Weg in die Dunkelheit: Der Erste Weltkrieg (17909)
Der zornige Herrscher: Heinrich VIII. (17907)
Eroberer der Meere: Die Wikinger (18040)